ちくま新書

昭和史講義【戦後篇】(下)

筒井清忠 編
Tsutsui Kiyotada

1509

昭和史講義 戦後篇 下【目次】

凡例
＊各講末の「さらに詳しく知るための参考文献」に掲載されている文献については、本文中では（著者名　発表年）という形で略記した。
＊固有名詞（地名・人名等）の旧字は原則として新字に改めた。

まえがき

筒井清忠

下巻は第1講「石橋湛山内閣」から第21講「バブル時代の政治」までを扱う。

第1講「石橋湛山内閣」にあるように、石橋は元来言論人であり、そこから戦後政界に入って活躍した日本きってのインテリ政治家であった。それだけにこの内閣は知識人の間で非常に期待されたが病気のため残念ながら早い時期に退陣した。続いて安保改定をめぐる激動の政治の季節を迎える。安保改定問題とは何だったのか、第2講「安保改定」が改めて問題を提起・整理し厳しく切り込む。また安保改定闘争で生じた革新勢力側の抗争を初めて詳細に明らかにするのが第3講「安保闘争と新左翼運動の形成」である。

岸内閣というと安保改定しか取り上げられないことが多いが、その内政と外交は意外にしたたかで、後の政治に重要な影響を与えたものであった。その全貌が第4講「岸内閣の内政と外交」で明らかにされる。

そして安保改定後、岸内閣が総辞職したのち日本は池田勇人《はやと》首相による池田内閣の成立と高度経済成長の時代へ突入していく。これを扱ったのが第6講「池田内閣と高度経済成長」である。この一九五〇年代から一九六〇年代にかけて日本外交は安保改定問題ばかりに焦点が置かれていた印象を与えるため対米関係が注目されることが多いが、東南アジア外交においても新たな展開を示していたのであり（その点の重要性は最近認識され出した）、それを扱ったのが第5講「対東南アジア外交の展開」である。またこの時期、戦後の混乱期を脱した日本は政治家と官僚の間に新しい関係を築き上げておりこれも後の時代に大きな影響を与えることになるが、それを明解に展望したのが第7講「政治家・官僚関係の新展開――一九五〇〜六〇年代」である。

この高度経済成長のプロセスの一九六四年、日本が世界に敗戦からの復興を知らしめたのが東京オリンピックであった。第9講「東京オリンピック」はその意義や問題点を明らかにする。そして池田内閣の後に登場したのが第10講「佐藤長期政権」であった。また、この時期日本は東アジアにおいて重要な隣国中国・韓国と新たな関係を結ぶが、その一筋縄ではいかないプロセスを取り扱ったのが第8講「日中民間貿易と国交正常化」と第11講「日韓基本条約」である。

この佐藤長期政権中にはさまざまな問題が生じてくるがそのうち大きな社会問題となる大学教育問題・思想問題を扱ったのが第12講「全共闘運動・三島事件・連合赤軍事件」であり、また高度経済成長の歪みとして現れてきたのが第14講「公害・環境問題の展開」であった。そして佐藤長期政権の最後の「遺産」として残されたのが第13講「沖縄返還」の問題である。現代に至る問題の起源がここにあることが理解されよう。

高度経済成長を遂げた日本を一九七〇年代初期に襲ったのが第16講「石油危機」であった。そしてこの前後長い期間にわたって日本を支配したのが田中角栄政治の存在であった。それを扱ったのが第17講「田中角栄の時代」である。そしてまた「平和利用」として始まったものが、石油危機などに触発されあらためてエネルギーの安全保障という形でこの時期に問題化されさまざまな形で現代にまで至ることになるのが第15講「原子力・核兵器問題」である。

田中に大きな影響力があった時代、さまざまな政治家が活動したが最も重要であったのは中曽根康弘の存在であった。中曽根はレーガン米大統領と密接な関係を結び日米関係を新たなものとして展開していったがそれは第18講「ロン・ヤス関係」で扱われる。そしてこの時代に急速に展開したのが国鉄等民営化問題であり、これは新自由主義との関連も含めて第20講「国鉄等の民営化と新自由主義のはじまり」で扱われる。

そしてこの間大きな国際問題として登場し今日まで続いているのが第19講「歴史認識問題」である。ここにも現代的問題の起源があることが理解されよう。こうしてさまざまな課題を孕みつつ日本は第21講「バブル時代の政治」を迎え昭和は終わっていく。

この時期は、上巻に劣らず近年最もそして急速に研究が進んだ領域・時代である。それには政府などの文書の公開が進んできたことが大きいが、それだけでなく研究者も増加しており、対象も急速に拡大し研究状況は一時代前とは隔世の感がある。しかし、それらを第一線の研究者が体系的にまとめた著作はまだ出ていない。それだけに本書の意義は大きく、読者はこの時期の実証的研究の成果の集大成としての本書を通して初めてこの時代の真実を知ることができよう。それは、ここで出された問題は現代にそのまま直結しているということでもあり、現代史を理解する意義を読者は十分に味読されることになるであろう。

第1講

石橋湛山内閣――高度経済成長への序曲

牧野邦昭

†経済(思想)史の中の石橋湛山内閣

本講で扱う石橋湛山内閣そのものは一九五六(昭和三一)年一二月二三日から翌一九五七(昭和三二)年二月二五日までのわずか六五日間のごく短期間存続した内閣である。しかし戦前は言論人として活躍した石橋湛山が戦後になって有力な政治家となり、ついには首相となった背景には戦後日本の経済の変動が密接に関係していた。本講では湛山が首相になる過程を、湛山の主張した経済政策と日本経済の動きとを合わせて見ていきたい。戦前の湛山の活動および戦後に湛山が政界を目指す経緯は『昭和史講義【戦前文化人篇】』所収の拙稿「石橋湛山――言論人から政治家へ」(第1講)をご参照いただきたい。

なお、湛山は昭和初期の金解禁論争およびその後の昭和恐慌からの脱出において緊縮財政に反対し、終戦直後の経済復興においてもケインズの名前を挙げて財政赤字や通貨の増発を正当化している。このことから湛山はケインズ主義者（市場メカニズムの限界による不況を政府の財政支出拡大などの介入により補正する立場）だったという理解がされることが多いが、近年の研究では、湛山の考えはむしろケインズが批判したアダム・スミス以来の古典派経済学に近く、市場メカニズムの円滑な機能を信頼していたという指摘もなされている。湛山は人間の労働を最も重要な生産要素と考え、さらに常に個人及び国家の「自立」を主張し、またそうした自立した経済主体間の分業（国際経済においては貿易）を重視していた。湛山は労働を活性化し生産を増加させるために、時に財政支出による景気の刺激を求めるケインズ主義的な主張をし、時に人間の行動を阻害する経済規制の撤廃を求める経済自由主義的な主張をし、時に日本経済の自立や国内における分業の促進のために水力発電や高速道路建設の推進を求める開発主義的な主張をした、というのが実際のところであったと考えられる。

こうした、純理論的な経済学から見れば「体系なき体系」といえる経済思想を持っていたが故に、逆に湛山は目前の現実を理論に捕らわれずに分析することができ、それが戦前においては幅広い分野での言論人としての活躍を可能とし、また戦後は政治家として日本経済の直面するさまざまな問題に取り組むことを可能にしたといえる。

†戦後復興期の大蔵大臣

湛山は終戦後に政界入りを決意するにあたりどの政党から立候補するか悩んだが、結局日本再建の知恵を求める鳩山一郎の勧誘により日本自由党に入党して顧問に就任し、同党から戦後第一回総選挙に立候補するが落選する。しかし党首の鳩山を首班とする組閣準備の際には湛山は大蔵大臣候補となり、鳩山に公職追放指令が出されたことにより後を引き継いだ吉田茂は湛山をそのまま蔵相に任命する。第一次吉田内閣における蔵相として湛山は大幅な赤字予算を組み、生産再開のための積極策として石炭など重要産業に対する価格調整補給金の支給や復興金融の強力な促進を行って基礎物資の生産回復を目指した(石橋財政)。

湛山は長期的には貿易を通じて日本は経済発展していくことができると議会での答弁でも表明していた。一方で当時の日本は占領下で事実上貿易が許可されておらず、こうした状態では通貨下落による貿易への影響を考慮することなく「一国経済」のみを考え、赤字財政によって経済を刺激して生産を回復させる経済政策を行うことができると湛山は考えた。湛山は同時に戦時経済から続く経済統制を順次撤廃し自由経済を復活させようとした。

しかしこうした湛山の政策は占領期の主流の経済政策ではなかった。一九四九年のドッジ・ライン以前の占領期復興政策は経済統制を維持し、貨幣的条件においては重要分野に選別的に貨幣供給を行うという意味で拡大を志向していた。一方でドッジ・ラインでは経済統制を撤廃する一方で超均衡予算によって貨幣供給の縮小が図られた。こうした政策が主流だった占領期の経済政策において、湛山の政策は異端的なものであった。実際に日本統治にあたるGHQ（連合国軍最高司令部）は、積極的に市中に資金を供給する一方で統制を撤廃し価格変動を自由にしようとする湛山の財政政策は、すでに進行しているインフレーションを一層加速させ、社会不安を引き起こし統治を困難なものにすると考えた（塩野谷祐一「占領期経済政策論の類型」荒憲治郎ほか編『戦後経済政策論の争点』勁草書房、一九八〇）。

湛山は戦時補償の打ち切りを要求するGHQに最後まで抵抗したり、連合国軍の占領のための支出（終戦処理費）を削減したりしたことでGHQからの反感を買い一九四七年五月に公職追放されるが、当時の経済政策の方向性から見て、仮に湛山が公職追放されなかったとしても蔵相として長く留まれたとは考えにくい。

しかし、アメリカを中心とする連合国軍による占領と吉田政権が長期化し、国民の間にアメリカや吉田への反感が生じてくると、占領期に公職追放され政治活動を制限されていた鳩山、そして湛山への評価は上がっていくことになる。ある意味では占領下でGHQに抵抗して公職追放されたことが、追放解除後に湛山が再登場する際に有利に働き、湛山を有力な政治家としたのである。

†日本の「自立」のための国内開発

湛山は一九五一年六月に公職追放を解除され政界に復帰する。湛山は政界への復帰に当たり『東洋経済新報』誌上において、「生産復興第一主義で、そのためには幾分の通貨膨張、物価騰貴も忍ぶべきだ」とする立場を表明し、外資の導入は重要であるが「我々は、いたずらに外資外資という前に、まず国内で、この資金を作る努力を尽すべきである。天は自ら助くるものを助く、とは今においても金言だ。外資も、しかして後に来るであろう」と自助努力による国内経済の復興の重要性を説いた（「経済復興の問題」『東洋経済新報』一九五一年六月三〇日号、『石橋湛山全集』第一四巻）。

同時期に『東洋経済新報』に掲載されたインタビュー記事で湛山は人口の多い日本で「活路を求める方法としては二つあると思う」と述べている。一つは『東洋経済新報』の以前からの主張である「貿易が自由であるなら、人口の多い日本でも容易にやつてゆけるという考え方」であるが、湛山は自由貿易に期待しつつも「ソ連を中心とする共産国家群と、米英を中心とする自由国家群との対立が激化」しており、「殊に日本にとつては、重要原料の供給地であり、製品の販売市場である中国が、日本の貿易圏外になつている」ために自由貿易の全体が崩れていると指摘した。そこで湛山は自由貿易の推進や東南アジア開発の必要性を訴えつつも、電源開発や食糧自給といった国内開発に力を入れ、その資金を外資に期待するのではなく税制改革により減税などを進めて資本蓄積を図り、それでも足りない場合は赤字公債を発行すべきである、また経済統制は最小限に抑えるべきだと主張した（「八千万人の生きる道」『東洋経済新報』一九五一年七月七日号）。その後の湛山が首相となるまで政治家として主張した経済政策は基本的にはこの内容に沿うものであった。

湛山の政界の復帰後、一九五〇年代前半にはアメリカ向けの繊維製品などの輸出は増加していたものの、全体として国際経済を通じた経済発展にあまり期待できない状況が続いた。日本は一九五〇年に勃発した朝鮮戦争による特需を経済復興の足がかりとしていたが一九五三年七月には朝鮮戦争休戦協定が結ばれ特需は減少する。一方、かつて日本の重要な市場であった中国大陸との貿易を求める声は戦前に中国との関係が強かった関西財界を中心に根強くあり、湛山は一九五二年一月に資本主義国と社会主義国間の経済、貿易交流を促進するためのモスクワ国際経済会議に中華人民共和国側から参加要請を受け、関西財界の協力のもと湛山ら代表団を派遣する計画が立てられたが、日本政府は同会議への出席に難色を示し申請者の旅券発給を拒否したために湛山は同会議への参加を断念した。また湛山も世論も中国貿易に代替するものとして東南アジア貿易に期待していたが、それは東南アジア諸国との賠償問題の難航により阻害された。国際経済体制への復帰においても、日本は一九五二年にＧＡＴＴ（関税及び貿易に関する一般協定）に加入を申請したものの戦前に日本と激しい貿易摩擦の起きたイギリスなどの強い反対により加入は難航し、三年後の一九五五年にようやく加入できたがイギリスほか英連邦諸国を中心とする一四カ国が日本とのＧＡＴＴ関係の樹立を拒否した。

さらに一九五〇年代前半の日本は国内の消費の増加により概ね景気は好調な状態が続いたものの、景気上昇が輸入増加をもたらすと国際収支が赤字へと転じ、そのために金融引き締めと緊縮財政が実施されるということが繰り返された（国際収支の天井）。湛山はこうした緊縮財政について、昭和初期の金解禁時の緊縮財政が昭和恐慌を引き起こした事例を持ち出して批判したが、日本を取り巻く国際経済情勢が厳しいのは事実であった。

こうした中、湛山は「日本は平和条約により独立を回復したが、それは文書の上、形の上の独立に過ぎない。真の独立国たるためには、国民がそれだけの覚悟をすると同時に、実力をもたねばならぬ」（「積極的経済政策推進　不況打開への道」『新民』一九五二年一〇月号）と主張した。湛山は政治面では日本の「真の独立」のために再軍備（海外からの侵略に備えるための海空を中心とする軽武装）や憲法改正に肯定的な態度を取り、徳川夢声との対談では「われわれも徴兵制をとろうとはいいませんがね、わたしァとにかく若い人たちを一年か二年、キャンプにいれて、公共生活の訓練をするということは、軍隊でなくてもいいから、やりたいことだと思うですね」（『問答有用　夢声対談集Ⅳ』朝日新聞社、一九五三）とも発言している。

湛山はさらに経済自立のためのさまざまな提言を行った。湛山はこの夢声との対談で自分の選挙区（静岡二区〔中選挙区〕）の沼津在住で終戦直後から山岳地域に高速道路を建設して国土を開発する構想を提唱していた田中清一（のち参議院議員）の案を紹介して高く評価している（湛山はこの後も田中の構想を繰り返し取り上げ、同構想は石橋内閣退陣直後の一九五七年四月に国土開発縦貫自動車道建設法として実現した）。湛山は他にもアメリカのTVA（テネシー渓谷開発公社）に倣い水力資源開発の必要性を訴える著作に序文を寄せてその主張に賛同し、「今日の日本の最大緊急事は生産を増強することであつて、生産が豊かになり、国民が富んでくるならば、あえて外国に経済的援助を求める要もなくなる。また、国防も自力で行えるようになり、外国の軍隊に、自国の防衛をお願いする必要もなくなる。そうなつて初めて、日本の本当の独立は保てるのである」と主張した（田中義一『国土開発の構想――日本のTVAと米国のTVA』東洋経済新報社、一九五二の序文）。

湛山は大正時代にいわゆる「小日本主義」（植民地の獲得よりも貿易の方が経済的利益が多いため貿易を通じた平和裏の経済発展を目指すべきであるという主張）を唱えたことで有名だが、政界に復帰した後の湛山は、個人や国家の自立と労働の分業を重視する自分の思想から、自由貿易が難しいのであれば日本経済の自立のためにも国内を開発して（道路建設や水力資源開発などにより）分業を盛んにしていくことが必要であると主張した。国土が縮小した日本は国内開発に力を入れるべきであるという主張は終戦直後から多くの論者や官僚により唱えられていたが、湛山は有力な政治家としてそれに賛同した。そして積極財政論者として知られた湛山には道路建設や電源開発の推進の面から財界の期待も高まっていく。

†通産大臣としてのエネルギー政策

政界復帰後の湛山は鳩山一郎と緊密な関係を持つ。自由党における吉田・鳩山抗争の中で一九五二年九月には河野一郎とともに自由党から除名されたり、一九五三年三月に分党派自由党(鳩山自由党)が結成されると政策委員長となるものの吉田自由党に復党するなど紆余曲折を経て、一九五四年一一月に鳩山を総裁とする日本民主党が結党されると最高委員に就任する。同年一二月に吉田内閣が退陣し第一次鳩山内閣が成立すると、湛山は大蔵大臣を強く希望したが、湛山の積極財政政策への警戒心から前日銀総裁の一万田尚登《いちまだひさと》が蔵相になり湛山は通産大臣となった。不本意ながら通産相になった湛山だが、就任後に受けた漫画家の近藤日出造によるインタビューではそれまでの自説を展開しながら経済政策一般についての話を熱心にし、近藤はその様子を「ハテおれは大蔵大臣と話をしたのかな？　総理大臣と会ったのかな？」と結んでいる(「新大臣見参」『読売新聞』一九五四年一二月一一日朝刊)。鳩山内閣の経済政策の事実上の中心人物が湛山であるという認識は国民にも共有されていた。

湛山は後年のインタビューにおいて、通産相時代の仕事として「石油コンビナートの問題ですね。徳山の旧海軍燃料廠、四日市の払い下げは全部僕がやった」と真っ先に挙げている（『湛山座談』岩波書店、一九九四）。四日市、徳山の各旧海軍燃料廠と岩国の旧陸軍燃料廠の民間への払い下げは長期化し政治問題化していたが、一九五五年四月に四日市燃料廠は昭和石油と三菱グループに、徳山燃料廠は出光興産に、岩国燃料廠は三井石油化学にそれぞれ払い下げられることが通産相の湛山により決定され（石橋構想）、一九五五年八月に鳩山内閣の閣議了解を得て最終決定された。湛山による燃料廠払い下げ決着には、湛山の有力な支援者で電力業界の実力者だった松永安左ヱ門（電力中央研究所理事長）、父親の代から湛山と関係のあった石油・海運の専門家の脇村義太郎（東大教授）が影響を与えた（平井岳哉「四日市旧海軍燃料廠の払い下げ過程について」『千葉経済論叢』第二四号、二〇〇一）。脇村は晩年、「松永さんは……日本の水力発電も限界が見えた。つぎは原子力という声もあるが、まだ原子力には時間がかかる。原子力になるまでのあいだは石油だというふうに目をつけて、石油をやろう、石油と電力とを結びつけようと考えていたのです。それに石橋湛山を使おう〔と考えた〕」と語っている（脇村義太郎『二十一世紀を望んで――続　回想九十年』岩波書店、一九九三）。一九五六年七月に湛山は松永を電源開発総裁に推薦するが閣議での反対にあい実現しなかった。

東西冷戦の緊張緩和のほか、前述のように一九五五年に不完全ながらGATTへの加入が実現したことにより、海外からの資源輸入に対するリスクや障壁は軽減されつつあった。こうした中、湛山は安価な石油を海外から輸入して加工する石油化学工業の発展を――湛山がもともと抱いていた「貿易を通じた平和裏の経済発展という意味での小日本主義」に合致するため――積極的に推進する一方、自身が終戦直後の「石橋財政」で増産を促した石炭産業の斜陽化への対策に取り組むことになる。国内の炭鉱は重油の輸入増加や海外からの石炭輸入の増加により苦境に陥るようになり、その「合理化」が求められるようになっていた。湛山は通産相就任当初から石炭産業の合理化に取り組む意欲を示し、一九五五年八月に成立した石炭鉱業合理化臨時措置法では石炭鉱業整備事業団による非能率炭鉱の買収が促進され、一方で石炭企業各社は生産を高能率炭鉱に集中する「スクラップ・アンド・ビルド」政策がこれ以降進められていく。湛山は石炭から石油へのエネルギー革命を積極的に推進した。

なお一九五六年九月には松永安左エ門を委員長とする産業計画会議が第一次リコメンデーション「日本経済たてなおしのための勧告」を発表している。脇村義太郎のほか長年にわたり湛山の同志的存在だった民間エコノミストの高橋亀吉と小汀《おばま》利得《としえ》、湛山の側近の宮川三郎（東洋経済新報社会長）らも委員だった同会議のリコメンデーションでは、石炭から安価な海外産石油への「エネルギー源の転換」、所得税の大幅引下げと税制の簡素化による「脱税なき税制の樹立」によって企業心と勤労意欲を向上させること、道路投資を増大させ自動車交通を中心とする「道路体系」を整備していくことが主張された。こうした内容は湛山が政治家として主張し、また通産相として推進してきた政策と非常に近いものであった。財界および有識者が期待する経済政策の担い手として、通産相の湛山が浮上してくることになる。

†高度経済成長の「序曲」としての石橋内閣

一九五五年には民主党と自由党が合同して自由民主党が誕生し、翌五六年四月に首相の鳩山一郎が初代総裁に就任すると後継総裁をめぐる動きが活発になる。本命は岸信介だったが有力な対抗馬だった三木武吉《ぶきち》が死去したため湛山が対抗株として浮上する。湛山は一時期財政政策をめぐり関係が悪化していた池田勇人との関係を松永安左ヱ門の仲介で修復し、池田、松村謙三、三木武夫らが湛山を支援する体制が固まる。八月には鳩山が日ソ交渉後に引退する意思を表明し次期総裁選への準備が本格化する。「松永さんはどうしても石橋を出そう、最後は総理大臣にしてわが構想を実現するんだと考え」、財界から湛山への支持を取り付け資金を集めるために松永、脇村義太郎、宮川三郎が尽力した（脇村『二十一世紀を望んで』）。

一二月一四日に行われた総裁選挙には岸信介、石橋湛山、石井光次郎の三人が立候補し、第一回投票では岸が第一位、湛山が第二位、石井が第三位となる。しかし第一位の岸も過半数を確保できなかったため第二回投票が行われることになり、石井陣営が石橋陣営と交わした第二位・第三位連合の盟約に従って湛山に投票した結果、湛山は岸を七票差で破って自民党第二代目総裁となる。各派閥の確執のため組閣は難航するが一二月二三日に石橋内閣が成立する（石田博英官房長官、岸信介外相、池田勇人蔵相）。

内閣成立間もない一二月二七日に自民党は「昭和三二年度予算編成の基本方針」を発表したが、その基調の第一に「完全雇用および国民所得の倍増を目途とする新経済計画を策定することとし、これに必要な財政的前提条件を、本年度予算において充備する」と謳った（浅井良夫「「新長期経済計画」と高度成長初期の経済・産業政策」『成城大学経済研究所研究報告』第二五号、二〇〇〇）。「国民所得の倍増」という表現は一九六〇年の国民所得倍増計画の前に石橋内閣において登場していた。こうした石橋内閣の予算方針により一九五四年以降の緊縮財政は積極財政に転じ、世論は石橋内閣の正式な公約である「五つの約束」（国会運営の正常化、官紀・綱紀の粛正、雇用と生産の増大、福祉国家の建設、世界平和への貢献）よりも、財政方針として掲げられた「一千億円減税」に注目しこれを強く支持した（大嶽秀夫「鳩山・岸時代における「小さい政府」論――一九五〇年代後期における減税政策」『年報政治学』第四二巻、一九九一）。これ以降、好調な経済を背景に毎年のように減税が繰り返されていく。

石橋湛山内閣そのものは湛山の病気による退陣により極めて短期間で終わった。しかし、好調な日本経済の動向に沿う形でそれまでの緊縮財政から積極財政に転じたこと、また池田勇人が蔵相として入閣し後継の岸信介内閣でも蔵相・通産相を務めたことで、岸内閣退陣後の池田内閣における「政治から経済へ」という時代の転換を準備することになった。また湛山が首相となる過程には通産相として取り組んだ石炭から石油へのエネルギー革命の推進が大きく影響しており、日本は安価な石油を海外から輸入することで高度経済成長を遂げていく。その意味で石橋内閣は高度経済成長の「序曲」と言える内閣であった。

さらに詳しく知るための参考文献

＊石橋湛山自身の文章・発言を集めた著作、および主要な評伝・研究書については『昭和史講義【戦前文化人篇】』の拙稿「石橋湛山——言論人から政治家へ」を参照していただきたい。ここでは前の拙稿で紹介できなかった石橋湛山の思想に関する論文と、一部は『昭和史講義【戦前文化人篇】』と重複するが政治家としての石橋湛山を知る上で重要な文献を紹介する。

石橋湛山の思想に関する論文

望月詩史「石橋湛山の思考方法と哲学」（『同志社法学』第六三巻第二号、二〇一一）……湛山の思想においてこれまで先行研究において重視されてきた「欲望統整」哲学とともに、「真」を追求する思考、進化論からの影響に注目し、湛山が「個人」「日本」「世界」の三つの主体と相互関係を認識しており、それゆえ個人の自由の重視、愛国心、国際的視野を両立できたと指摘している。湛山の思考方法を理解する上で重要な論文。

布施豪嗣「石橋湛山の経済理論――古典派的側面を中心に」（『経済学史研究』第六〇巻第二号、二〇一九）……これまでケインズ主義者として扱われることの多かった湛山は、実際には生産の源泉として古典派経済学のように労働を重視したり、ケインズの否定したセーの法則（需要不足は生じないとする考え）に基づき常に生産の増加を主張したりしたほか、経済統制の撤廃を主張するなど、古典派経済学的な発想を一貫して持っていたと指摘している。湛山の経済政策に関する「紋切型」の評価に一石を投じる重要な論文。

牧野邦昭「帝国主義・総力戦と日本の経済学者――石橋湛山とその周辺を中心として」（小峯敦編著『戦争と平和の経済思想』晃洋書房、二〇二〇）……湛山の思想に見られる「自立主義」と「ネットワーク主義」といえる思考法に注目し、対等な立場の個人や国家がネットワークを結んでいくことで経済が発展していくという理想（≠小日本主義）が、一部の個人や国家がネットワーク（資源）を独占している現実に裏切られてしまった一方、湛山自身が異なる思想や領域を結びつけるネットワークの「ハブ」的な存在になることで戦中から戦後にかけて有力な存在となっていったことを論じる。

政治家としての石橋湛山に関する文献

石橋湛一・伊藤隆編『石橋湛山日記　昭和二〇―三一年（上・下）』（みすず書房、二〇〇一）……一九四五年元旦から一九五七年一月までの石橋湛山の日記。政治家としての湛山の活動や思想を知る上で貴重な記録。

石田博英『私の政界昭和史』（東洋経済新報社、一九八六）……湛山の側近政治家として石橋内閣実現のために尽力した石田博英の自伝。石橋内閣誕生に至る駆け引きが詳細に書かれている。そのほか長期にわたり労働大臣を務めた「石田労政」の時期の取り組み、自民党親ソ派としてソ連との交流に取り組んだ経緯など重要な証言を多く含む。

中島政希「石橋派の変遷――石橋湛山をめぐる政治家たち」(『自由思想』第一五三号、二〇一九)……一九五三年から湛山の政界引退までの湛山周辺の政治家の離合集散を分析している。湛山の「来る者は拒まず、去る者は追わず」という性格が政治家としての湛山の欠点でもあり魅力でもあったと指摘している。

増田弘『石橋湛山　占領政策への抵抗』(草思社、一九八八)……戦後の湛山の政治家への転身、大蔵大臣としての戦後復興への取り組みと、GHQと衝突し公職追放されるに至る過程を詳述する。日本側およびアメリカ側の当事者へのインタビュー記録は貴重な資料。

筒井清忠『石橋湛山――一自由主義政治家の軌跡』(中公叢書、一九八六)公職追放解除後から首相就任に至る湛山の政治活動と発言を同時期の日本政治の動向と合わせて詳細に分析している。

姜克實『石橋湛山の戦後――引き継がれゆく小日本主義』(東洋経済新報社、二〇〇三)……湛山が戦後に政界入りし、首相となるまでの軌跡を描く。特に公職追放期の湛山の思想や活動、政界復帰後の経済・外交政策に関する発言について詳述されている。

第2講　安保改定

五百旗頭　薫

†重光葵の挑戦とその教訓

一九五一年九月八日の対日平和条約と日米安全保障条約の調印は、吉田茂内閣の最大の業績であった。これによって独立を回復しただけではない。安全保障を米国に依存し、軽武装で経済成長を優先するという、いわば吉田路線が、戦後日本の政治外交を深く規定するようになったのである。

一九五四年一二月に吉田内閣にとってかわった鳩山一郎内閣は、吉田路線からの差異化を図った。日ソ国交回復はその一つである。

もう一つは安保改定であった。吉田は米国が求めるほどには再軍備を急がず、その政治的・経済的コストを抑えた。そのかわりに安保条約は文面上、日本に不利なことが多かった。

特に第一条において、在日米軍は「極東における国際の平和と安全の維持に寄与し、並びに、（中略）外部からの武力攻撃に対する日本国の安全に寄与するために使用することができる」と規定されていた。日本防衛に「使用することができる（may be utilized）」とあるだけで、義務とはなっていない。いざという時に守ってもらえるのか、という不安があった。また、極東の「平和と安全」のためと称する軍事行動に、日本側が歯止めをかけるための規定がなかった。米国の戦争に巻き込まれないか、という不安があった。

ちなみに日本の基地を使用するにあたっての在日米軍の権利・義務は、一九五二年二月二八日に調印された行政協定が定めた。これも、多分に占領軍の特権を継続させたものであるという批判を国内で受けた。

このような安保の改定に意欲的であったのが、鳩山内閣の重光葵外相である。重光は戦前に駐華公使、駐ソ公使、駐英大使を歴任しており、戦中・戦後に繰り返し外務大臣を務めた。帝国の外交官としての自意識の下、明治の条約改正に比肩する業績への野心があったであろう。

ただ、重光は拙速であった。一九五五年八月に重光は渡米し、西太平洋においてどちらかが攻撃を受ければ、日米がそれぞれの憲法の許す範囲内で共に戦うという、相互防衛条約の構想を持ちかけた。しかも、私案としてではあるが、米軍の全面撤退を打診し、日本の基地を使う場合も目的を相互防衛に限定することを求めた。

安保条約の生みの親であるダレス国務長官とは論争になった。ダレスは、日本国憲法第九条の下で日本が例えば米領グアムに来援できるか、と問い質し、重光の説明に納得しなかった。そもそもここまで野心的な交渉を進めるには、重光外交の国内的基盤はあまりにも貧弱であった。鳩山との意思疎通は良好とはいえず、与党・民主党からは岸信介と河野一郎がダレスとの会談に同席していた。重光を応援するというよりは、監視するためであった。

明治の条約改正を想起するならば、一八九四年、条約改正のための日英交渉を妥結させたのは第二次伊藤博文内閣の陸奥宗光外相であった。陸奥はフレーザー駐日英国公使に対し、伊藤内閣こそ日本に成立し得る最強の政権であり、排外主義者の攻撃に堪える力を持っているので、どうせ条約改正を受け入れるのであればこの内閣と妥結するのが賢明であると説いた (Fraser to Rosebery, No. 23, February 29, 1894. Nish, Ian (Eds.). (1989) *British documents on foreign affairs: reports and papers from the Foreign Office confidential print*, pt. 1, ser. E, v. 3, Frederick, Md.: University Publications of America, p. 272)。一九五五年の鳩山内閣について、同様のことをいうのは難しかった。

会談後の共同声明(八月三一日)は「より相互性の強い条約に置き代えることを適当とすべきことについても意見が一致した」と謳い、重光の面目を立てた。だが日本が自衛の第一次的責任を担い、かつ西太平洋の平和と安全に寄与できるようになったら、という条件付きであった。

重光の交渉は無駄ではなかった。

在日米軍の存在への不満が強いことを、米国側にアピールする意味はあった。共同声明が「より相互性の強い条約」に言及したのは、リップサービスだとしても注目に値する。

岸や河野には教訓を与えた。日本の能力を超えた安保改定要求が、米国の強い反発を招くことを痛感したであろう。岸は保守合同に貢献し（一一月に自由民主党が結成される）、後に自らの政権の下で安保改定を推進する。その時、河野は自民党内で岸のリーダーシップに挑戦し、安保改定のハードルを上げることになる。

病身の鳩山は、日ソ国交回復を花道に退陣した。これを受けて五六年一二月、自民党で初めての総裁選挙が行われ、派閥間の駆け引きが熾烈に展開された。最も有力なのは岸であったが、石橋湛山が逆転勝利し、組閣した。だが石橋は病気のため退陣し、岸に禅譲した。一九五七年二月二五日、岸内閣が成立した。

†何を考えるか

安保改定について、少なくとも三つのことを考えたい。

第一に、安保改定によって日米関係はより強固になった。どのようにして、そしてどの程度そうなったか。

第二に、安保改定を推進した人々の中には、日本がより対等な立場で米国と協力することを望み、再軍備のみならず、憲法改正をも視野に入れる者が多かった。岸はその代表格である。ところが、安保改定によって憲法改正はむしろ遠ざかってしまう。なぜそうなったのか。

第三に、安保に反対する人々は、安保条約そのものに加え、米軍や米軍基地が地域社会にもたらす公害や事件を問題視する。米軍駐留の条件を定めた行政協定は、安保改定と同時に地位協定にかわったが、十分な解決にならなかったという批判が根強い。なぜそうなったのか。

†暫定措置の暫定修正を目指して

一九五七年六月、岸首相は訪米して安保条約の見直しを提起した。米軍の配備についての事前協議や、条約の期限（五年）の設定などである。また、在日米軍の可能な限りの撤退を要請したが、全面撤退を求めたのは地上軍のみであった。二年前の重光よりも抑制的であった。

これらの措置によって国内の安保批判を和らげ、自衛隊の規模と役割を拡大し、五年の期限が到来したところでの対等な相互防衛条約の締結を目指すつもりであったと思われる。自衛隊の増強や海外派兵は憲法九条との整合性が問題となるが、右に述べた展望が国内で支持され、選挙で勝てれば、憲法改正も実現できると岸は考えていたようである。

米国の反応は悪くなかった。米軍撤退については、六月二一日の共同声明において、全ての陸上戦闘部隊を一九五八年中に撤退させると表明した。これは岸の交渉力だけではなく、当時のアイゼンハワー政権（一九五三～六一年）のニュールック戦略の影響でもあった。核兵器の抑止力を活用して通常兵力の削減を進め、長期化する冷戦を財政的に支える、という考え方に基づき、世界的な米軍の再編を進めていたのである。

事前協議制については米軍部内に抵抗があったが、共同声明で「実行可能なときは」在日米軍の配備・使用について協議することまでは認めた。

そもそも安保改定をいずれ行う、という言質に近いものも与えられた。安保条約は前文において「暫定措置」と称していたのであるが、そのことを想起しつつ、「そのままの形で永久に存続することを意図したものではない」と共同声明は述べたのである。

このような進展にも、ニュールック戦略が関わっている。ニュールック戦略において核抑止力が重要な役割を果たすことは既述の通りだが、一九五三年八月にソ連がアメリカより先に水爆実験に成功することで、核だけに頼ることはできないとの認識が強まった。それでも陸上兵力の軽減を継続するために、有事の即応力が重視された。迅速に同盟国に派遣・増派するためには現地の基地が重要であり、同盟国が基地の存続を政治的に受け入れていることが極めて重要となった。そのために必要であれば、基地をめぐる条約の改正にも応じた。

こうして、西ドイツ、フィリピン、韓国などと条約の改正交渉が行われた。対日協調もその一環だったのである。ただし米国の譲歩に応えて米軍の立場を安定させることのできる保守政権が日本に成立する必要があったが、保守合同と岸内閣の登場が、この条件を満たしたのである。

日本本土の米軍が減少し、基地機能が沖縄に集中することも、日本本土について米軍部が妥協することを容易にした（沖縄はアメリカの施政下にあったため、安保の適用範囲外であった）。

期限の設定だけは拒否された。これは条約の修正ということになり、批准に上院の三分の二の承認が必要になる。期限到来後の日米関係について明確に説明できなければ承認は得難い、とダレスは岸に説明した。

新条約を交渉し、調印・批准にこぎつけるにはしばしば巨大なエネルギーを必要とする。その場合、改正するからには長持ちする改正を、と考えるのが自然なのかもしれない。再び明治期の条約改正を振り返るならば、一八七〇年代に交渉が始まって以来、運用の改善に近いような部分的な改正構想が長く有力であった。しかし一八九九年に初めて実現した改正は、領事裁判制度の撤廃という抜本的なものであった（拙著『条約改正史：法権回復への展望とナショナリズム』有斐閣、二〇一〇）。

岸も同じ力学の下にあったのかもしれない。安保改定へのハードルは意外に低かったが、小刻みに二回改定するのが実は困難であった。そしてこの力学を増幅させたのが、マッカーサー駐日大使であった（Douglas A. MacArthur, Ⅱ、連合軍最高司令官ダグラス・マッカーサーの甥）。大使は、実質的な安保改定を日本に認めるべきだと米本国を説いた。中途半端な見直しでは不満が残り、いずれはより不利な条件で改定に応じなければならなくなると危惧したのである。

†条約改正への拡大

一九五八年五月二二日、第二八回衆議院議員総選挙が行われた。前回の一九五五年選挙では鳩山ブームで日本民主党が勝利したため（一八五議席、自由党は一一二議席）、自民党は苦戦すると思われたが、二八七議席を得て改選前から三議席減で踏みとどまった。社会党は一六六議席で八議席増にとどまった。自信を強めた岸政権は、対米交渉に着手する。

条約そのものの改正には、やはり慎重であった。七月三〇日、藤山愛一郎外相はマッカーサー大使に対し、補助的な取り決めによって、米国による日本防衛を義務化し、かつ核兵器の配備や在日米軍の作戦行動を事前協議の対象とすることを提案した。

法的に困難なのは、日本防衛の義務化であった。というのも、米国の支援を受ける国は、一九四八年に上院で成立したヴァンデンバーグ決議により「継続的で効果的な自助及び相互援助」ができることが前提とされていた。この「相互援助」が、自衛隊の海外派兵による米国支援を意味するのであれば、当時、憲法九条の解釈により困難であった。重光はこれが可能であるかのように論じ、ダレスの反発を買ったのであった。

外務省アメリカ局安全保障課は、自衛隊の発達という旧安保成立時にはなかった事態を踏まえて、自衛隊と在日米軍が「夫々の国内法の限度で、日本地域の安全の為め協力する」旨の交換公文を交わす、といった方法を検討していた（「安全保障問題に関し大臣より総理に協議願ふべき事項」六月一七日、外務省記録「日米安全保障条約の改定に係る経緯」① 2010-6226 外務省外交史料館）。ここには、日米の協力を日本国内に限定することで、海外派兵を回避するというアイディアが見られる。

ならば海外派兵しない条約も考えられるのではないか。マッカーサーに対して藤山は、省内でそのような可能性も検討されていると明かした。マッカーサーも、日本の海外派兵に固執せず、安保改定の功績を岸内閣に立てさせるべきだと考えていた。そこで、日本が望むことは新しい条約によっても実現できると述べ、こちらを採るよう事実上、勧めた。

岸は、補助的取決めの可能性も留保しつつ、条約の改正を優先的に追求することを決意し、八月半ばにマッカーサーに伝えた。新条約によって日本防衛義務を明示できれば、安保の正統性をより強く国内に説得できるからであろう。

東郷の回想によれば、八月二五日に岸は藤山とマッカーサーに対してこう述べている。

条約を根本的に改訂すると云うことになれば国会において烈しい論議が予想されるが、烈しい論議を経てこそ日米関係を真に安定した基礎の上に置くことが出来るのであって、出来れば現行条約を根本的に改訂することが望ましい（東郷一九八九、六四頁）

こうして、本格的な安保改定に向けた交渉が始まった。

†行政協定改正への拡大

交渉が始まった段階では、行政協定の改正は想定されていなかった。外務省は、ソ連による一九五七年八月二一日の大陸間弾道ミサイルR‐7の、そして一〇月四日の人類初の人工衛星スプートニク1号の打ち上げ成功によって、日本国内では核戦争に巻き込まれることへの危惧が強まり、しかも在日米軍が減少していたため、安保批判の焦点が基地問題から核問題に移行したと判断していた（「大臣より米大使に懇談すべき当面の安全保障問題について」一九五八年五月二四日、前掲「日米安全保障条約の改定に係る経緯」①）。

それどころか、「行政協定は米軍を縛る様にとの精神で運営され」てきたことへの反省と、防衛への当事者意識を閣議で喚起するよう藤山に要請していた。この意識に基づき、基地を自衛隊へ返還させ、米軍には共同使用させることが将来の目標とされていた（「安全保障問題に関し閣議に於て採上げられるべき事項」六月一七日、前掲「日米安全保障条約の改定に係る経緯」①)。

毎年度、日本が支払う防衛分担金(行政協定第二五条)だけは、予算策定の阻害要因として注目されていたため廃止が合意されたが、それ以外は技術的な微修正に止めるはずであった。

ところが、交渉の過程で岸内閣の国内的立場が弱体化し、行政協定も全面改正せよとの圧力にさらされる。

岸は安保改定に伴う混乱を予期し、一九五八年一〇月八日、警察官職務執行法改正案を国会に提出したが、元戦時指導者が戦中の統制を復活させるという印象を与え、反対運動が大衆化した。法案は審議未了となり、党内での威信が低下した。警職法を改正し、安保を改定し、憲法改正を狙う、という岸の布石の周到さが、反対勢力の警戒と結束を招いたのは皮肉であった。これによって、交渉の一時中断を余儀なくされた。

その間に、党内では池田勇人、三木武夫、河野らが反旗を翻し始めた。彼らの要求で、岸は行政協定の改正も要求しなければならなくなった。しかも日本とすれば、改正するからにはNATO軍地位協定(一九五一年六月一九日調印)と同等でなければ国内の批判は免れない。外務省は他省と協議の上、五七項目に及ぶ要求を一九五九年三月六日に提示する。

マッカーサーは強い反発を示したが、行政協定への不満の大きさは理解しており、交渉に応じた。米軍との特殊契約者への新たな制限規定を受け入れ、民事請求権に関する規定をNAT

O軍地位協定に準じて改定することも認めた。

一九五九年六月には、安保・行政協定の改正内容はほぼ固まった。だがすぐに調印すると、同年後半に開かれる臨時国会で批准を審議しなければならず、それは議事日程が窮屈であるとして、日本側は調印の先送りを要請した。

この間に、日本は行政協定における、①基地の敷地内外に米軍が持つ権利を縮小し、②日本が行える税関検査の範囲を広げ、③米軍関係の労務に従事する日本人労働者への法的保護を拡大しようと食い下がった。ちょうど八月三日に、西ドイツにおけるNATO軍の地位に関する補足協定が締結されたために、日本の要求水準は高まった。

マッカーサーは、①では協定上の字句は日本側に譲りつつ、付属の文書で現状を維持するよう努めた。逆に③では協定上の字句を変えることへの米軍の抵抗が強かったため、付属の文書による運用の改善で対処しようとした。②も当初は③型の処理を考えたが、日本の強い要求で①型の方針に転じた（「九月十八日在京米大使内話の件」一九五九年九月一八日、「十月二十一日藤山大臣在京米大使会談録」同一〇月二一日、前掲「日米安全保障条約の改定に係る経緯」⑥）。

交渉の結果はさらに分岐した。

①については概ね方針通りであった。基地内での米軍の権利については、協定の文言が控えめになった。基地の外で、基地への米軍の出入りを円滑にするために必要な措置については、

日本政府が関連法令の範囲内で行うよう改めるが、米国が実施できる措置もあることが協定で示され、協定に付属する合意議事録においてこれらの措置が列挙された。

②は人と物品とで結果が異なる。米軍構成員への税関検査は協定上拡大され、ただし緊急時の特例が別途約束されたという意味で、概ね方針通りであった。逆に物品への税関検査は、協定上の拡大は限られていたが、特権を濫用しないよう米国側が努める旨が合意議事録に記された。

③はより微妙であった。これまで米軍に直接雇用されていた売店・食堂等の日本人労働者を、日本の法令の保護が及びやすいよう日本政府を経由した間接雇用に切り替えることが、在日米軍の反対にもかかわらず合意された。ところがこの新しい原則は、日本側の態勢の問題であるということから、協定本文に謳われなかった。他方で、間接雇用であっても、保安上の理由による解雇について米軍が日本の裁判に服さないため、労働者への補償のための特別な手続きを定める必要があり、その手続きは協定本文に載った。補償はしかし米軍からは給与一年分までしか出さず、それ以上は日本政府が負担することが、交換公文で約束された。

このように煩瑣な交渉を経て、行政協定にかわる地位協定が形成された。地位協定は内容が複雑であり、さらに合意議事録などの付属文書が前述の事情により複雑に加減を施すため、全貌を把握するのが困難ないわばパンドラの箱となり、今日まで日米双方が不満を抱きつつも改正されていない。

†安保改定の実現

一九六〇年一月、岸は訪米し、一九日に新安保条約と地位協定に調印した。条約名はそれまでの「日本国とアメリカ合衆国との間の安全保障条約」から「日米相互協力及び安全保障条約」に変わった。軍事に限らない幅広い協力を示すためである。

第六条で米軍は日本の基地を使用することを引き続き認められ、かわりに日本を防衛する義務を負った。

日本国の安全に寄与し、並びに極東における国際の平和及び安全の維持に寄与するため、アメリカ合衆国は、その陸軍、空軍及び海軍が日本国において施設及び区域を使用することを許される。

相互援助の問題については、日本の施政下にある領域に範囲を限定することで海外派兵を不要にした。しかも、この領域で米軍が攻撃されれば日本も攻撃されているはずなので、共通の危険に対して在日米軍とともに対処すると謳いつつ、憲法上は個別的自衛権の発動として説明できる文言を第五条で編み出した。

> 各締約国は、日本国の施政の下にある領域における、いずれか一方に対する武力攻撃が自国の平和及び安全を危うくするものであることを認め、自国の憲法上の規定及び手続に従つて共通の危険に対処するように行動することを宣《〔ママ〕》言する。

新条約を外部向けに説明するために安全保障課が作成したタイプ打ちの草稿には、手書きで誇らしげに「日本ノ施政下ニ限ラレテイルノハ特異ノ点（名ヲ与ヘテ実ヲトル）」と加筆されている（「安保条約に代る新条約に関する件」一九五九年七月一三日、前掲「その他関連文書」②67）。

それ以外にも、内乱の鎮圧に米軍が協力するといった旧安保の条項を削除し、国連憲章との関係を明示するなど、独立国によりふさわしい体裁が整えられた。

大きな課題として残ったのは沖縄である。沖縄の島ぐるみの反基地闘争は、米国が安保見直しに踏み出す重要な背景であった。だが安保改定が優先された結果、本土の基地使用への制約が強まったことで、米軍にとって沖縄の重要性は高まってしまったといえる。

在日米軍の配置・装備に関する重要な変更や基地からの戦闘作戦行動については、交換公文によって事前協議制が導入された。国会審議において野党からは、果してこれで拒否権を得たのか、という質問が繰り返された。政府側は、日本は「ノー」と言えると答弁した。調印後の岸・アイゼンハワーの共同声明は、事前の日本側の懇請に答えて、「米国政府は日本国政府の意思に反して行動する意図のないことを保証した」と謳った。政府答弁でこれが存分に活用されたことは言うまでもない。

†密約

事前協議制が在日米軍の機能を損ねないよう、その範囲を狭める密約が結ばれた。

一つは、交換公文の趣旨として、事前協議制が短距離ミサイルを含む非核兵器の持ち込みや米軍の日本からの撤退には及ばず、かつ米軍の（配置の重要な変更に至らない）通常の日本からの出入りに関する現行手続きには影響せず、かつ「戦闘作戦行動」とは海外への直接の出撃のことであると定めた、非公表（内容は発表してよい）の"Record of Discussion"（討議の記録）である。このうちの、現行手続きに影響しない、という規定によって米国側は、核搭載艦船の一時寄港には事前協議制が適用されなくなったと解したが、日本政府は適用されると国会で答弁し続けた。長年、この食い違いを解消できないまま、秘密の合意の解釈をめぐる秘密の不同意となってしまった。

もう一つは、朝鮮有事の際、在日米軍が在韓国連軍を支援する作戦行動を迅速にとらなければばならない場合に、そのための基地使用を日本が認めた、いわゆる朝鮮議事録である。

この件を米国側が提起したのは、一九五九年七月六日、岸・藤山らとの会談においてであった。マッカーサーは、朝鮮有事における事前協議は約束できないと述べ、そう考える前提として、これが停戦中とはいえ未了の紛争への、国連決議に基づく対処の継続であるという認識を示した。すなわち、国連決議に基づいて国連軍が「現に存在」しているのだから、北朝鮮側が「戦闘を再開」した場合の反撃は通常の作戦行動とは性質が異なると論じ、日本が米軍のこの活動を支持するという「コミットメントを引き続いて引受けられたとしても」、事前協議制を歪めるものではないと保証した（「七月六日総理、外務大臣、在京米大使会談録」「いわゆる「密約」問題に関する調査　報告対象文書」2―1）。

九月一八日、マッカーサーは東郷に対して、「新委員会〔安全保障協議委員会―五百旗頭注〕で予め《あらかじ》約束する方法も可能」だと本国に説いていると話した。この方法に日本側も注目したらしく、傍線を引いている（「九月十八日在京米大使内話の件」前掲「その他関連文書」②71）。

一一月二四日の議事録案は、この方法に沿っている。朝鮮半島の緊張状態に鑑み、緊急時の出撃のための基地使用について、事前協議制に基づく同意をマッカーサーが求め、藤山が同意（agree）している。事前協議における同意を、今のうちに与えておくという方法と読める。朝鮮有事の出撃を、かろうじて事前協議制に包摂する妙手といえよう。

その後、作成された複数の議事録案もこの方法を踏襲しているが、ただし記述を簡潔にし、米側があらかじめの同意を理詰めで迫る印象を弱めようとする努力がうかがえる。そして一二月一八日の会見で日本側が「別添八」(当初は「別添七」)として手交したと思われる議事録案では、事前協議や同意(agree)といった言葉がなくなり、緊急時の特別な手段(an exceptional measure in the event of an emergency)として日本の基地を使用してよい(may be used)というのが日本政府の見解(view)である、という藤山の台詞となる。この一二月一八日案によって、朝鮮議事録の文言は完成する(〔議事録〕前掲「報告対象文書」2—2)。

ここでも、九月一八日の方法に沿って日本があらかじめの同意を与えたと解釈できる。米国側はそれでよかろう。しかしそれは日本側としてはどうであろうか。政府は国会において、事前協議制は「その場合、場合について日本政府が自主的の立場から判断する」と説明するつもりであった(「事前協議に関する交換公文〔想定問答〕」一九六〇年二月六日、前掲「その他関連文書」②85)。密約の中とはいえ、あらかじめ同意するという前例を作ってしまうことは、事前協議制に危険な抜け穴を作ることにならないか。それよりは、事前協議制の枠外で処理した方が、事前協議制そのものを歪めずに済むかもしれない。あるいは、枠内か枠外かをあいまいにした方が賢明かもしれない。朝鮮議事録の文言は、最終的に七月六日の前提にまで後退したように見える。朝鮮半島の緊張状態の継続を前提に、特別に基地を使用してよいと述べているだけである。このあいまいさには、理由があるのかもしれない。

議事録案の変遷の背景を示す史料は不十分であり、なお調査・検討を要する。それでも憶測を書き連ねたのは、密約の弊害とは、国民があずかり知らないことだけでなく、密約の解釈を管理できる者が限られ、いずれは解釈が管理しにくくなることにもあると思い当たったからである。安保改定にかかわる二つの密約の両方に、それは当てはまるのではないか。

もっとも、公表部分だけで国内対立を激化させるに充分であった。安保改定を記念して、アメリカ大統領としては初の、アイゼンハワーの訪日が決まった。岸としては、それまでに条約批准を済ませる必要に迫られた。五月二〇日未明、衆議院で強行採決が行われた。これへの反発から大規模なデモが発生し、六月一五日にはデモ隊が国会に突入しようとして、乱闘の中で樺美智子が圧死する事件が起きた。六月二三日、批准書交換を見届けて岸は退陣を表明した。安保闘争の衝撃は大きく、後継の池田勇人内閣は政治的低姿勢を標榜し、憲法改正を棚上げにした。

†三つの答

冒頭で考えるべきことを三つ挙げた。

第一に、日米関係はたしかに強固になった。旧安保が持っていた不平等性は緩和され、日本国内での正統性は高まった。ただし、これがただちに日米の防衛協力をも深化させたわけではない。たしかに岸政権は交渉の始まりにあたって、在日米軍との協力関係を深め、防衛意識を高め、これに反対する勢力との烈しい論争を勝ち抜くという意欲を示していた。だが批准に向けた国内闘争を想定し、これに対処する中で、この意欲は後景に退いた。事前協議制を、米国に「ノー」というための制度であるかのように説明した。外務省内には、新安保の第五条は名を与えて実を取るものという自負があったが、岸政権の初志からすれば、合憲という名をとって、対米協調の実から遠ざかったことにならないだろうか。

第二に、安保改定が日米関係をある程度対等化したので、憲法改正の法的必要性は低下した。第一で述べた意欲の減退を考えあわせると、憲法改正への精神的積極性も低下したように思われる。

第三に、安保改定は元来、行政協定の改正を企図していなかった。米軍が減少する中、その日本防衛を確保するというのが安保改定の眼目であったから、米軍の特権を減らす交渉にとっては逆風があったとすらいえる。それでも日本側は健闘し、マッカーサー大使も協力的であった。結果、地位協定において改善された部分はある。だがそれは、さらなる改正へのインセンティブを低下させてしまった。また、合意議事録など付属文書による複雑な留保や補足がある。それは、改正に向けた検討のハードルを上げてしまった。

安保改定は、保守と革新の双方に限界を画することで、日米安保と吉田路線とを定着させた。今日の日本は、なお多くの意味で、安保改定の延長線上にあるのだ。

さらに詳しく知るための参考文献

外務省「いわゆる「密約」問題に関する調査結果」……民主党政権の岡田克也外務大臣の指示により、安保をめぐるいわゆる密約に関する省内調査と有識者委員会（北岡伸一、佐々木卓也、坂元一哉、春名幹男、河野康子、波多野澄雄）による検証が行われた。二〇一〇年三月に報告書と、報告対象文書三五点及びその他関連文書二九六点とが公表された。全て下記のURLから閲覧・ダウンロードできる（二〇二〇年六月閲覧）。https://www.mofa.go.jp/mofaj/gaiko/mitsuyaku/kekka.html

波多野澄雄『歴史としての日米安保条約』（岩波書店、二〇一〇）……上記の有識者委員会のメンバーであった著者が、検証で得た知見を踏まえて安保改定と沖縄返還について著したもの。

山本章子『米国と日米安保条約改定――沖縄・基地・同盟』（吉田書店、二〇一七）……米国アイゼンハワー政権のニュールック戦略を切り口に、安保改定が実現した背景と経緯を論じている。

坂元一哉『増補版　日米同盟の絆――安保条約と相互性の模索』（有斐閣、二〇二〇）……初版は二〇〇〇年に刊行され、安保条約の成立と改定を明快に描いて高く評価された。明快なだけではなく、重光が挫折しつつも未来への展望を拓き、岸が成功しつつも未来の可能性を狭めたような、一筋縄ではいかない歴史の機微に触れている。上記の有識者委員会のメンバーでもあり、検証を踏まえた増補版を刊行した。

原彬久編『岸信介証言録』（毎日新聞社、二〇〇三）……安保改定を中心にした岸の証言である。ここぞというポイントを「ナニ」と言ってぼかす語り口が読者を不安にさせるが、実は文脈上、何をいいたいかは分かる。願わくはただの口癖であろう。安保改定を離れても興味深いのは、首相は二度務めなければ要領をつかめない、と述べているところである。憲法改正を含めた大望を抱きながら、途中の安保問題で戦線拡大と退陣を余儀なくされた岸の、無念と執念を感じさせる。これが、岸の孫で再登板を成し遂げた安倍晋三にどう影響したかを想像するのは、「ナニ」の忖度よりも張り合いがある。編者の原はオーラルヒストリーの大家であり、さまざまな聞き取りを踏まえて書かれた『日米関係の構図――安保改定を検証する』（NHKブックス、一九九一）もお薦めである。

東郷文彦『日米外交三十年――安保・沖縄とその後』（中公文庫、一九八九）……自らが実務の中心にあった安保改定と沖縄返還について手際よく説明している。その前提となる一九五一年のサンフランシスコ講和・安保条約に条約局長として関与した西村熊雄の『サンフランシスコ平和条約・日米安保条約』（中央公論新社、一九九九）と併せて読めば、戦後日本外交のメインストリームの史観を知ることができる。

第3講

安保闘争と新左翼運動の形成

駄場裕司

†六全協ショック

一九五〇年に所感派と国際派に分裂し、激しい抗争を行っていた日本共産党は、一九五五年七月の日本共産党第六回全国協議会（六全協）で党の統一を回復した。しかし一九五一年一〇月の第五回全国協議会（五全協）で決定した武力革命闘争路線を、六全協が極左冒険主義として否定したことは、中核自衛隊や山村工作隊に参加して破壊活動に従事してきた学生党員たちに深刻な衝撃を与えた。「六全協ショック」といわれる。学生運動は活動停止状態になり、日本共産党に忠実な学生党員は自治会の「サービス機関化」を受け入れ、「うたごえ運動」などのレクリエーション路線を採った。

一九五六年二月にはソ連共産党第一書記ニキータ・フルシチョフによるスターリン批判があ

り、これを受けて同年六月にはポーランドのポズナニ暴動、一〇月にはハンガリー動乱が起き、「共産党神話」はさらに傷ついた。

†全学連再建と第二次砂川闘争

こうした中、共産党東大細胞に留まったキャップの森田実《みのる》（工学部）と島成郎《しましげお》（医学部）らは全日本学生自治会総連合（全学連）の再建に乗り出した。彼らは全国の大学自治会と連絡を取る、党規違反の「分派行為」で組織化を図り、一九五六年六月に全学連第九回大会を開いて全学連を再建した（委員長：香山《こうやま》健一（東京大学経済学部））。「第二の全学連結成大会」といわれる。

全学連は小選挙区反対運動、一九五六年夏の原水爆禁止運動、秋の第二次砂川闘争、一九五七年の原水爆実験反対運動、一九五八年秋の警職法反対運動など立て続けに大衆運動を組織した。これらを指導したのは、学生運動家離れした政治力を持つ全学連中央執行委員・平和部長の森田実である。特に第二次砂川闘争は、米軍立川基地拡張のための測量を中止させて勝利し、森田は「砂川の英雄」としてマスコミの脚光を浴びた。島成郎、生田浩二（東京大学経済学部）、唐牛《かろうじ》健太郎（北海道大学教養部）、清水丈夫（東京大学教養学部。のち革命的共産主義者同盟全国委員会（中核派）議長）ら、後の安保闘争指導者たちもこれに参加した。しかし、それが逆に森田ら現地組と、書記局に残った高野秀夫書記長（早稲田大学第一文学部）や牧衷《ちゅう》副委員長（東京大学文学部）の間に亀裂を生じさせ、全学連の主流派と反主流派の分裂へつながっていく。一九五七年六月の全学連第一〇回大会では党の指示に従う高野・牧派が敗退して、小野寺正臣書記長（東京大学文学部）、小島弘副委員長（明治大学文学部）に交代した。島成郎によれば、高野は以後、早大を拠点として全学連反主流派のまとめ役になっていく。

ただし全学連反主流派の動きについては不明の部分が多い。共産主義者同盟（ブント）を創立する全学連主流派は旧所感派の学生運動家が中心だが、共産党で主流派となった旧国際派内部でも、綱領（党章）制定をめぐって宮本顕治《けんじ》書記長派と構造改革派の対立が起き始めており、全学連反主流派の学生には構造改革派が多かった。上田耕一郎・不破哲三（本名：上田建二郎）兄弟も構造改革派だったが、六〇年安保翌年の一九六一年七月に構造改革派が粛清された際、上田・不破兄弟は宮本書記長派側に立場を変えて共産党内に残った。この時に離党した安東仁《じん》兵衛《べえ》によれば、社会党と違って共産党の構造改革派は「異端視され、発言を封じられていった」。

また原水禁運動では、日本共産党がソ連の核実験を擁護していたため、それへの賛否をめぐっての対立も全学連で起きた。一九五七年一〇月にはソ連が世界初の人工衛星スプートニク1号打ち上げに成功し、西側諸国に「スプートニク・ショック」を与えている。

†トロツキズム運動の発生

一方、スターリン批判とポーランド、ハンガリーの事件を背景として、世界的にレフ・トロツキー再評価の動きが始まった。日本でも一九五七年一月、太田龍（本名：栗原登一《いち》）や黒田寛《かん》一によって日本トロツキスト連盟が結成された。同連盟は、その後、分裂を繰り返したが、黒田らの働きかけで、共産党東大細胞の島成郎、佐伯秀光（理学部）、生田浩二らは共産党中央との党内闘争を進めるため、急速にトロツキズムに傾斜していった。

静岡県立静岡城内高等学校（現：静岡高等学校）生時代に共産党に入党した生田浩二は、共産党分裂で所感派に与し、中核自衛隊に志願して火焔瓶闘争などを行っていた。一方、島成郎は東大に入学した一九五〇年五月に教養学部自治会副委員長に選ばれ、六月に入党。反レッドパージの「一〇月闘争」で停学処分（二年後に復学）。所属していた共産党東大教養学部細胞（東大C細胞）が国際派だったため、所感派を支持する一九五一年八月のモスクワ放送と『人民日報』で党からも除名処分を受け、「自己批判」の後、所感派に復党を認められた。島と生田は六全協に強いわだかまりを持っていた。

一九五七年一二月には島、生田、佐伯が党内分派結成に向かうことを決定し、同月末、共産党東大細胞機関誌『マルクス・レーニン主義』第九号（一九五八年一月号）に山口一理（佐伯の筆名）「十月革命の道とわれわれの道　国際共産主義運動の歴史的教訓」が掲載された。この論文は、ブルジョワ革命の後に社会主義革命という二段階革命論など、日本共産党の議論を全て否定し、社会主義的変革を目指さなければならないとするものだった。そして生田浩二の巻頭論文は、党内で禁句だった「プロレタリア世界革命万歳！」のスローガンを掲げ、全国の学生運動家たちに衝撃を与え、島や生田らは翌一九五八年の共産党第七回大会での党改革へ向けて活動を開始した。

†日本共産党との決別

第二次砂川闘争から生じた全学連主流派と反主流派の対立は激化し、日本共産党中央は反主流派を支持して全学連に干渉しようとした。一九五八年五月末の全学連第一一回大会に続いて、六月一日に党本部で開かれた共産党全学連グループ会議で両派は乱闘となり、主流派は紺野与次郎（常任幹部会員）、鈴木市蔵（大衆運動部長）、津島薫（本名：飯島侑。大衆運動部員）らを吊し上げ、党中央委員全員の罷免決議をした（六・一事件）。共産党は翌月、森田実、香山健一らを除名にするなどの処分をした。島成郎と生田浩二は当日の会議に出席しなかったため直接の処分は免れたが、実質的指導者と目され、東大細胞から出席した七月下旬の第七回党大会で厳しく糾弾された。

これで吹っ切れた島は、宮本顕治書記長派が人事を掌握した党大会終了の二日後、全学連中央執行委員、都学連書記局、社会主義学生同盟（社学同）、東大細胞の主要メンバーを集めて新組織結成を提案し賛成を得た。彼らは島の自宅を事務所としてガリ版刷りの『プロレタリア通信』を発行し、日本共産党だけでなく、ソ連、中国の共産党もスターリン主義と断罪した。

そして同年初冬の共産党東大細胞解散を経て、一二月一〇日に文京区黒門町の医歯薬ビルでブント創立大会が開かれ、約四五人が出席した。ブントは島、青木昌彦（東京大学経済学部）、片山迪夫（早稲田大学）らの東大・早大連合、トロツキストの革命的共産主義者同盟（革共同）グループ、森田実、香山健一らの旧全学連主流派（森田派）の三グループの寄り合い所帯で、三派が三つ巴で争っていた。書記長には調整役型で学生の支持者が多い島が選ばれたが、その三日後からの全学連第一三回大会では、人事争いの末、革共同の塩川喜信《よしのぶ》（東京大学文学部）が委員長、土屋源太郎（明治大学法学部）が書記長になった。ブント創立大会は、かえって組織対立を露わにした。

しかしブント創立を終えると、山口一理論文の佐伯秀光は島成郎と生田浩二がポーランド留学に脱出させており、生田自身は郷里で病気療養中、森田実や六・一事件の口火を切った冨岡倍雄《ますお》（東京大学農学部）、社学同初代委員長中村光男（東京大学文学部）らはしばらく運動を離れ、若手の青木昌彦、清水丈夫（経済学部へ進学）らは全学連の仕事に追われた。島の周りから顔なじみが消え、島は事務所がわりの妻博子のアパートで心細さを感じた。一九五九年一月末、文京区元町にブント事務所が設けられ（一時、樺美智子《かんば》〔東京大学文学部〕も常駐した）、共産党や革共同との党派抗争を深めた。そして同年六月上旬の全学連第一四回大会でブントは革共同系を排除し、全学連人事を掌握した。委員長には北海道大学教養部の唐牛健太郎を島が強引に担ぎ出し、書記長には清水丈夫を据えた。東京に活動基盤を持たない唐牛は「雇われ店長」のようなデモの現場指揮官であり、安保闘争での全学連の過激な戦術は、ほぼ清水によって準備された。島はブント書記長に専念するため学生運動の役職から退いた。

†田中清玄と島成郎の関係

この過程を表面だけ追うと、共産党の六全協路線に飽き足らない過激な学生党員が一方的に尖鋭化を強め、ブントを結成したかのように見える。しかし島成郎没後の関係者の証言により、島は、戦前に武装共産党委員長から獄中転向した田中清玄《きよはる》を相談相手としていたことが明らかになっている。全学連主流派が安保闘争の最中に田中清玄の資金援助を受けていたことは、一九六三年二月からマスコミ（公安警察情報だったことが、片山正彦『ここに記者あり！――村岡博人の戦後取材史』〔岩波書店、二〇一〇〕で明らかにされている）、共産党、社会党の激しいバッシングの対象となり、彼らに対する低評価の原因となってきた。しかし田中清玄とブント幹部の関係は単なる資金援助にとどまらなかった模様である。

通説では、全学連主流派が田中清玄に接近したのは、一九六〇年一月一六日の岸信介首相訪米阻止闘争で逮捕された唐牛委員長以下指導部七七人の保釈金調達のためとされる。しかし全学連反主流派側は、島書記長が一九五九年四月ごろから田中をパトロン兼武装面の援助者にしたとする。そして全学連書記次長として財政面を担当した東原吉伸《とうはらよしのぶ》（早稲田大学第二文学部）によれば、島成郎はブント結成前から田中清玄を相談相手としていた。田中は政財界有力者や司法関係者、言論人や報道関係者、宗教人、盟友の山口組三代目組長田岡一雄、汎ヨーロッパ運動のオットー・フォン・ハプスブルク、後にノーベル経済学賞を受賞するフリードリヒ・A・フォン・ハイエクを引き合わせて自己の行動哲学や人脈を継承させようとし、全学連委員長となった唐牛健太郎にも同様だった。武装共産党委員長時代と長い獄中生活、コミンテルンとの死闘の経験を踏まえた田中清玄の実践論と、共産党内の不毛な論争や分派闘争を経た島成郎の議論はかみ合い、島は安保闘争の最中も、田中との会合のスケジュールは確保したという。唐牛に全学連委員長を引き受けさせるため北海道へ行く際には、島は唐牛と同郷（函館出身）の田中に相談して賛成を得ている（『田中清玄自伝』）。田中と唐牛には母一人子一人という共通点もあった。

東原吉伸の島追悼文と社学同委員長として九州大学経済学部から上京していた篠原浩一郎へ

の聞き取りによれば、一九六〇年三月中旬の全学連第一五回大会は、田中傘下の大学空手部や別の組織からの「別働隊」が警備し、共産党系の「全自連」（全国学生自治会連絡会議として正式に結成されるのは、安保後の七月）や右翼学生の殴り込みを追い出した（一九六〇年三月一七日付『アカハタ』に「暴力で大会を妨害／共産主義者同盟が代議員をしめだす／全学連」の見出し記事）。篠原によると、四月二六日の国会突入で唐牛委員長以下の全学連幹部多数が逮捕された際、田中清玄は島とともに、共産党系が強くなると三井脩《おさむ》公安第一課長に交渉して、ほとんどの学生を釈放させた。さらに島博子によれば、安保闘争でブントが崩壊した後の七月、島は大阪で数日間、田岡組長の世話になったという。

島成郎によれば、三井公安第一課長が六月一四日に全学連事務所を訪れ、島書記長と会見した。そして島は、翌日の樺事件は前線指揮者が「かかれー」と号令したために起きた「突発事故」で、三井課長は「真っ青になったらしい」と述べている。東原吉伸によれば、海外で多くの暴動やクーデターを経験している田中清玄は、出方によっては相手を一挙に殲滅するだけの民間大規模部隊を結集して惨事を誘発させず、最小限に食い止める周到な準備をしていた。そして樺事件が起きたのは、二十数台のバスに分乗した関西系部隊が箱根を越えようとしていたときだったという。日本共産党京大細胞キャップだった桃山学院大学名誉教授の小川登は島追悼文に、島書記長から四日前に上京を指示されてデモを指揮していた全学連委員長代理の北《きた》小路敏《こうじさとし》（京都大学経済学部。のち中核派最高幹部）は、アジテーションの才能はあるが、「デモの指揮はできなかった」と書いている。ブント東大本郷細胞にいた長崎浩（理学部）の証言によると、ブントが崩壊した七月の大会で、労働者細胞は六月一五日に学生が何をやるか全く知らされていなかったとブント中央を批判した。大嶽《おおたけ》秀夫も「デモ当事者は、こうした流血の惨事を全く予想していなかったようである」としている。

ハイエキアンの田中清玄から受けた思想的影響について、島成郎は公にはしていない。ただ冨岡倍雄はブント創立準備段階での「日共はダメ、ソ連共産党もダメ、レーニンにも疑いをもて、で結局マルクスだけは信用できるっていうのね」という島博子の発言を記録している。経済学徒だった生田浩二と青木昌彦は安保闘争後、ともにマルクス主義経済学を離れて近代経済学に転じ、渡米した。ブントの理論はマルクス主義経済学の一派である宇野経済学、黒田寛一の哲学、トロツキーの革命論などからの剽窃、継ぎ接ぎと批判された。島書記長は生田浩二にブント綱領作成を依頼し、機関誌『共産主義』第四号（一九五九年八月）に草案が掲載されたが、反スターリン主義諸派の寄り合い所帯であるブントでの意見集約は困難で、安保闘争突入で開店休業となり、ブントは正式な綱領を決めないまま分解した。

†「反米」か「反岸」か

反共産党・反ソ・反中のブントが率いる全学連主流派と共産党との安保闘争での最大の争点は、運動の目的を「反岸」とするか「反米」とするかだった。安保闘争最盛期には島成郎の私的な参謀に退いていた森田実は「共産党が民族独立の反米闘争として位置づけていたのに対し、全学連は日本帝国主義復活反対の立場から岸内閣打倒を重視していた」と証言する。

冨岡倍雄はブントが労農派理論からスタートした理由として、講座派的二段階革命論で「反米斗争をくむということは……目前の日本権力、岸政府、の反動政策との斗いをぼやかす」ことを挙げている。青木昌彦を部長とする全学連情宣部編『安保斗争』（一九五九年七月）は、運動の二つのスローガンとして安保改定、調印阻止とともに「岸内閣を打倒せよ！」と書き、岸内閣打倒のスローガンに反対した共産党を非難した。篠原浩一郎は「共産党は安保条約の改定に対して、アメリカに益々従属するからという理由で反対でしたが、我々全学連はそうではなく、安保改定によってアメリカから独立し、ますます独自の軍国主義を展開する方向に行くことに対して反対していました」と説明する。樺美智子と同年に東大へ入学してブント活動家となった東京大学名誉教授の坂野《ばんの》潤治も、六〇年安保は「反米ナショナリズムの運動」というより「『反戦平和』の運動だった」と島追悼文に書いている。田中清玄の全学連主流派に対する資金援助がラジオ番組「ゆがんだ青春」で公にされると、共産党は『アカハタ』（一九六三年二月二八日付）で田中が反米闘争を「『反岸』闘争にすりかえるために躍起の策動と援助をおこなった」と激怒した。

田中清玄は岸信介・児玉誉士夫《よしお》とは激しく対立しており、日本興業銀行副頭取の中山素平《そへい》に「田中清玄は困った奴だと、岸は言っているそうだが、本当に困ったようにしてやろうじゃないか。田中清玄はそう言っていたと岸に伝えてほしい」と言ったと語っている。六〇年安保では財界でも中山や今里広記《いまざとひろき》（日本精工社長）が反岸で田中と手を組んだ（篠原浩一郎の聞き取り）。共産党は『アカハタ』（同前）で、反岸の田中清玄・全学連主流派を「日本を支配する真の敵はアメリカ帝国主義である」と攻撃した。岸信介は一九三〇年代、商工省工務局長として米自動車産業を日本から追放する自動車製造事業法制定を推進し、米国務省を怒らせた日本政府有数の反米実力派官僚だった。一九六三年一一月に児玉誉士夫は、配下の暴力団東声会に田中清玄を狙撃させ瀕死の重傷を負わせている。

共産党から全学連反主流派のデモを指導していた安東仁兵衛は、六月一五日に樺事件が起きた際、党がデモ隊に「ただちに流れ解散」と指令したことや、六・一事件で吊し上げられた津島薫の友人の女子大生が「負けよ、彼ら（ブント全学連）に負けたのよ」と口惜しがったことを記録している。共産党は『アカハタ』（一九六〇年六月二二日付）で「このような残酷な弾圧のわなに善意の多数の学生をさらした政治的指導の責任はトロツキスト指導部——共産主義者同盟と全学連指導部にある」と非難して、全学連主流派は二三日、同記事取り消し要求などで共産党本部に抗議デモをかけた。党中央は翌二四日の国民葬不参加を決定して全党に指示した(『続・戦後日本共産党私記』)。

吉本隆明は全学連主流派を「独立左翼(ソ連派でも中共派でもない)」と高く評価した。しかし安保闘争で島成郎が消耗し尽くすと、ブントは三分裂し、反米に批判的な指導者たちは間もなく運動から身を引いた。そしてブント周辺からは日本革命的共産主義者同盟革命的マルクス主義派(革マル派)や中核派などが生まれた。一方の共産党側も翌年の構造改革派粛清や、一九六四年の志賀義雄ら親ソ派追放など党内抗争を続けた。共産党からの除名・離党組は統一社会主義同盟(統社同)、「日本のこえ」、共産主義労働者党(共労党)などの新組織を作り、新左翼は四分五裂状態となった。

さらに詳しく知るための参考文献

＊ブント全学連の歴史について関係者が回想した主要文献としては、以下のものがある。島成郎・島ひろ子『ブント私史――青春の凝縮された生の日々　ともに闘った友人たちへ』(批評社、二〇一〇、新装増補改訂版)、青木昌彦『私の履歴書　人生越境ゲーム』(日本経済新聞出版社、二〇〇八)、長崎浩『叛乱の六〇年代――安保闘争と全共闘運動』(論創社、二〇一〇)、西部邁『六〇年安保――センチメンタル・ジャーニー』(文春学藝ライブラリー、二〇一八)、森田実『戦後左翼の秘密――60年安保世代からの証言』(潮文社、一九八〇)。

島成郎監修『戦後史の証言・ブント』(批評社、一九九九)……ブントの資料集として刊行された叢書『ブント〔共産主義者同盟〕の思想』(全七巻、批評社、一九九〇～一九九九)の解説として、それぞれの巻頭に書き下ろされた解説と、未発表の座談会をまとめて別巻としたもの。

*ブント全学連幹部たちの追悼文集としては次のものがある。島成郎記念文集刊行会編『島成郎と60年安保の時代』全二巻(情況出版、二〇〇二)、唐牛健太郎追想集刊行会編『唐牛健太郎追想集』(同刊行会、一九八六)、生田夫妻追悼記念文集刊行会編『生田夫妻追悼記念文集』(同刊行会、一九六七)……ブント政治局員兼事務局長だった生田浩二の追悼文集は六〇年安保から七年しか経っていないという時代的制約を受けており、全学連委員長だった唐牛健太郎の追悼文集には左翼諸党派の多くが参加していない。しかしブント書記長だった島成郎の追悼文集には、敵を作らない性格だった島の人柄を反映して、対立した諸党派の関係者たちも多数寄稿している。

森川友義編『60年安保――6人の証言』(同時代社、二〇〇五)……早稲田大学国際教養学部教授森川友《とも》義《のり》が、小島弘(元全学連副委員長)、小野寺正臣(元全学連書記長)、土屋源太郎(元全学連書記長)、古賀康正(ブント創立メンバー)、篠原浩一郎(元社学同委員長)、森田実(元全学連中央執行委員・平和部長)への聞き取りをまとめたもの。

早稲田の杜の会編『'60年安保と早大学生運動　政治が身近にあったころ闘い、燃えた』(ベストブック、二〇〇三)……日本共産党系の全学連反主流派・全自連の関係者たちが六〇年安保を回想した数少ない書籍。全学連反主流派指導者だった黒羽《くろは》純久《よしひさ》(東京教育大学文学部)が出席した座談会記録は、同書収録に際して六割がカットされたため、一部を復元したものが東京教育大学新聞会OB会サイト(http://tue.news.coocan.jp/main.htm)内で公開されている。

安東仁兵衛『戦後日本共産党私記』正・続(現代の理論社、一九七六、一九八〇)……共産党の現場活動

家として全学連反主流派を指導した安東の回想録。

石川真澄・黒羽純久・島成郎・多田実・松野頼三「60年安保闘争特別座談会　生まれ立てのブントが主導した全学連は何を目標にやったのか」『毎日ムック　シリーズ20世紀の記憶　60年安保・三池闘争1957-1960』（毎日新聞社、二〇〇〇）……六〇年安保時には対立する立場にあった島成郎と黒羽純久らによる座談会。

大嶽秀夫『新左翼の遺産――ニューレフトからポストモダンへ』（東京大学出版会、二〇〇七）……政治史研究者がブント全学連を研究対象として扱った、ほとんど唯一の書籍。ただし田中清玄のブント全学連に対する援助は、スキャンダルとして資金面に触れたのみ。

佐藤幹夫『評伝　島成郎――ブントから沖縄へ、心病む人びとのなかへ』（筑摩書房、二〇一八）……島成郎の妻博子やブント関係者に著者がインタビューした談話が収録されている。

第4講　岸内閣の内政と外交

城下賢一

†岸信介の歩みと政治信条

一九五〇年代前半、吉田茂内閣は連合国と平和条約を締結して日本の独立を回復したが、その結果、占領下で抑圧されていた不満が噴出するようになった。吉田派と反吉田派の抗争で政局が不安定化したこの局面で、保守合同を主導して多数派を形成し、自由民主党結成の後には幹事長、外相、総理総裁を歴任して自民党政権の基盤を固め、長期政権への道を開いたのが岸信介（一八九六〜一九八七）である。

岸は維新勃興の地である山口県に生まれ、中学の頃には政治家を志したという。子弟の教育に熱心な一族の中で育てられて勉学に励み、一高、東大法学部に進んで最優秀の成績を収めた。一九二〇年、卒業して農商務省に入省し、同省分離後は商工省に勤務して文書課長、工務局長など要職を歴任した。一九三六〜三九年には満州国に転じて高官を務め、帰国後は商工次官を経て一九四一年に東条英機内閣で商工大臣に就任した。敗戦後には戦争犯罪被疑者として巣鴨プリズンに収容され、釈放後も公職追放の身であったが、一九五二年、平和条約の発効に伴い公職追放が解除され、改めて戦後政界での活動を開始し、駆け上がるように総理への道を歩んだ。

振り返ってみれば理想的な政治エリートの歩みと言えるものの、巣鴨プリズンへの収容は死を覚悟しなければならない危機であった。岸は収容中に自由や人権の尊さを実感しつつ、同時に来し方を振り返ってこれまでの政治的振る舞いに改めて自信を深め、あるべき政治家像を再確認する機会とした。そしてそれは、戦後においても岸の政治信条となったのである。

政治家としての岸は、自らの所信を断然行う決断力と実行力とを重んじていた。岸のその力は、東条首相との対決で発揮された。一九四四年七月、サイパンが陥落すると岸は戦争継続が不可能と判断し、閣僚でありながら早期終戦論を唱えるようになった。このため、東条と対立して憲兵隊に狙われていたが、命の危険を冒しても主張をまげず、ついに閣内不一致による内閣総辞職に追い込んだ。

とはいえ、所信は独善であってはならない。岸は、同時に単線的思考を排し、政治家には政治的課題を多面的に検討する必要があると考えていた。その萌芽は学生時代(一九一七〜二〇)

にすでに見られる。国粋主義的な憲法学者の上杉慎吉に師事して国体や天皇・皇室制度への考察を深め、大正デモクラシーの旗手であった吉野作造やその周辺の学生と主義主張において対立する立場であったが、岸は、活発化していた大正デモクラシー運動の背景にある貧困など社会問題についても理解を深めていた。また、北一輝や大川周明の著作を通じ、国体を維持するためにも私有財産制を見直さなければならないと考えており、社会主義的政策に親和性があった。

さらに岸は、政治家には有言実行が重要であるとしていた。発言には責任が付随し、発言した通りに実行することが求められる。また発言には批判がつきものであるが、各方面の批判をもとに誤りのない政策を行うように努めなければならない。有限実行によって、大衆の納得を得て正しい政治を行うことができるというのが岸の考えであった。

†保守合同の中心的指導者

一九五二年、公職追放の解除後に政治活動を再開した岸は、政界から長く離れ、しかもこの間、憲法改正をはじめ政治体制は激変していたが、主権在民となったことで多数派の形成こそが権力掌握に不可欠なことを的確に認識していた。当初は既存政党を批判し、広く国民運動によって国民の組織化をはかろうと日本再建連盟を立ち上げたが、うまくいかないと見るや、吉田首相の側近の一人として活躍していた実弟の佐藤栄作の手配により、一九五三年、批判していた自由党公認で総選挙に立候補し、当選を果たした。

岸が当選した総選挙で自由党の議席は過半数を大きく割り込み、吉田内閣は少数政権に転落した。このため、総選挙後に国会に提出した政府予算案が野党の要求に屈して国会での修正を余儀なくされるなど、政局が著しく不安定化した。さらに、吉田側近の池田勇人や佐藤らを巻き込む造船疑獄により、吉田内閣の影響力低下が進んだ。

政界の混乱を打開するため、岸は大胆にも自由党内から保守合同を高唱して政局安定化を訴え、吉田内閣に対立する自由党鳩山派や改進党なども含めた新党結成を目指した。吉田留任は保守合同の妨げになるとして拒否したため自由党から除名されたが、自由党主流派を除いて新党・日本民主党を結成して幹事長に就任し、鳩山一郎内閣への交代を成功させた。しかし、民主党単独では過半数を獲得できず、政局の安定化は望めなかった。岸は自由党との合同の協議に入り、一九五五年、保守合同、すなわち自由民主党の結成を実現し、衆議院での多数派の形成に成功したのである。自民党でも引き続き、幹事長を務めて鳩山内閣を支えた。

政界への復帰後、岸は吉田内閣の外交・安全保障政策を対米従属的と批判し、日本の自主性の回復を訴えてきた。それは日本国憲法第九条の問題であり、日米安全保障条約の問題であった。独立国である以上、軍隊を保持することは当然で、日本は日本人による軍隊によって守られなければならない。もちろん、米ソの超大国を軸とした冷戦構造において日本が単独で国の安全を保持することは困難で、米軍の駐留は必要不可欠である。だからといって、条約上全く義務を負わせずにアメリカの駐留を認めることは独立国同士の対等な関係といえず、相互に義務を担うべきである。岸はこのように主張した。

国民経済や国民生活に関わる政策についても、岸は吉田内閣に批判を加えた。日本経済は朝鮮戦争の特需で回復したものの生産能力は不十分で、物資は不足して行き渡っていなかった。この状態で積極的な一九五三年度予算が組まれると景気が加熱して輸入が大幅に超過し、国際収支が悪化して保有する外貨が底をつく危険が生じたため、一九五四年度予算では一転して引締が行われた。その結果、輸入は減少したものの景気自体が悪化した。岸によれば、こうした景気動向が短期的で無計画な経済政策に起因しており、長期的かつ計画的な経済政策によって安定的な成長を目指すべきであった。

吉田は岸の出自である商工省を批判し、計画を嫌った。その計画や統制は岸の戦前の大きな業績の一つであった。経済を計画的・効率的に発展させる産業合理化運動の推進に必要な重要産業統制法を起案し、実施にあたってカルテルやトラストの結成を促進した。また、渡満してからは産業開発五カ年計画の実施を主導した。自由や人権の尊さを実感した戦後の岸は、強権的な統制は否定した。しかし、吉田に対し、岸は改めて経済政策における計画の意義を主張したのである。なおこのほか、国民生活の安定のため、全国民を対象とした公的医療保険・年金保険を整備する必要も指摘していた。

一九五六年秋、日ソ国交回復を花道に鳩山が内閣総理大臣・自民党総裁からの引退を表明すると、岸は後継の総裁選に立候補した。当然の自信をもっての立候補であったが、選挙の結果は反岸連合の石橋湛山がわずかの票差で勝利するという思わぬ結果となった。岸は石橋内閣に外務大臣として入閣した。ところがまたもや思わぬことに、石橋が病に倒れ回復の見通しが立たずに退陣を表明したため、一九五七年二月、岸が後継の総理総裁に就任することになった。公職追放の解除からわずか五年弱、前任の吉田、鳩山、石橋が首相に就任した年齢より一〇歳程も若い首相の誕生であった。

†持続的な経済成長と国民生活の保障――一九五七～五八年前半①

岸内閣の最初の課題は、予算案の成立とその実施であった。一九五七年度予算案は石橋首相による「一〇〇〇億減税・一〇〇〇億施策」をスローガンにした積極予算で歓迎されたが、従前同様に国際収支が悪化して外貨保有高が急減した。このため、予算成立からすぐに金融引締を行うとともに、米輸出入銀行からの借款で外貨が枯渇することのないように手配した。さらに七月の内閣改造で、石橋首相とともに積極予算を編成した池田蔵相を更迭し、財政方針の修正が明確化された。

しかし、単に引締を行うだけでは適当でなく、必要なのは経済成長のための長期的かつ計画的な経済政策であった。そこで一九五八年度予算編成に向けて岸が取り上げたのが道路整備である。当時、道路整備の遅れが問題化しており、一九五六年に来日した世界銀行の調査団からは工業国中最悪とまで非難を受けていた。道路整備を進めることで生産地から港湾までの流通を円滑にして輸出を増加させ、景気上昇がたちまち国際収支の悪化を招いて持続的成長を図れないという問題を解消しようとしたのである。道路整備に必要な長期間にわたる多額の資金を確保するため特別会計を設置し、揮発油税の税収を道路整備費として充当することに定めた。この財源をもとに計画的に道路整備を行うため、追って第二次道路五カ年計画が決定された。

道路整備特別会計の新設や道路整備費の設定は一九五八年度予算の目玉であったが、この予算編成では遺族会等の要望に応えて決定された軍人恩給の増額が批判を浴びていた。戦争被害は空襲により銃後の民衆を含めて国民全体に広く生じているのに、出征した軍人だけが補償を受けるのは不公平だというわけである。社会保障制度の整備の必要性は、岸も以前から認めていた。軍人恩給への批判を受け、国民全体の生活不安軽減を目的に無年金者をカバーする新しい公的年金保険制度を創設し、国民皆年金体制を実現する方針が固められた。

軍人恩給増額への批判にすぐさま対応して皆年金の実現方針が決定されたのは、一九五八年五月に総選挙が行われたからでもあった。野党社会党勢力は一九五〇年代の国政選挙で議席を増やし続けており、議席増を抑制して社会党政権の成立を防ぐためには、社会党が主張してきた皆年金政策を先取りして実現することが適当と考えられたのである。選挙の結果、社会党の議席数は微増に留まり、党勢の行き詰まりから党内対立が深まることになった。これに対して自民党は公認候補の当選に保守系無所属当選者を追加公認することで議席増を果たした。選挙の好結果により、岸は、自らの政治路線に自信を深めることができた。

†安保再検討の提起とアジア外交——一九五七~五八年前半②

次に、同時期の外交について見よう。岸は、米ソ冷戦下において日本の安全を確保し、経済発展を遂げるためにアメリカとの友好関係が不可欠であると考えていた。だが、それは日本が独立国として自主的に選択すべき問題であって、占領中に調印された不平等で従属的な安保条約がそのまま維持されることは認められなかった。そこで、岸は首相就任早々の一九五七年六月に訪米してアイゼンハワー大統領やダレス国務長官と会談し、米軍の日本配備と使用に関する事前協議の導入などの具体的提案を行い、大統領から安保条約の再検討について同意を得ることができた。また、日本に駐留する米陸上戦闘部隊の縮小で合意した。

岸はアメリカに対し、日米が対等であってこそ良好な関係が維持されるし、不平等な状態が放置されれば日本国民がアメリカへの忌避感を強めて中立化するおそれがあると主張した。訪米に先立つ一月、米軍演習地内で薬莢を拾っていた日本人女性を米兵が射殺する事件が発生し、反米基地闘争に拍車がかかっていたことは岸の主張に説得力を与えた。アメリカとしては、長期的・友好的な日米関係が構築できるならば、岸と協調して安保条約を再検討することは容認できる選択肢であった。

岸は、アメリカに対する日本の交渉力をさらに高め、安保条約の再検討を受け入れさせるために二つの手を講じていた。一つは日本が自ら防衛力を高める努力を示すことであり、訪米前に「国防の基本方針」「第一次防衛力整備計画」を急ぎとりまとめた。前者は日米安保を基調として効率的な防衛力の漸進的整備を規定し、後者は初めての中期的な整備計画として一九五八年度からの三ヵ年で陸上部隊一八万人体制などを整備するとしていた。これらは、駐留米軍の縮小を求める根拠ともなった。

もう一つは訪米の前後に二度にわたり行われたアジア諸国の歴訪で、日本がアジア諸国をまとめ、アメリカとの橋渡しができることを示す狙いがあった。そのために岸は、アメリカの出資を得て東南アジア地域の国際的開発機構を設立し、各国の経済発展を支援する東南アジア開発構想を提唱したが、アメリカの理解が得られず、東南アジア各国からも経済的侵略を警戒して受け入れられなかった。国際機構のかわりに比較的成果をあげたのは二国間外交で、特に、インドネシアに対しては岸の政治決断によって賠償交渉を大筋妥結させ、一九五八年一月、賠償協定・平和条約の締結にこぎつけ、西側諸国との関係改善を働きかける基盤を整備した。

岸が東南アジア開発構想を提唱したのは、中国の影響で東南アジア諸国が共産化するのを恐れたためでもあった。その中国との関係は難航していた。日中間ではすでに民間貿易協定が締結・更新されていたが、三月に新たに更新された第四次協定では通商代表部が大使館と同格とされ、職員には外交官特権を認めるなどしており、中国の実質的な国家承認を意味するとして台湾やアメリカの反発を招いたため、岸は蔣介石に書簡を送り、中国承認を意味しないと約束した。五月には、長崎のデパートで開催されていた中国物産展で、日本人青年が掲揚されていた中国国旗を引き剝がすという事件が発生したが、国家承認をしていないがために外国国章損壊罪で処罰されないことに中国側が反発し、以後は一切の日中交流が途絶した。

†前進する安保改定の波紋と順調な経済政策――一九五八年後半～一九五九年前半

一九五八年総選挙の勝利を経て、岸内閣は安保条約再検討への取り組みを本格化させた。政府内では再検討後のあり方について条約に手を触れずに交換公文で処理する方法も有力であったが、八月、岸は根本的改定を希望する意思を示した。そうなると国会の承認を得なければならず政治的により困難になるが、有言実行の政治信条に沿うがごとく、岸はこれを歓迎した。

「国会で大いに議論されることが良い。論議は烈しいものであろうが、これを経た上は、相当期間に亘って日米関係を安定した基礎におくことができる」との考えからであった。条約改定のための交渉は一〇月から行われ、事前協議や相互援助の内容、適用範囲などをめぐって議論がかわされた。

しかし、交渉の進行や議題は、次第に国内の政治情勢に大きく影響されるようになっていった。同月、岸は安保条約の審議入りを見越して占領期に制定された警察官職務執行法（警職法）改正案を提出したが、その内容が事件を未然に防ぐための予防的措置を警察官に認めるものだったため強く批判を受け、一一月、審議未了廃案に追い込まれた。自民党内で非主流派から責任追及の声が高まり、一二月、池田ら三閣僚が辞職する事態となったため、一九五九年一月、岸は非主流派に配慮して党三役を入れ替えた。勢いづいた非主流派は条約だけでなく行政協定の全面的改正を求めたため、開会中の通常国会で条約承認を求めるつもりであった岸の計画は大きく遅れ、四月以降、再びアメリカとの交渉が続くことになった。

野党も警職法問題をきっかけに岸内閣への批判を強めた。社会党は一九五八年一〇月、改正案提出の直後に総評などと警職法改悪反対国民会議を組織して大衆抗議行動を展開し、廃案に追い込んでいたが、一一月には臨時党大会で安保改定反対方針を決定し、一九五九年三月、同会議を安保改定阻止国民会議へと発展させ、大衆抗議行動を重ねていった。

こうした反対を受けつつも、岸は安保改定を実現し、引き続き政権を担おうという意欲を失っていなかった。選挙での勝利と好調な経済とが岸を支えていた。一九五七年の財政方針の転換により景気は悪化したものの一九五八年総選挙後から拡大局面に入り、岩戸景気として一九六一年まで続いた。一九五八年には特定港湾整備が取り上げられた。これは輸出貿易の伸びや工業生産の拡大に対応し、特別会計を設置して重要な港湾施設を整備しようとするものであった。安定的な経済成長のため国際収支の著しい悪化が起きないよう輸出を増進すべく、特別会計を設置して長期的・計画的に社会資本整備を行うという道路整備と同様の発想に立ったもので、一九五九年度予算に合わせて制度化された。

一九五九年は統一地方選（四月）と参院選（六月）がともに行われる一二年に一度の年であったが、いずれも自民党が勝利を収めた。参院選の結果は社会党に深刻な内部対立を惹起し、同年末の右派の脱党による社会党の分裂と脱党者による民主社会党の結成につながっていった。

†安保改定の成功とその代償——一九五九年後半〜一九六〇年前半

一九五九年六月、参院選勝利後に岸は内閣改造を行い、（そのつもりはなかったが）結果的にこれが最後の内閣改造となった。この改造は三大臣辞職以後の対立を解消し、党内体制を立て直して安保改定を実現しようとしたものであり、対立してきた池田を閣内に取り込むことには成功した。しかし、池田と並んで体制立て直しに不可欠と考えていた河野一郎の取り込みに失敗して非主流派に追いやってしまい、党内からの批判はなおやまず、さらに安保改定問題は長引いた。

岸は問題が長引く中でも安保改定をやり遂げる不退転の決意を表明し、アメリカと絶えず交渉を続けつつ党内の説得にあたった。その結果、一〇月に両院議員総会で交渉についての最終要望が承認され、党内調整を終えることができた。対米交渉は一九六〇年一月の岸訪米直前まで続いたが、一九日、ワシントンで新安保条約、行政協定に替わる地位協定、その他交換公文など七文書への調印が無事行われた。その困難の度合いに比してかなり短期間に安保改定をとりまとめることができたのは、まさしく岸の決断力と実行力によるものであった。

ただ、安保改定の成功は代償を伴うものでもあった。第一に、財政の肥大化や固定化を促進した。道路や特定港湾とは異なり輸出促進とは無関係に、新たにかつ巨額の治水特別会計が設置された。建設省は一九五七年から設置を求めていたものの、道路とは異なり岸首相の支援は得られずに見送られていた。しかし、一九五九年には八月中旬から台風被害が増加し、特に九月末に発生した伊勢湾台風は愛知・三重両県を中心に五〇九八名の死者・行方不明者を出す大災害となった。この災害を受け、治水のための特別会計を主張する議員が増加し、一九六〇年一月、一〇年間で九二〇〇億円を必要とする治水長期計画とそのための特別会計の設置が決定した。

　岸は安定的な経済成長のため輸出増進に寄与する特別会計の設置は推進してきたが、輸出増進に直接寄与するものでなく、かつ巨額の資金を必要とする治水特別会計の設置には反対していた。しかし、一九五九年一一月には設置を認めざるをえなくなり、その後の金額をめぐる政府与党内の折衝では、大野伴睦《ばんぼく》副総裁の他、船田中政調会長、村上勇建設大臣（ともに大野派）の主張におされ、金額が積み増されていった。安保改定の政策過程と重ねて考えれば、岸は、河野と親しい大野の安保改定への協力を確保すべく、治水特別会計については妥協を余儀なくされたと思われる。経済政策の長期的計画性を維持するのが困難であることを示すことになった。

　第二に、国会での新安保条約承認プロセスが進むにつれ、反対闘争が広がった。二月五日、新安保条約は承認を求めて国会に提出されたものの審議は進まず、国会の外では繰り返しデモが行われた。六月一九日には史上初となるアメリカ大統領アイゼンハワーの来日が予定されておりそれまでに条約承認を実現すべく、政府与党は五月、ついに強行採決に踏み切り、憲法が規定する衆議院の優越によって新条約成立の目処をつけた。これに権力の横暴との批判が高まり、デモ隊の一部は暴徒化し、六月一〇日、米大統領来日準備のために先行来日した米高官が取り囲まれる不祥事が起き、ついに一五日には、国会に突入したデモ隊と警官隊との間で起きた衝突で東大生・樺美智子が死亡する事件が発生した。事態の悪化により、岸はアイゼンハワー訪日中止を要請し、新安保条約の自然承認をまって総辞職することを決意した。岸が安保改定後に期していた憲法改正や小選挙区制導入は以降の首相に委ねられたが、安全保障問題とともにタブーとなり、長く取り上げられないようになった。

さらに詳しく知るための参考文献

岸の回顧録・伝記

岸信介、矢次一夫、伊藤隆『岸信介の回想』(文藝春秋、一九八一)/原彬久編『岸信介証言録』(毎日新聞社、二〇〇三)……前者は一九七八～一九八一年、後者は一九八〇～一九八二年にわたって行われたインタビュー記録で、八〇を過ぎてなお話題の焦点を即座にとらえ自己の見解を明晰に語る岸の様子が浮かぶ。内容が重なる部分は読み比べる面白さがある。特色として、前者は戦前を含めてインタビューし、付録として岸の個人史料を翻刻掲載している。後者は主に戦後期を対象としてインタビューしており、安保問題を中心に政治過程の一つ一つを緻密に確認している。原氏は別途、『戦後政治の証言者たち——オーラル・ヒストリーを往く』(岩波書店、二〇一五)を著しているが、こちらでは『岸信介証言録』の概要がつかめるとともに、他のインタビューと照らし合わせることで岸の姿を重層的に知ることができる。

原彬久『岸信介——権勢の政治家』(岩波新書、一九九五)……岸信介の伝記はそれなりに多いが、学術的に著されたものとしてはほとんど唯一の著作である。岸の人生を、その内面に寄り添いつつも他者からの批判も含めて検討し、重層的に明らかにしている。

概説書／研究書・論文

池田慎太郎『独立完成への苦闘――一九五二〜一九六〇』(吉川弘文館、二〇一一)……戦後日本の政治外交史を概観した五巻本の第二巻で、著者自身のものも含めて最新の研究を盛り込みながら当該期の政治外交を概観している。

中村隆英、宮崎正康編『岸信介政権と高度成長』(東洋経済新報社、二〇〇三)……外交・安全保障政策のイメージが強い岸内閣について、経済政策も含めて検討した論文集である。研究論文の他に、主に新聞記者へのインタビューを含んでいる。

波多野澄雄『歴史としての日米安保条約』(岩波書店、二〇一〇)……日米安保改定に関する研究は膨大だが多くは米外交文書を主な史料にしている。これに対し、本書は、いわゆる「密約」問題の外務省調査「有識者委員会」に参画した著者が外務省外交記録を積極的に活用した研究書である。安保改定において首相としての岸が発揮した指導力が日本政府内部から克明詳細に理解できる。

宮城大蔵「「ナショナリズムの時代」のアジアと日本　一九五〇年代」(同編著『戦後日本のアジア外交』ミネルヴァ書房、二〇一五)……本論文は、戦後を中心に日本のアジア外交を概観した書籍の第三章にあたる。書籍全体では、戦後日本がその経済力を資源としてその時々の地域秩序の形成や変容に関与してきた様子が描かれているが、そのうち本章では独立を果たし国家形成に進むアジア諸国に対して、岸内閣を含む日本政府が賠償問題を整理しつつ、アジアの一員という立場から友好関係を構築していった様子が明らかにされている。

八代拓「戦後日本のインドネシアへの経済進出過程　冷戦と脱植民地化の過程における民間経済外交」(一橋大学提出博士論文、二〇一七)……本論文は、本文中でも触れた日本・インドネシア関係について専門的に明らかにした博士論文で、機関レポジトリで公開されているのでオンラインで閲覧できる。

政治家・官僚とともにビジネスマンの動向も同等に取り上げ、国際貿易金融制度やインドネシアの経済産業構造を踏まえ、独立後の新しい国づくりを行うインドネシアに日本が経済進出していった過程を跡付けている。

河野康子「外交をめぐる意思決定と自民党――外交調査会を中心に」(奥健太郎、河野康子編著『自民党政治の源流――事前審査制の史的検証』吉田書店、二〇一五)……本論文は、与党事前審査制が形成されていく過程を明らかにした書籍の第六章にあたる。日ソ国交正常化と安保条約改定をケースにして、自民党内の外交に関する意見対立と、外交調査会を中心にした意見集約の制度形成とが分析されている。

対東南アジア外交の展開——一九五〇〜六〇年代

宮城大蔵

†対東南アジア外交の重要性

『昭和史講義【戦後篇】』で「対東南アジア外交」が独立した章として取り上げられることは、戦後日本外交において東南アジアが占める位置の大きさを示すものであろう。もちろん日本のアジア外交にとって、近接する中国や朝鮮半島など北東アジアが持つ重要性は言うまでもないが、北東アジアに対する外交は、日本にとってひときわ難しいものであった。植民地支配や戦争の過去に加え、中国・台湾、南北朝鮮はともに分断国家となった。一九七二年の日中国交樹立に際して日本は台湾（中華民国）と断交し、北朝鮮（朝鮮民主主義人民共和国）とはいまだに国交がない。尖閣や竹島をめぐる問題も緊張の火種となっている。

このような北東アジアと比べると、東南アジアは一見したところ、日本にとって付き合いやすい相手と見える。歴史認識問題では、中国、韓国がいつまでも日本の過去を糾弾するのに対し、東南アジアは寛大だという印象を抱いている学生も少なくない。また、近年のさまざまな場面における中国との綱引きに際して、東南アジアは日本の味方をしてくれるはずだという漠然とした期待を抱くこともあるかもしれない。

いずれも日本が東南アジアと付き合う際に、十分な注意を払うべき「落とし穴」である。前者の歴史認識問題について言えば、本講で見るように戦後初期において最も厳しい対日姿勢をとったのはフィリピンであったし、もっぱら日韓の問題とみられがちな慰安婦問題はインドネシアやフィリピンにも存在する。後者の中国との綱引きについて言えば、東南アジアそれ自体ではなく、日中間の陣取り合戦の舞台としてしか関心がないのかと、逆に日本への冷ややかな視線を惹起することになりかねない。

とはいえ、戦後日本外交における東南アジアは間違いなく重要である。とりわけ日本外交における多国間枠組み、そして創造的な外交イニシアティブは、その多くが対東南アジア外交で展開されたものであった。日本が主導した初めての多国間枠組みである東南アジア開発閣僚会議(一九六六)や、今なお対東南アジア外交の基軸と見なされる福田ドクトリン(一九七七)、そして近年ではアジア通貨危機(一九九七)に際してのアジア地域主義の提起や「人間の安全保障」なども挙げられるだろう。

そのような中にあって、戦後初期から中葉にあたる一九五〇年代から六〇年代には、東南アジアに対してどのような外交が展開されたのか。それが本講で扱うテーマとなる。

†ロムロ演説が与えた「痛み」

真珠湾攻撃によって開戦に踏み切った日本は、その戦争を大東亜戦争と名付け、欧米による植民地支配からアジアを解放するという理念を付与した。最終的に日本は降伏して連合国の占領下におかれ、復興と平和で特徴づけられる「戦後」が始まる。その一方、東南アジアではインドネシアやインドシナで独立戦争が始まる。オランダやフランスが植民地体制の再建を目指して帰来したのに対し、独立を宣言していたスカルノやホーチミンが立ち向かって戦争となったのである。しかし、占領下の日本でこのような東南アジア情勢に強い関心が向けられた気配は薄い。日本自体が戦災からの復興で手一杯だったし、「アジア解放」「大東亜共栄圏」のスローガンが敗戦とともに雲散霧消したのち、アジアについて語ることが忌避される傾向もあっただろう。

やがて日本では占領の終結に向けて、サンフランシスコ講和会議(一九五一)に関心が向けられる。日本世論は「単独講和か、全面講和か」をめぐって二分され、大いに紛糾した。しかしここでもアジアの影は薄いものであった。本来であれば、主たる戦場となったアジアの声が鋭く反映されてもおかしくない対日講和会議であったが、中国については米英間の意見が一致せずに中華人民共和国、中華民国のいずれも招かれず、韓国は戦時中の亡命政権の存在を根拠に戦勝国としての参加を訴えたが退けられた。その中にあって、アジアの声を発する役回りを担ったのがフィリピンであった。

講和会議の壇上で、フィリピンのロムロ全権は日本に向け、次のように述べた。「あなたがたはわたくしどもに重大な損害を与えられた。言葉でそれを償うことはできないしあなたがたのもっておられる金や富をもってしてもこれを償うことはできない。しかし運命はわたくしどもに隣人としていっしょに生きねばならない、また隣人として平和に生きねばならないと命じた。……われわれが許しと友情の手をさしのべる前にあなたがたから精神的悔悟と再生の証拠を示してもらわねばならない」(『日本外交文書――平和条約の締結に関する調書』)。この演説を受けて日本代表団は、「フィリピンの対日怨恨と不信の深さをまざまざと感じさせるもので会議を通じて日本人にいちばん深刻な痛味を感じ」させるものだったと記した。

とはいえ、その後の日本と東南アジアの関係を見ると、この演説が日本人に感じさせた「深刻な痛味」はどこへいったのか、そしてロムロが訴えた日本の「精神的悔悟と再生の証拠」はどのような形で示されたのか、心許ない思いにもとらわれる。

本来であれば、それは償いという意味が込められた賠償によって果たされるのであろう。しかし東南アジアに対する賠償は、その総額と支払い方式をめぐる駆け引きによって特徴づけられ、日本では東南アジアに対する再進出の手段として認識されることになる。その賠償に触れる前に、戦後日本が初めて本格的に東南アジアを含めたアジアと向き合うことになった一九五五年のアジア・アフリカ会議（バンドン会議）について述べておきたい。

†バンドン会議と日本

インドネシアのバンドンで開かれたアジア・アフリカ会議（以下、バンドン会議）は、第二次世界大戦後に独立したアジア・アフリカの国々が結集し、相互の連帯や反植民地主義を掲げた場として知られるが、それは主権回復後の日本が初めて参加した国際会議でもあった。「大東亜共栄圏」を掲げた太平洋（大東亜）戦争の終結から一〇年。バンドン会議への招請状が届いた日本の世論は、これを「アジア復帰の絶好の機会」と歓迎した。占領終結と吉田茂首相の退陣、吉田に取って代わった鳩山一郎首相の登場もあって、アメリカの存在で覆われていた占領期とは異なる外交路線を求める空気もあった。

しかし、日本がこの会議に招かれた事情はそう単純なものではなかった。バンドン会議を主導したのはインド、インドネシア、パキスタン、ビルマ（現ミャンマー）、セイロン（現スリランカ）からなる「コロンボ・グループ」であったが、このうち、ネルー首相率いるインドは、この会議に中国（中華人民共和国）を招くことを重視した。当時の中国はアジア各地への革命支援を行っていたが、ネルーは中国首脳をバンドン会議に招き、広くアジア諸国と接する機会とすることで、中国が穏健な路線に転換することを期待していた。中印が一九五四年に結んだ「平和五原則」（相互内政不干渉など）も、インドからすれば中国による革命輸出政策の停止という意味があった。

しかし、これに反発したのがパキスタンであった。宗教騒乱を伴ってインドと分離独立したパキスタンは、国土がインドを挟んで東西に分かれる不安定な状態で（東部は現在のバングラデシュ）、インドが中国と結んでさらに影響力を拡大することは何としてでも防ぎたかった。しかしビルマも中国招請に賛成するなど形勢が不利だと悟ったパキスタンは、日本も招請することを条件に、中国招請を受け入れたのであった。パキスタンのねらいは、当時のアジアにおいて「反共陣営最大の大物」と見なした日本の参加によって、会議が中印主導に傾くことを防ぐことにあった。「アジア復帰の絶好の機会」という日本世論の期待とは、大きな開きがあったのである。

なお、コロンボ・グループが今日で言う東南アジアと南アジアにまたがっているように、このころ両者は一つの地域と見なされ、当時の日本の官公庁の文書や統計でもインドやパキスタンは「東南アジア」とされている。

さて、こうした「東南アジア」の政治力学によってバンドン会議に招かれることになった日本であったが、鳩山政権首脳の間で見解は大きく分かれた。鳩山首相はネルーらの中立主義に好意を示し、バンドン会議を広くアジア諸国と関係を回復する機会だと見なした。これに対して戦前、戦中から外相や大東亜相を歴任し、帝国日本を代表する外交官という自負を持つ外相、重光葵《まもる》は、会議に参加する自由主義陣営のアジア諸国と連携して反共を強調し、中国の影響力拡大を阻止することを重視した。それはバンドン会議が中印主導となり、アジアで中立主義、共産主義がさらに勢いを増す結果になることを危惧するアメリカの意向に沿うものでもあった。

バンドン会議に鳩山首相や重光外相が出席することも検討されたが、結局、首席代表となったのは実業界出身の経済審議庁長官・高碕達之助であり、会議終了後に帰国した高碕は「政治問題についてはできるだけタッチしない方針で進んだ」と率直に語った。

バンドン会議ではソ連の影響下にある東欧諸国を念頭においた「共産主義下の植民地主義」といった問題提起に対して中国の周恩来が猛烈な反論を加えるなど、もはや会議決裂かと思われた場面もあった。しかし、そのような危機を乗り越え、最終的に「バンドン宣言」と呼ばれる最終コミュニケを採択したことによって、参加したアジア・アフリカ諸国は相互の繋がりを体感することになる。「バンドン会議の底流は奔騰する反植民地感情であって、私はすさまじい熱気に驚いたことを記憶する」（加瀬俊一外務省顧問）と日本代表団の一人が記したように、

「独立の希求」という共通の課題が、イデオロギーをめぐる差異を上回ったことによってバンドン会議は成功したといえよう。その中にあって日本は、新興独立国の熱気にとまどいつつも経済問題を主導することによって存在感を示そうと試みた。しかし当の日本が十分な経済力を欠く往時の状況であった。

†賠償交渉という難題

戦後日本とアジアの関係再構築の軌跡を追うと、まず寛大な対日姿勢をとったインドなど(今日で言う)南アジアとの関係が回復し、次いで東南アジア、そして日本に近接する北東アジアが最も遅いという展開を見て取ることができる。東南アジアで難題となったのが賠償問題であった。

そもそもサンフランシスコ講和会議を主導した米英は、日本に賠償を請求しない方針をとった。これに対して猛反発したのが最大の戦争被害国の一つであるフィリピンであり、戦時中に日本軍に直接占領された国は対日賠償を請求できるとされた。一方で、賠償は日本が支払い可能な範囲とされ、支払い方法は基本的に役務(サービスの提供)に限定された。

このサンフランシスコ講和条約に基づき、フィリピンとベトナムが賠償を請求した。インドネシアは講和条約に調印したものの、賠償が役務に限定されたことに対して議会で批判が強く、批准しなかった。カンボジアとラオスは賠償請求権を放棄し、賠償に代わるものとして経済・技術協力協定を締結して日本が無償援助を提供した。講和会議に参加しなかったビルマは個別に日本と平和条約を結ぶことになった。

結果として日本はフィリピン、インドネシア、ビルマ、ベトナムの四カ国と賠償交渉に臨むことになった。しかし交渉は容易には進展しなかった。難航した理由の一つは額の問題で、サンフランシスコ講和会議の前後に各国が提示した対日賠償要求額はインドネシアが一七二億ドル、フィリピン八〇億ドル、ビルマ六〇億ドル、南ベトナム二〇億ドルで、この四カ国の総計で三三二億ドルあまりにのぼった。これは当時の日本の国民総生産の二倍近い額であり、日本政府は非現実的な数字だと捉えた。

また、日本からすれば相手が複数にわたることも賠償交渉の難しさであった。一カ国との交渉で具体的な数字を出せばそれが即座に他の相手との交渉に波及する。また、日本の政治家や世論の間では、そもそも戦時中に東南アジアで戦ったのは米英、オランダなど欧米諸国であり、現地の東南アジアの人々と戦ったわけではないのに、なぜ賠償を払わねばならないのかという認識も根強かった。そのため日本の政治家や当局者は、賠償は長期的には日本経済の利益になる一種の「投資」なのだという説明をし、それが相手国の反発を買ってさらに交渉が停滞するという場面もあった。

それでも交渉は動き始める。端緒となったのはビルマで、一九五四年に賠償二億ドルと五〇〇〇万ドルの経済協力で妥結した（他国とのバランスをとるため、六三年に追加的措置として一億四〇〇〇万ドルの無償援助と三〇〇〇万ドルの借款供与）。国内の経済建設に必要な資金を確実かつ早急に獲得したいというのがビルマ側の判断で、水力発電所や製鉄所の建設が進められた。一九五六年にはフィリピンと、賠償五億五〇〇〇万ドルと二億五〇〇〇万ドルの借款で交渉が妥結した。役務だけでこれだけの額を満たすのは困難で、船舶の供与など物資賠償が中心となった。

†インドネシアへの関与と東南アジアの政治変動

ベトナムへの賠償は一九五九年、賠償三九〇〇万ドル、政府借款七五〇万ドル、経済開発借款九一〇万ドルで妥結したが、日本政府は南ベトナム政府に対してベトナム全土への賠償を支払うという立場をとった。しかし、一九七三年に日本が北ベトナムと国交を樹立した際、北ベトナムは日本に賠償を請求した。結局日本はベトナム統一（一九七六）後、南ベトナムへの賠償額に見合うだけの無償経済援助を統一ベトナムに対して行うことで決着した。

日本の東南アジア諸国に対する賠償のうち、とりわけ政治的な性格が色濃かったのがインドネシアであった。インドネシアとの賠償交渉は一九五七年、岸信介首相が東南アジア歴訪の一環としてインドネシアを訪れた際、スカルノ大統領との間で電撃的に妥結した。賠償二億二三〇八億ドル、経済協力として借款四億ドル、これに加えてインドネシアが対日貿易で不払いとしていた焦げ付き債務一億八〇〇〇万ドルを日本が放棄するという内容で、最後の点については外務省や日本国内でも「借金棒引き」として不評であったが、岸が押し切って妥結した。

一方のスカルノはこのとき、危機的な状況にあった。スカルノの容共姿勢や中央集権化に反発して地方勢力が反乱を起こし、これを容共色の強いスカルノ打倒の好機だと捉えたアメリカが、CIAなどを通じて秘密裏に支援していた。その最中にスカルノは、独立後も経済的実権を握っていたオランダ資本の接収に乗り出す。オランダ系の船舶会社は船を退避させ、島嶼国家インドネシア国内をつなぐ海運は途絶の危機に直面した。その穴を埋める形となったのが交渉妥結後の日本の賠償で、総額のおよそ四分の一は船舶の供与に充てられた。結果として日本はオランダが追放された空白に入り込む形となった。

アメリカはこれに不快感を示し、マッカーサー駐日米大使は「オランダを追い出すと解釈されるような行動はとらないことが重要だ」と藤山愛一郎外相に釘をさす。これに対して藤山は「日本は、共産側がインドネシアの空白を埋めるのを避けるために建設的役割を果たしたい」と、冷戦の論理によって日本の進出を正当化した。戦後日本のインドネシアへの進出は、脱植民地化と冷戦が交錯する中で進展したのだといえよう。

結局、反乱勢力はスカルノ政権によって鎮圧され、アメリカの試みは失敗に終わる。賠償事業をテコに日本はインドネシアへの関与を深めるが、賠償の多くは事業を受注した日本企業を通して日本に還元される面もあった。インドネシアは日本からの賠償を一九六五年までに事実上、使い切るが、その後もインドネシアは日本の対外援助の最大の受け取り手であるのと同時に、発展途上国で最大の投資先でありつづけた。

†「独立の完遂」から「開発」へ

二一世紀の今日では世界的な経済成長のセンターと目されるアジアだが、戦後前半期には戦乱と混乱、そして貧困と停滞の代名詞であった。戦後世界において、アジアほど大きな変化を遂げた地域は他にないが、この転換のきっかけとなったのは一九六〇年代半ばの東南アジア情勢であった。

一九六五年秋、スカルノ政権下のインドネシアでクーデター未遂が発生する（九・三〇事件）。これをきっかけにスカルノは権勢を失い、クーデターを鎮圧したスハルト少将が実権を掌握する。この事件が発生するまでのスカルノは急進化傾向を強めていた。対外的には中国と接近して「北京＝ジャカルタ枢軸」と称され、六五年初頭には国連の脱退を宣言して中国と第二国連を創設すると喧伝した。

また、イギリス植民地や自治領を統合して成立した隣国・マレーシアをイギリスによる新植民地主義の策謀だとしてその粉砕を掲げ、マレーシアの後ろ盾であるイギリスも交えてマレーシア紛争が勃発していた。一方、国内ではインドネシア共産党が勢力を伸長させ、スカルノ後に権力を掌握するのではないかと西側では懸念された。

この一九六五年にはアメリカがベトナムへの軍事的介入を開始しており、東南アジアは「北京＝ジャカルタ枢軸」によって南北の中国、インドネシアによって挟み込まれる中、アメリカはベトナムで、イギリスはマレーシアで軍事紛争に踏み込むという緊迫した状況であった。日本では池田勇人首相がマレーシア紛争の仲介に熱心で、つづく佐藤栄作政権下では自民党副総裁の川島正次郎が仲介をつづけ、スカルノを対中接近と急進化路線から引き戻そうと試みた。しかしそれらは成就せず、九・三〇事件の発生とスカルノの失権という事態に至る。

スカルノを追い落としたスハルトは大虐殺を伴って国内の共産党勢力を掃討し、やがて大統領に就くと、軍部主導の統治によって経済開発を重視する「開発体制」を構築する。対外的には日米との関係を深め、またマレーシアと和解し、一九六七年には反共を目的の一つに掲げてASEAN（東南アジア諸国連合）が結成される。東南アジアの人口の過半近くを占める地域大国、インドネシアの劇的な転換は東南アジア情勢を大きく塗り替えることになったのである。

かつてスカルノをあれほど熱心に支えた日本は、このインドネシアの変化を歓迎した。「最近の国際情勢をみると低開発国においては国内開発を無視するタイプの政治が後退しているので、これら諸国を地道な開発につかしめる好機である」「わが国とインドネシアとの関係は、同じく東南アジアで注視の的となっているヴィエトナムのそれと比較して見て、種々の理由から遥かに緊密なものがあり、誇張はあるが米国がヴィエトナムを抱えているのに対しわが国はインドネシアを抱えているの観があり、又その意義がある」（いずれも外務省外交史料館所蔵文書）といった当時の外務省の内部文書からは、経済を軸に関与をさらに深める好機が到来したとの日本当局者の自負と高揚感がうかがえる。

本講が扱った時期の東南アジアは、一九五〇年代にはバンドン会議に象徴されるような脱植民地化の気運が旺盛な地域であった。日本は本来、償いである賠償を、「（東南アジアには）排外的ナショナリズムや日本の侵略に対する疑惑の念などという強風が吹きすさんでいる。その中へ安全に乗込むには賠償という大義名分と結びつけるより以上の良策はないではないか」（通産省の担当者）と、この地域への再進出のテコととらえた。

そして一九六〇年代中葉の東南アジアは、スカルノのような「独立の完遂」を追求する政治からスハルトのような開発を最重視する政治で覆われる地域へと変化した。それは経済大国の道を歩む日本にとって、より深く関与し得る東南アジアの出現を意味したのである。

さらに詳しく知るための参考文献

伊藤博一『トングー・ロード　ビルマ賠償工事の五年間』（岩波書店、一九六三）……ビルマで賠償事業として建設する発電所工事のため、道路建設に従事した技術者の手記。往時の様子がうかがわれる。

佐藤晋・波多野澄雄『現代日本の東南アジア政策【1950―2005】』（早稲田大学出版部、二〇〇七）……戦後初期から二一世紀初頭に至る日本の対東南アジア政策を網羅的に叙述する。

宮城大蔵『増補　海洋国家日本の戦後史』（ちくま学芸文庫、二〇一七）……インドネシアをはじめとする海域東南アジアに向けた日本の関与を中心に、戦後アジア国際秩序の転換を解き明かす。

宮城大蔵編『戦後日本のアジア外交』（ミネルヴァ書房、二〇一五）……東南アジアを含めた戦後日本の対アジア外交について、バランスのとれた通史。

吉川洋子『日比賠償外交交渉の研究　1949―1956』（勁草書房、一九九一）……日比賠償交渉について、内外の一次資料を駆使してその実像と詳細を解明した重厚な研究。

第6講

池田内閣と高度経済成長

藤井信幸

†池田内閣と冷戦

一九六〇（昭和三五）年の日米新安保条約の締結をめぐる一連の騒動は、戦後政治史の局面転換――「政治の季節」から「経済の季節」へ――を導いた事件と見なされることが多い。たしかに騒動の責任をとって首班の岸信介が辞意を表明して事態の収拾を図った後、後継総裁に選出された池田勇人が所得倍増を掲げて組閣したことにより、以後の保守と革新の間の争点は安保から経済成長に移ることになった。しかしながら、池田が所得倍増を単なる経済政策としてではなく、アメリカの世界戦略と結び付けてアピールしたことに注意したい。

第二次世界大戦後の国際秩序は冷戦――米ソ両超大国を中心に資本主義と社会主義が対峙しながらも両超大国が直接武力衝突するのを避ける状況――によって維持されていたが、米ソ両国はその威信をかけて経済成長を競い合っていた。社会主義陣営ではソ連の指導者フルシチョフが、アメリカに追いつくことを目標に七カ年計画を一九五九年からスタートさせ、中国でも毛沢東がアメリカに次ぐ経済力を持つイギリスを追い越すことを目標に掲げ、「大躍進」と呼ばれる新経済計画を一九五九年から開始した。これに対してアメリカでは、反共路線を掲げたJ・F・ケネディが積極的な成長推進を表明し、六一年一月に新大統領に就任した。ケネディは大統領選挙のさなかに社会主義の脅威を煽る一方で、財政拡張、減税、社会保障の充実などを通じて、アイゼンハワー前大統領時の年平均成長率の二倍の五％の成長を実現することを公約した。

池田やそのブレーンたちは、以上のような東西間の経済成長をめぐる競合を、自由を原則とする市場経済と、命令や強制を本質とする計画経済の選択問題とみなし、所得倍増政策を通じて資本主義の優位を立証しようとする意図を、内外に向けて表明した。それは当然ながら、国内の冷戦体制ともいうべき「五五年体制」のもう一方の極である社会党を刺激せずにはおかなかった。社会党は、安保闘争を通じて院外闘争の限界を思い知り、院内政党としての現実的な戦略への転換を――所得倍増政策に対抗して計画経済の優越性を国民に示すこと――を迫られた。言い換えれば、日米安保騒動を収束させる過程において、資本主義と社会主義のいずれを選ぶべきかという体制選択を、自民、社会両党がともに改めて国民に問う必要が生じたのである。
本講では、池田内閣が所得倍増政策を通じて高度経済成長（一九五五〜七三）を推し進め、冷戦における日本の立ち位置を明らかにさせつつ自民党政権が安定を取り戻す過程について述べたい。

†経済計画と高度成長

岸退陣から約二カ月後の一九六〇年七月に発足した池田内閣は、同年一二月に「国民所得倍増計画」（六一〜七〇年度）を閣議で決定した。五五年に保守合同により誕生した自民党政権では、新内閣が発足するごとに経済計画が新たに策定されていた。まず鳩山一郎内閣の「経済自立五カ年計画」（五五年〜）、次いで岸信介内閣の「新長期経済計画」（五七年〜）、そして三度目が池田内閣の所得倍増計画であった。

自民党政権が掲げた最初の二つの経済計画は、高度成長を後押しすることを目的としていたわけではなく、むしろ行きすぎた成長を抑制する意図を持っていた。そのことは両計画の目標年平均成長率が実績を大きく下回っていたことから容易に理解できる。経済自立五カ年計画の目標成長率は五・〇％であったものの現実の年平均成長率は九・一％、新長期経済計画は目標成長率六・五％だが、実際には一〇・一％だったのである。

両計画において実勢よりも目標成長率がかなり低く設定されたのは、日本経済の前途に対する慎重な見方が、一九五〇年代においては政府やエコノミストの間で大勢を占めていたからである。五六年の『経済白書』は「もはや戦後ではない」と述べたが、これは復興の完了に対する安堵や、日本経済のさらなる飛躍への期待を込めた言葉ではない。その反対に、日本経済が未知の領域に踏み込むことへの不安を示す表現であった。

経済自立五カ年計画の場合、一九五五年の現実の成長率は七〜八%と予測されていたものの、『日本経済新聞』(五五年一二月五日)に至っては五%にすら懐疑的で、「日本経済の成長率は普通四%とみられている」ので「必ずしも控え目とばかりはいえない」と、目標成長率が高すぎることを懸念していた。当時、東京大学助手であった中村隆英も、「三〜四%に下がると信じていた」と述懐している(『昭和財政史刊行だより』一八、二〇一〇年三月、二頁)。また、五六年度までの五年間の年平均成長率は年率九%ではあったけれども、岸内閣の新長期計画は、この高成長は主として戦争による荒廃からの復興に起因しており、今後は難しいと説明していた。すなわち、景気が過熱すればインフレが再燃し、外貨が逼迫する恐れがあると判断されたため、この新長期計画もまた、成長率を低く抑え込もうとするものになったのである。

†月給二倍論と国民所得倍増計画

こうした日本経済に対する慎重な見方に異を唱えたのが池田であり、その池田が経済成長を推進するために掲げたのが所得倍増であった。占領下で池田は蔵相としてドッジ・ラインと呼ばれるデフレ政策を断行し、国民に不人気であった。保守合同後は後ろ盾となっていた吉田茂が、政治の表舞台から引き下がってしまい、池田は自民党内で非主流派に転じざるをえなかった。しかし、その雌伏の時期に池田を政策面で後押しする支援グループが整い、政権への道が地固めされていった。そして一九五九年に入り、『読売新聞』に掲載された一橋大学教授の中山伊知郎の論説に触発され、池田は「月給二倍論」を唱えるようになった。反響は大きく、メディアでもたびたび取り上げられ評判になった。政府による抑制から経済を解放し自由に成長させていけば月給が二倍以上になるのも夢ではない、というのが月給二倍論の趣旨で、景気の過熱を警戒して新長期経済計画を策定した岸内閣への批判でもあった。

しかしながら、人気を博していた月給二倍論を岸は無視できなかった。岸は一九五九年六月の内閣改造の際に池田を通商産業大臣として再入閣させ、月給二倍論を岸内閣の政策として取り込もうとした。同時に、月給二倍論は「所得倍増計画」と改称されることになった。「月給」の語を用いると、サラリーマンだけを対象とするかのように誤解される恐れがあったからである。目標成長率も問題になった。計画の期間は一九六一年度から七〇年度までの一〇年間に国民所得（実質GNP）を二倍にすることを目的と設定された。そのためには年平均七・二％の成長を一〇年間続ける必要があり、経済企画庁はそのような計画を策定しようとした。

しかし、七・二％成長には池田が反発した。一九五八年の成長率はたしかに七・二％であったが、五九年には九・二％に上昇していたため、七・二％成長では鳩山内閣や岸内閣の計画と同様に、民間の経済活動を抑制することになってしまうからである。池田の主張は、政府が高成長に伴う税の自然増収分を財源に、鉄道や道路といった飽和状態の産業基盤の整備を進めれば、一〇年間に月給は二倍にも三倍にもなる、ということにあった。実際、鉄道貨物輸送では東海道本線のような大都市間を結ぶ幹線では滞貨が深刻で、また道路輸送でも、大都市間ないし大都市内部における渋滞が悪化し続けるなど、交通機関の輸送力不足が成長の隘路（ボトルネック）となることが懸念されていた。ところが鳩山、岸両内閣は実勢よりも低い成長率を想定していたため、現実には税収の伸びが大きいにもかかわらず、財政支出は抑制気味で、財政は黒字基調となっていたのである。

†新経済政策と対米関係の修復

戦後日本の経済計画は、社会主義国のようにその実行を民間に指示・強制する計画ではなく、単に政府の中長期的な目標を明示し民間企業に指針を与えるものにすぎず、計画どおりの実行が保証されるのは、政府自らが立案する公共投資計画だけであった。池田のいう月給二倍論とは、前述のように一〇年間に月給を倍増しようというのではなく、成長を抑制せず社会資本を整えればおのずと「二倍にも三倍にもなる」という主張であった。「私は統制経済や計画経済論者ではないから、十年という期間を限定して、計画的に月給を二倍にするとは、いいもせず、考えてもいない」とも、池田は語った。

池田グループは計画という語を忌避し、所得倍増政策と表現することが多かった。池田の側近で第一次池田内閣の官房長官となった大平正芳などは、あくまでも指針にすぎない所得倍増政策を「国民所得倍増計画」として閣議で決定することに反対した。「計画経済論者ではない」と述べた池田も、所得倍増を通じて社会主義・共産主義との対決姿勢を際立てようと企図していたから、そうした月給二倍論の趣旨が完全に理解されないまま、岸内閣が七・二%成長の「国民所得倍増計画」を閣議で決定するのに反発したのである。ただ、そうした経緯はすべて公表されたわけではない。そこで池田内閣発足後は、公約違反と誤解されるのを避けるために「計画」として閣議で決定したのであろう。

事実、池田は所得倍増計画の閣議決定に先立つ九月の新首相の所信表明のなかで「新政策」を表明し、一九六一〜六三年度における年率九%の成長を当面の目標とする方針を示した。所得倍増の理論的支柱であった元大蔵官僚の下村治は、一〇〜一一%の成長が可能だと見ていた。それだと七年で所得は倍増、一〇年後には二・五倍〜三倍にまで増加することになる。結局、七・二％程度が無難だと考える経済企画庁と妥協して、さしあたり三年間は九％に目標を設定したのである。一二月に閣議で決定された「国民所得倍増計画」でも、この「新政策」の方針が引き継がれて「〔一〇年間で所得を二倍にするという――引用者〕目標が計画期間内に達成されることもありえよう。もし、そのような事態が、経済や社会の安定をくずすことなく、かつ将来の成長力をそこなうことなく実現するならば、わが国にとつて好ましいことであり、成長を抑制する必要はない」と、目標成長率に固執せず弾力的な政策運営を図る旨が記された。

外交も所得倍増政策を軸に展開された。すなわち、国内問題の解決を図るための所得倍増政策を経済成長の成功事例として共産主義や途上国に印象付け、特にアジア諸国に対してはアメリカの援助の肩代わりを果たすことを約束したのである。安保闘争を経た日本が西側陣営にとどまり、それまで以上に積極的にアメリカの冷戦体制に協力する方針を示し、日米関係を安定させようと意図したことはいうまでもない。

ケネディの大統領就任後間もない一九六一年六月に池田は訪米し、所得倍増政策を通じて資本主義陣営に貢献するというコミットメントを世界に表明した。ワシントンの議会で池田は、所得倍増政策は国際社会の平和と進歩への貢献に対する「われわれ自身の能力を増強させるという目的を実現せんとするもの」であり、「低開発諸国の経済建設と民生向上」に日本も資本主義陣営の一員として積極的に貢献することを確約した。岸が軍事面から日米関係の見直しを図ろうとしたのに対して、池田は経済成長を通じて日米の協力関係の強化を目指したのであり、対米関係を軸に冷戦における日本の国際的な役割を明確にしようとしていた点は、岸、池田両内閣に共通していたのである。

†二重構造と貿易の自由化

池田やそのブレーンたちが経済成長に固執したのは、日本経済の抱える深刻な問題、すなわち二重構造の解消が切実な課題となっていたからである。

二重構造とは産業間、地域間、あるいは大企業と中小・零細企業などの間に長期間にわたって賃金格差が生じている状態を指す。人口過剰の日本では、産業界が提供する就業機会をはるかに超える労働者が存在することが賃金格差の主因と見なされた。この過剰労働力を多く抱える農村や中小・零細企業では、労働者は不満足な就業状態にあるため、その個々の能力を十分に発揮しきれていない。それらの労働者の能力を十分に発揮できるような就業機会を提供することは政府の責務であり、そのために経済成長をできる限り促すことに政府は努めねばならず、成長を通じて二重構造もおのずと解消していく、というわけである。

一方、経済成長よりも社会福祉の充実を強く求める声が、社会党を中心に根強く存在した。池田も福祉国家の建設を否定してはいなかったが、そのための手段として、まずは成長を促すことに専念すべきだと考えていた。

しかし、高成長を懸念する最大の論拠は、外貨事情に関する不安にあった。ようやく復興を終えたばかりで日本には外貨に余裕がなく、また、諸産業の生産能力や対外競争力についても懸念されていた。そのため、好景気はただちにインフレーションと輸入の増加を招き、外貨を逼迫させるという悲観論が大勢となっていた。現に高度成長最初の大型景気である「神武景気」のさなかの一九五七年、経常収支が大幅な赤字となったために、IMF（国際通貨基金）からのドルの買い入れなどの外貨補充を余儀なくされた。同時に、公定歩合を引き上げて成長を抑制せざるをえなかった。同年に成長に慎重な新長期計画が策定されたのは、そうした事情による。

しかも欧米諸国から貿易・為替の自由化を求める圧力が強まり、大蔵省は一九五九年三月に、自由化方針を決定せざるをえなかった。日本は五三年にGATT（関税及び貿易に関する一般協定）に仮加入、翌五四年に正式加入して、自由貿易体制への参加が認められたものの、復興途上にあるため経常的取引の為替制限が認められるIMF一四条国として、輸入に厳しい規制を課していた。けれども五〇年代末ともなると、為替管理が許されないIMF八条国への移行を求める欧米からの強い圧力に抗しきれなくなったのである。五九年に岸内閣に通産相として再入閣した池田は、漸進的に自由化を進める考えを表明し、池田内閣発足後に実行に移していった。輸入品目の自由化率は一九六〇年四月の四二％が六三年八月には九二％まで引き上げられた（香西二〇〇一、一八四頁）。

太平洋岸ベルト地帯の形成

社会主義に対する資本主義の優位を説くうえに、輸入自由化を進めねばならなかったから、計画経済に優る市場経済のメリットを可能な限り引き出さねばならない。そのため、所得倍増計画は「民間の経済主体が、自由企業と市場機構を通して経済合理性を追求しつつ、その創意と工夫により自主的活動を行なう立場を尊重」し、そのために「残存している産業に対する直接統制をできるだけすみやかに廃止し、個々の企業活動に対する直接規制的な行政を最小限度にとどめる」ことを要請した（経済審議会『国民所得倍増計画』）。

同時に、四大工業地帯（京浜、中京、阪神、北九州）を結ぶ「太平洋岸ベルト地帯」への公共投資の重点的配分が提案された。金融をはじめ経済活動に対する規制は残しつつも、経済成長を促すためには成長の原動力である民間企業や個人の自主的活動の余地をできるだけ拡大し、その「創意と工夫」を最大限発揮させるために、交通や通信といった産業基盤の整備の遅れが成長の隘路となる事態は早急に改めねばならない。それゆえ、政府による公共投資の拡大が必要だが、当時は敗戦直後の猛烈なインフレの収束に手を焼いた教訓から国債発行は停止されており、限られた財政資金をできるだけ有効に活用しなければならなかった。すなわち所得倍増計画では、工場の集積が急速に進み産業基盤の整備が切実な大都市圏とその周辺——太平洋、瀬戸内海沿岸に展開する四大工業地帯を連ねるベルト状の工場・人口の密集地帯——が、「すぐれた立地条件を持っている」ため「社会資本の効率が」高く優先対象とされた。そして東海道新幹線の開通、東名・名神高速道路の建設、大都市間電話線の拡充など、ベルト地帯における交通・通信網の整備が進められていったのである。これに対して北海道、東北などベルト地帯以外の地域は後回しにされ、「慎重な配慮」に基づき選定された地点において計画期間の後半に産業基盤の整備を進めることが予定された。

たしかに高度成長期における地方圏から大都市圏への人口移動はすさまじく、首都圏(東京都ならびに神奈川、千葉、埼玉三県)だけで、ピーク時の一九六〇年代初頭には毎年四〇万人近くの転入超過があった。一九五五〜七〇年の累計では五〇〇万人に達し、これに中京圏、京阪神圏を加えた三大都市圏では実に七八〇万人となる。その結果、大都市圏の人口は膨張し首都圏だけでも一九五五年の一五四二万人が七〇年には二四〇〇万人にまで増大した。この過程において農村の過剰労働力は大都市圏に吸収されて消滅し、労働者は一転して不足するようになったのである。

†高度成長のメカニズムと所得倍増政策

以上のようなベルト地帯への人口移動を吉川洋『高度成長』は「民族大移動」と呼び、それに伴う世帯数の増加こそが「高度成長を生み出した究極的な要因であった」と述べている（一二五〜一二六頁）。農村や地方都市から大都市圏やベルト地帯への人口の移動は、若年層が中心で世帯数の増加を伴った。当時日本人の多くは、洗濯機、冷蔵庫、テレビなどの家電製品や自家用車に囲まれた戦勝国アメリカの豊かな生活スタイルに羨望の念を抱いていたため、世帯数の増加はそれらの耐久消費財への需要を増大させた。戦後、アメリカなど海外からの技術導入に伴って石油化学工業、製鉄業などの素材産業を中心に、ベルト地帯では新工場建設など設備投資が活発になり、生産性の向上と相まって高度成長の原動力となっていたが、ベルト地帯における人口・世帯数の増加はそうした設備投資を促す強力な誘因となった。しかし、ほどなく過剰人口はベルト地帯に吸収され尽くしたため、ベルト地帯の人口・世帯数の伸びは鈍化した。やがて一九七三年の第一次石油危機の影響もあり、素材産業中心の設備投資は力を失って減速し、高度成長も終焉を余儀なくされた。

高度成長のメカニズムが以上のようなものであったとすれば、所得倍増政策は成長を抑制しないという姿勢とともに、ベルト地帯における産業基盤の整備を推進する方針を明確にすることによって、企業の設備投資を促すという形で高度成長に寄与したといえる。

ただ、すべて目論見どおりに事が運んだわけではなかった。一九六一年度からの「新政策」の結果、物価が上昇し経常収支が赤字になってしまったのである。神武景気に続く高度成長期の二度目の大型景気「岩戸景気」が五八年から始まっていたが、池田内閣が発足した六〇年から黒字が急減し、六一年には大幅な赤字となった。所得倍増ブームが生じて内需が膨張し、物価の上昇を引き起こしたことによる。池田内閣は、やむなく引き締め政策に転じたため、六二年にインフレ率が下落し経常収支の赤字も縮小するが、成長率も低落して八・六％となり、「新政策」の公約九％が維持できなかった。

とはいえ、全体としては下村の予測どおりとなった。一九六〇年の一人当たりの実質国民所得を基準にすると、六八年に二倍を超え、七〇年には二・五倍となった。高度成長期最長の好景気「いざなぎ景気」（六五〜七〇）には、高成長と経常収支の黒字が両立するようになった。

もっとも、政権は六四年に、癌治療のために退陣した池田から佐藤栄作に移っていた。資本の自由化や、大都市圏の過密化と地方圏の過疎化、環境汚染など性急な経済成長に伴う弊害への対応など、そのほかにも所得倍増政策が佐藤内閣に委ねた課題は少なくない。池田は、志半ばで政界から退かねばならなかったのである。

さらに詳しく知るための参考文献

香西泰『高度成長の時代――現代日本経済史ノート』（日本経済新聞社、二〇〇一）……一九八一年に日本評論社から刊行された単行本の文庫版。著者は経済企画庁で所得倍増計画に関わった経歴を持つエコノミスト。コンパクトな書であるが、該博な知識、深い教養、企画庁や評論活動で得た知見に裏打ちされた洞察は鋭い。戦後日本経済史を学ぶための必読書。

吉川洋『高度成長――日本を変えた６０００日』（読売新聞社、一九九七／中公文庫、二〇一二）……日本経済のマクロ分析の泰斗による優れた戦後経済史の入門書で、高度成長のメカニズムと池田勇人の役割が理解しやすい。巻末の文献案内も有益。

上久保敏『評伝下村治――「日本経済学」の実践者』（日本経済評論社、二〇〇八）……所得倍増政策の理論的支柱になった異能のエコノミスト下村の評伝。他のエコノミストや経済学者との論争を交えながら、「下村理論」を掘り下げて解説している。

深尾京司ほか『日本経済の歴史５　現代１――日中戦争期から高度成長期』（岩波書店、二〇一八）……制度の経済学を援用しながら超長期的な視点から高度経済成長を捉え直している。

藤井信幸『地域開発の来歴――太平洋岸ベルト地帯構想の成立』（日本経済評論社、二〇〇四）……「ベルト地帯」構想の成立過程とその役割を、政治と経済の両面から検討した研究書。

藤井信幸『池田勇人――所得倍増でいくんだ』（ミネルヴァ書房、二〇一二）……池田勇人の評伝で、池田やそのブレーンたちの狙いを明らかにしている。

エコノミスト編集部編『高度成長期への証言』上・下（日本経済評論社、一九九九）……高度成長に関わった政治家、官僚、財界をはじめ各界の代表者約八〇名が、高度成長との関わりを生々しく語ったインタビュー記録で、史料的な価値が高い。

第7講　政治家・官僚関係の新展開――一九五〇～六〇年代

牧原　出

†各省分立・人事介入・憲法の運用

一九五〇年代から一九六〇年代とは、戦後政治の型がジグザグの航路をとりながら形成された時代である。

政党史としてみるならば、太平洋戦争敗戦後、連合軍の占領が終了し、独立後の日本では、世界的な冷戦の進行の下で、保守政党と革新政党とが激しく対立する。高度経済成長とともにそうした対立が和らぎ、自由民主党による長期政権が確立した。他方、この間、官僚制は、占領改革の対象となったものの、アメリカの占領政策の転換に伴い、再軍備を典型とする「逆コース」の改革にさらされる。とはいえ、おおむね戦前以来の政治的影響力を保持した。二つの流れは、一九七〇年代から八〇年代には、自民党長期政権下で、「官僚主導」の政策形成手続が制度化されるという帰結を生んだ。

もっともこうした外形的な理解は、政党・官僚制双方の関係資料の公開が進んでいなかった時期のものであり、冷戦終結とともに資料公開が進む中、徐々にその内実が明らかになりつつある。

そこで、本講では、この時期の特徴を占領終結による日本国憲法の本格的な運用が開始された点に置く。占領軍による間接統治が終わることで、政党は百家争鳴状態となり、幹部の統制が効かないまま無秩序に予算決定過程に参入した。また復古的イデオロギーに基づいて戦前に回帰しようとする改革を目指す動きも表面化した。これに対して官僚制は、より合理的に憲法とその下位規範の運用を図った。それらの帰結がまずは自由民主党の成立であり、ついで佐藤栄作首相の率いる七年を超える長期政権のもとでの政策形成過程の確立である。それこそ、二〇〇〇年代の統治機構改革で標的となった「官僚主導」の政策過程なのである。

では、この変化をどう見渡せばよいだろうか。制度の軸としては、一つには、総動員体制の解体と各省分立という省庁制の変化である。二つには日本国憲法の作動である。これに加えて政治の軸としては、一つにはイデオロギー対立の生み出す復古的な制度改革とそれへの抵抗であり、二つには政党の側からの人事を通じた官僚制への介入である。

この時代は、単純に官僚制が政治に対して優位であったわけではない。それどころか、政治からの官僚制への介入がさまざまに行われていた。だがそれらは散発的でもあった。重要なのは、双方の間のやりとりの中で、徐々に日本国憲法の運用のルールが定着したことである。

†内閣官僚の解体と「原局マン」主流の幹部人事の登場

第二次世界大戦は第一次世界大戦の規模をはるかに上回る総力戦であった。国内の人員・物資を総動員するために、もろもろの資源を総合的かつ計画的に配分する必要があり、その司令塔として、総動員機関が各国で設置された。日本では内閣の機関として一九三七年に企画院が設置され、その後組織の位置づけを変えつつ、戦後の経済安定本部へと持続した。問題はそこでの執務風景である。敗戦直前、後に東京都知事になる内務官僚鈴木俊一《しゅんいち》の回想を取り上げてみたい。

「終戦の約一年前の十九年七月、私は内閣参事官となった。内閣参事官制度は企画院が廃止になったあと、それに代わるものとしてできたもので、各省庁間の重要行政の連絡、調整のほか、必要な企画立案もやった。勅任の参事官が大蔵省から来た迫水久常《さこみず》さんと内務省からの大島弘夫さんの二人、そのほか外務省からの法華津《ほけつ》孝太さん、大蔵省からの石野信一さん、軍需省からの大堀弘《おおほりひろむ》さん、それに内務省からの私と四人いた。……八月六日広島、九日長崎と相次いで原爆にやられたが、その間の七日か八日の夜、迫水さん、法華津さん、石野さんたちと一緒に迫水さんの知り合いの店で食事をしながら情報を交換した。その時、迫水さんから「広島にとんでもない大きな新型爆弾が落とされ、もう無条件降伏しかない」と聞かされた」

このように総動員機関は、内務省から鈴木俊一、大蔵省から石野信一といった有力省の有力官僚が出向する場であった。そこでは、「国策」の立案が図られていた。二一世紀の現在、二〇〇九年と一二年の二度の政権交代を経て、再び内閣官僚が政権を仕切るようになっているが、そうした内閣のスタッフ組織は戦時行政の生命線でもあった。

ところが敗戦により、この意味での「国策」は徐々に不要になる。占領初期には経済安定本部が設置され、物資不足の中で統制経済と復興計画を担う組織となったが、一九四九年にアメリカからジョゼフ・ドッジが来日し補助金の徹底的削減と健全財政を指示すると、その組織と権限が縮小していく。対して各省では、スタッフに対するライン組織である局課の職員が主流となっていく。「原局原課《げんきょくげんか》」が省を支え、そうした省の連合体が政府となる。内閣の機関は大幅に削減され、残るはきわめて小規模の内閣官房となるのである。

戦時期の軍需省の前身は商工省、後身は通産省・経産省である。ここに属する官僚は、企画院や経済安定本部に多数出向し、その多くは本省に戻ると事務次官をはじめ幹部になった。だが、経済安定本部が縮小すると、こうした内閣への出向経験のある官僚は次第に少数派となり、省内でのキャリア中心の官僚が台頭していく。その象徴的事例が、通産省の大物事務次官として、城山三郎の小説『官僚たちの夏』のモデルとなった佐橋滋である。「僕は通産流にいうと原局マン」と述べる佐橋は、「事務官、課長時代にたいていの人は大臣官房とか企業局に一度や二度は勤務するのが普通であるが、原局ばかり歩いて官房、企業、通商の経験がまったくないというのも珍しい」という。佐橋自身は大臣官房で秘書課長の経験はあるのだが、それをさておいても、佐橋以前の幹部は「原局マン」ではなかった。佐橋が事務次官に就任するというのは、まさに内閣官僚の時代が去りつつあることを意味した。

こうして内閣官僚が徐々に消滅し、「原局マン」が官僚制の主たる担い手となる、各省は幹部候補を省外へ出向させず、省内の局を広く経験させ、その業務を知悉させた上で事務次官に選任する。出向ポストとは、たとえ内閣であっても、省内では大きく嘱望されない人材のあてがい先となる。こうした人事慣行のもとでは、省庁間対立を一次的に調整する内閣は弱体化し、省間折衝では、互いを熟知しない官僚間の激しい対立が生じるようになっていく。

†日本国憲法の作動開始

一九五一年五月、九月のサンフランシスコ講和会議後を見込んで、吉田茂内閣は「政令改正諮問のための委員会」を設置し、占領改革の再検討作業を進めた。公職追放解除と並んで進められたのが、省庁再編を伴う行政機構改革であった。

この時期の改革の一つの柱は、省組織の強化とこれを規制する独立機関の廃止とであった。占領改革で設置された数多くの行政委員会が廃止され、省庁の内局へと吸収された。改革の焦点となったのは、人事院と公正取引委員会であった。人事院は戦前の官吏制度を廃して、新しい公務員制度のもとで科学的人事行政を進めるための中央人事行政機関であったが、各省への統制権限をもつために廃止が叫ばれた。公正取引委員会は、ヤミカルテルの摘発に熱心であり、経済界とこれと深く連携する通産省と激しく対立していたからである。いずれも制度の運用上必要であることから廃止されることなく現在に至っている。

もう一つの柱が、アメリカとソ連との間の冷戦が激化する中で進んだ治安機構の再編である。それは軍と警察という二つの焦点からなる改革過程であり、政令諮問委員会は保安省のもとに双方を統合する答申を出していたが、本来的に性格の異なる二つの機構は別の改革過程をたどった。再軍備については、警察予備隊から保安隊を経て自衛隊の設置となる再軍備が進み、憲法第九条との関係で社会党・共産党はこれに激しく反発し、以後の与野党間対立の基軸となっていった。もう一つの警察改革では、占領改革の中では、日本の民主化の一環として内務省の解体とともに警察改革が進められ、都市部には自治体警察が設置され、都市部以外の地域は国の機関である国家地方警察が管轄するものとされた。これが都道府県単位の警察組織へと改革されたのである。

再軍備の過程そのものが、憲法第九条の解釈上疑義をはらみ、国会審議でも政府答弁に混乱が見られ、与野党間の論戦の見せ場となっていく。社会党・共産党など護憲勢力から見れば、占領改革に逆行する改革の象徴的事例であった。また、保守勢力側からは、憲法改正運動の一大争点として憲法第九条改正に照準をあわせていったのである。

これに対して、警察改革は、イデオロギー対立による改革とは異なる過程をたどった。そもそも、自治体警察の制度の下では、管轄が異なる自治体警察の間の連携が欠けており、自治体から自治体へと渡り歩くことで警察の捜査を逃れることができた。一九五一年から反米武装闘争方針を掲げていた共産党は幹部や運動家を「地下に潜」らせることで対抗できた。また山間部は実質的には国家地方警察の捜査が及ばず、山村工作隊による火焔ビン闘争の拠点が置かれたのである。このように犯罪捜査の実効性に乏しい警察制度については、改革の必要性が高かったのである。

しかし、問題は自治体警察に代わる改革案の実効性である。当初の吉田内閣は、戦前の内務省警保局官僚出身の議員の意見を反映した改革案を国会に提出した。それは国家公安委員会を単なる助言機関としての国家公安監理会へと格下げし、警察担当大臣が各地の警察の本部長を任命する内容であった。これは占領改革を真っ向から否定し、戦前の内務省のもとでの警察制度に立ち返るものと言え、戦前の警察制度の悪弊とされた政治からの恣意的な警察への介入が再び生じる可能性が高いものであった。だが、この案はバカヤロー解散によって国会通過に至らず、国家地方警察本部の官僚によって代わって提出されたのが、現在のように都道府県単位の警察を置き、国家公安委員会・都道府県公安委員会がこれを監督する仕組みであった。自治体警察よりは広域の管轄とする都道府県単位の警察本部であるが、中央の警察庁からの指揮については、国・都道府県公安委員会を介することで自立性を保ち、政治からの恣意的な介入が抑制されるのである。

この警察制度の改革が示すように、占領終結後の改革は、与野党間のイデオロギー対立のもと、戦前の制度へ回帰する改革も提唱されてはいたが、最終的には制度として適切に作動する案へと結実した。つまり、この時期の改革は、戦前回帰の「逆コース」の改革のように見えながら、以後戦後の長期にわたって制度として作動しうるよう、現実的な改革案を模索する営みでもあった。

こうして、占領終結後、日本国憲法が本格的に作動し、占領改革によって生まれた制度の修正が図られていく。政治と官僚制との関係の中で、より深刻な改革課題が、予算編成過程の改革であった。

占領終結後の第一三回国会では、予算を伴う議員立法が急増した。国会法では議員一人での立法の提案が可能であり、衆議院議員の任期末が迫る中、選挙区への利益誘導が目指された。

しかも、電電公社の予算編成権を郵政大臣の権限とする法律を衆議院電気通信委員会が可決し、結局は成案となることで大蔵省の予算編成権限が縮小されるという事態も起こった。何らかの議員立法の制約なしには、予算が歯止めなく膨張する可能性がふくらんでいた。

まず与党自由党では、党機関、具体的には政務調査会等の了解を経て法律を国会に提案することとした。不要な議員立法を排除するものであると同時に、内閣提出法案についても党機関がコントロールしようとするものであり、当時鳩山一郎に近い石橋湛山を支えていた石田博英衆議院議院運営委員長による吉田とその側近への対抗手段であった。

とはいえこうしたコントロールは必ずしも個々の議員を拘束するほどの効力はなかった。そこで石田は国会法の改正へと動き出した。議員立法を一人ではなく、一般の法律では衆議院では二〇名以上、参議院では一〇名以上、予算を伴う法律の場合は衆議院で五〇名以上、参議院で二〇名以上の賛成があってはじめて国会に提出できるとする国会法改正案は一九五五年に成立した。そしてもう一つの集大成こそ、一九五五年一一月の保守合同による自由民主党の結成であった。

†一九五五年体制の成立と政治からの人事介入

占領終結はすぐに主要政党の分裂をもたらした。一九五三年の自由党鳩山派の分裂、五一年の社会党の左右分裂、内部対立が激化していた共産党も五一年の第五回全国協議会（五全協）で暴力革命路線を採択する。しかし、一九五四年に鳩山派と改進党が日本民主党を結成し、吉田内閣が倒れることで、自由党から民主党への政権交代が生じ、鳩山ブームが起こると、政党の再結集が図られる。共産党は一九五五年七月の六全協によって暴力革命路線から転換し、一〇月に左右両派の社会党も統一した。そして一一月の保守合同によって、自由民主党が誕生した。

この間生じたのは、政治の側からの官僚制に対する人事介入による政策転換の試みであった。まず一九四八年に成立した第二次吉田茂内閣は、GHQの占領改革派の指示を受けた片山哲・芦田均の中道内閣の路線から、経済復興の路線へと転換するため、官僚出身の候補者を大量に選挙で当選させ、佐藤栄作官房長官や池田勇人大蔵大臣など、官僚出身の議員を側近に据えた。吉田自身は「Y項パージ」と呼ばれる更迭と登用を繰り返した。特に標的となったのは、出身の外務省であった。

こうした人事介入は、鳩山内閣以降も続く。首相側近の河野一郎農林大臣は、官房長に安田善一郎を抜擢し、省内で戦中期に内閣に出向していた「物動派」と呼ばれる官僚集団を登用し、合理的な農政を展開した。保守合同後、河野は岸に接近し、岸内閣で経済企画庁長官に就任すると、通産省からの出向者を更迭して新しい人材を得るといった措置をとっている。岸首相も、自らのイニシアティブで盟友の長沼弘毅を公正取引委員長へと就任させた。商工官僚であった岸にとってはカルテル規制を働きかける公取委に圧力をかけるとともに、その解体すら念頭におかれた人事であった。もっとも、こうした人事は、それぞれの任期が長くはないため、政策転換を貫徹するには至らなかった。

一九六〇年七月に成立した池田勇人内閣は、大蔵官僚でもありエコノミストでもあった下村治の構想にもとづき、日本経済の「成長力」を発揮する国民所得倍増計画を策定し、高度経済成長を内閣の一大施策とした。この池田を支えたもう一人の大蔵官僚が池田内閣時代に主計局長・事務次官を歴任した石野信一である。石野は本講冒頭で言及したように戦中期の内閣官僚であり、吉田内閣の池田大蔵大臣を大臣官房調査部長として支えていた。そして池田内閣では、主計局長、事務次官として内閣を支え続けた。池田から佐藤栄作へ内閣が交代すると、佐藤は石野の退任についてわざわざ日記に記しており、前内閣のレガシーを断ち切ることに関心を寄せている。

占領初期の混乱を別にすると、一連の人事介入の特徴は、政党の枠組みが変容する過程で、官僚制をコントロールしようとした政治からの人事介入の向かう先が、原局でのキャリアを重ねた官僚ではなく、内閣官僚としての経験を重ねた官僚集団であったことである。

つまり、一九六〇年代前半までは、各省には佐橋のような「原局マン」と内閣官僚とが肌合いの異なる対立する集団として並存しており、政治の介入に同調したのは後者であった。たとえば、通産省内で佐橋のライバルとされた今井善衛は、戦後は佐橋が国内派と言われたのに対して国際派であり、その原体験は戦中・戦後の内閣官僚としての経験であった。今井は「私は省内ではもともと物動屋といわれておったんで、戦前、戦中も物動を担当したし、戦後は経済企画庁で物資統制の元締めみたいな仕事をやっていましたが……あのころの統制経済なるものは、守ろうとしても守り切れないし、弊害ばかりでプラスの面がなくなっちゃった。そんなこともあり、だんだん統制ぎらいになったわけです」と語る。ここには、内閣官僚への出向時の計画策定と民間事業者への統制経験が、徐々に自由経済への信念を強めたことがうかがえる。今井は佐橋と肌合いがあわず、同様に自由化を志向する官僚集団は、佐橋以下の原局型の官僚と微妙な対抗関係にあった。

『官僚たちの夏』に描かれたように、佐橋らは、政治に対して官僚制の側から政策イニシアティブを発揮しようとして特定産業振興臨時措置法の制定を目指したが挫折した。政治をクッションのように柔らかく受け止める有力な内閣官僚経験者が消滅するにつれて、原局型の官僚は省庁間対立をはらみつつ、政治に対しても強い意思表示を辞さなくなっていく。次第に、内閣での目線を特に養うことなく、省益をそのまま国益に反映すべく政治に意見を突きつける官僚こそが、官僚の典型と見なされるようになっていった。二一世紀の政治主導とは正反対の官僚主導が安定化していくのである。

†統治機構改革構想と政策決定手続の制度化

このように、一九五〇年代から一九六〇年代半ばまでは、政党の枠組みが変化することで、新しく成立した政権は前政権との差別化を図りながら、官僚制に独自の介入を図ろうとした。とはいえ、介入は全体としては散発的なものにとどまった。こうした揺れ動く政党と官僚制の関係を改革のもとに回収しようとしたのが、池田内閣時代の憲法調査会と臨時行政調査会という二つの改革の試みであった。憲法調査会は鳩山内閣時代に設置されたものの審議が呈しており、実質的な審議は一九六二年に始まり、憲法の章ごとに詳細な議論を展開した。政治学者・憲法学者のみならず議員も参加しており、中曽根康弘は繰り返し首相公選制の意義を主張している。また臨時行政調査会は、同じ一九六二年に審議を開始し、内閣制度、許認可制度、公務員制度、予算会計制度などについて事務次官経験者を含む官僚OBと行政学者・行政法学者・財政学者による調査審議を重ねた。だが、いずれも多くの成果をあげたわけではない。憲法調査会は、審議の中で結論を一本化せずに審議を整理したにとどまった。また臨時行政調査会は、許認可行政の整理や、予算制度の合理化などを提案したが、その多くはアイディアの提案で終わっている。

だが、このときに唱えられた内閣制度の強化はその後政権の側から試みられていく。特に池田の後任の総裁となった佐藤栄作は「Sオペレーション」と名付けられた官僚と新聞記者によるグループを政策ブレーンとした。この通称「Sオペ」は、まず一九六四年の総裁選挙に際して「社会開発」という高度経済成長から社会改革へと軸足を移す佐藤の政策を作り上げた。首相に就任した佐藤は、一九六七年にこのSオペの中心人物であったサンケイ新聞記者の楠田實《くすだみのる》を秘書官に抜擢した。楠田は、まずは沖縄返還交渉という政権最大の外交課題で、続いて大学紛争の勃発に際して、高坂正堯《こうさかまさたか》、梅棹忠夫《うめさお》、山崎正和といった論壇での発信力の強い知識人との交流を密にし、そこから首相演説のヒントや新しい政策構想をくみ取ろうとした。こうして官僚と政府外部の有識者とを両輪とした政権チームがゆるやかに組織されたのである。折しも各地で深刻化した公害問題に対して、楠田は高坂の提言をヒントに「環境問題」ととらえなおして、公害関係法の改正制定、環境庁の設置といった課題に取り組んでいく。そうした政策転換の基盤こそ、この政権チームであった。

自民党長期政権が将来にわたって持続することが見込まれるようになり、各省の作成する法案について、自民党の側から微修正を図るという政策決定過程が日常化していった。「原局マン」が主流化した省庁と自民党の族議員とが政策形成に協力する態勢が安定化していく。ブレーンの組織化や環境庁のような「調整官庁」の設置は、首相の側からのこれへの対抗手段であった。省庁・族議員のセクショナリズムへの対抗手段を内閣の側で模索する時代が到来するのである。

さらに詳しく知るための参考文献

伊藤正次『日本型行政委員会制度の形成――組織と制度の行政史』（東京大学出版会、二〇〇三）……占領改革の中で多数設置された行政委員会は、多くが占領終結後に整理されるが、国家公安委員会のように定着するものもある。そのプロセスと制度の特性を丹念に分析した良書である。

奥健太郎・河野康子編『自民党政治の源流――事前審査制の史的検証』（吉田書店、二〇一五）……自民党の政治史研究は資料が十分でなく進んでいないが、政と官をつなぐ政府提出法案の党による「事前審査制」の実態を解明した本書は数少ない例外である。制度としての自民党研究の成果である。

境光秀『郵一君物語――ある財務官僚の昭和史』上・下（財経詳報社、一九九五）……著者名の境光秀はペンネーム。大蔵省主計局長・国土庁事務次官を務めた橋口収の著書とみてよい。その官僚生活を振り返った異色の自伝であり、主計局、金融行政、そして内閣官房・大臣官房での勤務をそれぞれ経験した橋口ならではの比較と人物談が随所に光る。

佐橋滋『異色官僚』（ダイヤモンド社、一九六七）……城山三郎の小説『官僚たちの夏』の主人公風越のモデルが佐橋であり、その自伝は種本の一つでもある。あけすけに自身の「異色」ぶりを吹聴する感もあるが、今も脈々と流れる「通産」「経産」官僚の横顔を知ることができる。

牧原出『内閣政治と「大蔵省支配」――政治主導の条件』（中公叢書、二〇〇三）……戦後政治ではもっとも政治的な省庁となった大蔵省の転換から、占領終結後から高度経済成長までの政治の転換を見通すもので、本講の基調となる分析である。一九五〇年代の政治史・行政史とも資料が不足しており分析は容易ではないが、オーラル・ヒストリーと官僚の回顧録を活用しながら、内閣官僚の戦後版である「官房型官僚」の析出過程を解明している。

牧原出『崩れる政治を立て直す――21世紀の日本行政改革論』（講談社現代新書、二〇一八）……日本の省庁編成の基本をヨーロッパ大陸で言われる「財務・内務・外務・法務・軍務」ととらえ、二〇〇三年の大蔵省研究をさらに拡充して、近代国家建設から戦後改革を経て、この編成がどう政治・行政関係を特色づけたか、現代にまで視野を広げて論じている。本講の続編でもある。

宮沢喜一『東京―ワシントンの密談』（実業之日本社、一九五六／中公文庫、一九九九）……占領期とりわけドッジラインによる超均衡予算が策定された時期から占領終結後の混乱を、池田勇人大蔵大臣秘書官であった著者が振り返った回顧録である。自身の日記も引用しつつ政治の変化を精細に描いている。その後の著者の政治家人生を念頭に置いて読むと、一層興味深い。

村井良太『佐藤栄作――戦後日本の政治指導者』（中公新書、二〇一九）……佐藤首相の政務の秘書官であり、秘書官集団と知識人と政権の橋渡しを担った楠田實の資料が整理・公開され、佐藤内閣の歴史研究が進みつつある。その整理作業を担った著者による初の本格的な佐藤の評伝である。一九六〇年代史としても読むことができる。

第8講

日中民間貿易と国交正常化

井上正也

「友好史観」を超えて

第二次世界大戦後、日本と中華人民共和国（以下、中国）は長らく国交を持たなかった。こうした状態は一九七二年に日中国交正常化が実現するまで続いた。しかし、その間の日中両国は全ての関係が断絶していたわけではない。国交正常化以前から日中両国間には、貿易や文化・学術交流面でさまざまな非政府アクターによる民間交流が活発に行われていた。

従来の日中関係史研究は、この民間交流の果たした役割を高く評価してきた。それらによれば、冷戦下でのアメリカ政府による中国「封じ込め」政策と、それに追随した日本政府によって、日中関係は正常な関係の発展が妨げられてきた。こうした障碍にもかかわらず、日中友好の精神に基づいて両国国民が交流を下支えしたことで国交正常化を可能とする環境が整えられた、というものである。

しかしながら、こうした「友好史観」ともいうべき見方は徐々に修正されつつある。なぜなら、近年の研究によって、日中民間交流の底流にあった中国政府の対日戦略が明らかになってきたためである。それらによれば、中国政府は、日本国民を対象にした「人民外交」を展開することで、世論を味方につけ、それを通じて、日本政府の対米政策や対台湾政策の転換を促すことを目指していた（「以民促官」）。つまり、中国側にとっての民間交流とは、明確な戦略的意図を持ったものであり、それに関わる人員や組織も政府によって強固に統制されていたのである。

これに対して、日本政府は民間交流に中国側ほど明確な戦略的意図を持たなかった。実際、貿易を例にとってみても日本側の民間貿易を担っていたのは、まとまりを欠いたさまざまな団体であり、革新政党のフロント団体から、日本政府が運営に関与する官製団体まで多種多様であった。日本にも吉田茂首相のように、対中貿易の拡大が中国の体制変革につながるという考えを持った政治家がいたことは事実である。だが、それはあくまでも政治家個人の〝期待〟に留るものであり、日本政府として戦略的にそれを推進することはなかった。その意味で戦後の日中民間交流は非対称な関係にあったのである。

本講では、日中両国の政治的意図や、民間貿易団体同士の競合関係に着目しつつ、国交正常化に至るまでの日中民間貿易の展開を概観したい。近年、日中両国の外交文書に加えて、政治家の個人文書、民間貿易団体の文書などが利用可能になったことで日中民間貿易の運用実態が明らかになってきた。ここでは近年の研究成果や一次史料を踏まえながら、「友好史観」とは異なる戦後日中民間貿易史を素描してみたい。

†一九五〇年代の日中民間貿易

一九三〇年代後半、満州を含めた中国との貿易は、日本の輸出総量の約三分の一を占めていた。そのため、第二次世界大戦後も中国との貿易の復活を求める声は根強かった。一九四九年に中華人民共和国が成立すると、日本国内でも革新勢力を中心に中日貿易促進会（後に日中貿易促進会と改称）が設立された。

しかし、日中貿易の大きな障壁となったのは、朝鮮戦争が勃発した後にアメリカが採った対中禁輸措置である。アメリカは対共産圏貿易を統制するココム（COCOM）の分科会として中国委員会（CINCOM）を設置し、サンフランシスコ平和条約の発効によって日本が独立した後も厳格な対中禁輸の継続を求めていた。

日中民間貿易をめぐる状況が変化するのは一九五四年秋からである。スターリン死後のアジアにおける緊張緩和を背景に、中国政府は武装闘争路線から「平和攻勢」へと対日外交の舵を切った。中国側は大規模な「人民外交」を展開し、鳩山一郎政権の発足前後から、日本の各界著名人を積極的に招聘すると同時に、各種民間協定の締結を進める「積み上げ」方式によって日中関係を進展させようとしたのである。

日本側でも対中貿易への期待が高まるなかで、日本国際貿易促進協会（以下、国貿促）が設立された。初代会長には大阪商船社長を務めた村田省蔵が就任した。国貿促には日中貿易促進会と異なり、革新系のみならず有力財界人や保守系の政治家も参集した。そのことは保革のイデオロギー対立にもかかわらず、日中貿易に対する政財界の広範な期待が存在していたことを示していよう。

日中貿易をめぐっては一九五二年と五三年の二度にわたり民間貿易協定が締結されていた。しかし、これらの協定はさまざまな制度的不備があったため、貿易額は低迷し、さらに貿易不均衡も発生していた。そのため、五五年三月から第三次協定の締結交渉が開始された。

この交渉の最大の争点は「政経分離」と「政経不可分」の対立であった。中国政府は「政経不可分」の立場から、政府間協定の締結など日本政府による貿易への関与を求めた。だが、これに対して日米関係への悪影響を恐れる日本政府は、「政経分離」の立場を崩さなかった。とはいえ、中国側の積極的な「人民外交」を前に日本政府も手をこまねいていたわけではない。拡大の一途をたどる民間貿易を統制し、中国側との交渉窓口を一本化するために、日本政府は通産省の主導で日中輸出入組合を設立している。

一九五〇年代の日中民間貿易は、しばしば「政経分離」と「政経不可分」の対立が強調されがちである。しかし、その後の日中民間貿易の枠組みの多くがこの時期に形成されていることは見過ごすべきではなかろう。例えば、日中輸出入組合の設立によって、それまで各業界が無秩序に取引を行う状況が改められ、具体的な貿易計画が立てられるようになった。

さらに大きな意義を有していたのは一九五八年三月に締結された第四次協定である。同協定では民間貿易代表部の設置が合意され、人員や待遇などの詳細な規定が取り決められた。また商品検査や仲裁規定をめぐる相互対等な制度も整えられた。第四次協定は未実行のまま終わったが、これらの取決めは六〇年代の民間貿易へと引き継がれていくのである。

†日中断絶期の再検討

一九五〇年代に拡大した日中間の民間交流であったが、中国側は一向に「政経分離」の枠を出ない日本側の姿勢に不満を強めていた。そのため、中国政府は岸信介政権に対する批判キャンペーンを展開する。こうしたなか、一九五八年五月、長崎市内のデパートで開かれていた中国商品展で、右翼団体構成員が中国国旗を引き下ろした「長崎国旗事件」が起こった。この事件に対する日本政府の対応に不満を抱いた中国政府は、民間交流の全面中断を決定したのである。

この民間交流の中断はしばしば日中の「断絶」と評されてきた。しかし、近年の研究は、中国の対日戦略は一貫していたという連続性を強調している。それによれば、中国側にとっての一九五八年の「断絶」は「人民外交」の挫折ではなく原点回帰であった。すなわち、中国側は日本人民の対象を絞ることで、岸政権に関わる勢力との交流を断絶し、革新勢力や友好人士など反米・反岸闘争を推進する勢力と積極的に交流する方針に切り替えたのである（「断而不絶」）。

こうした中国の対日戦略は日中関係をめぐる保革両陣営の対立を加速させた。社会党第二次訪中団の団長であった浅沼稲次郎書記長が「アメリカ帝国主義は日中両国人民共同の敵である」と発言した「浅沼発言」や、村田省蔵死後の国貿促の左傾化は、「人民外交」の成果であったといえよう。また貿易中断のなかでも中国側が、生漆や栗の輸出を例外的に認めたことは、中国依存度の高い中小業者を政治的に取り込む狙いがあった。

中国政府が友好貿易という新たな方式で貿易を再開したことも、この戦略の延長線上に位置づけられよう。一九六〇年秋から始まった友好貿易は、中国側の政治的主張（「政治三原則」）に同意し、日中貿易促進会や国貿促から友好商社として推薦された企業だけが貿易に参入できる制度であった。当初指定されたのは専門商社のみであったが、後に大手商社のダミー商社も参入を認められるなど友好指定は形骸化していった。中国政府は政治面では原則論的な姿勢を維持しながらも、運用面では柔軟に対応することで友好貿易を着実に拡大していったのである。

一九六二年一一月に締結されたLT貿易協定は日中双方の妥協の産物であった。詳しい交渉経緯は別稿に譲るが（井上二〇一〇、四章）、自民党の松村謙三と高碕達之助らが池田勇人首相の了解を得た上で訪中し、新たな貿易方式を提案した。日本側の狙いは政治的に偏向した友好貿易を打破することであった。これに対して、中国側は中ソ対立や大躍進の失敗で経済的苦境にあり、従来の友好貿易では実現の難しい延べ払いやプラント設備の輸入を実現したいと考えていた。そのため、中国は原則論的な立場を緩め、友好貿易と並行して新たな民間貿易の開始に同意したのである。この貿易は協定を結んだ中国側代表・廖承志《りょうしょうし》と日本側代表・高碕の名を冠してLT貿易と呼ばれるようになった。

LT貿易の具体的な枠組みを立案したのは全日空社長の岡崎嘉平太である。岡崎の構想は、友好商社ではなくメーカー団体を貿易交渉に参加させて、複数年にわたる大規模な総合バーター貿易を実現しようとした。岡崎は池田首相の意を受けた松村謙三を民間貿易の「保証人」にすることによって、「政経分離」と「政経不可分」の矛盾を乗り越え、日本政府が実質的に関与する準政府間貿易の幕を開いたのである。

†準政府間貿易の時代

LT貿易が準政府間貿易と呼ばれたのは、単に池田政権の暗黙の支持を得ていたからだけではない。貿易の調整にとどまらず、一九六四年からは北京に連絡事務所を設置して事実上の領事機能を果たすようになったことも大きかった。その業務は、在留邦人の安否確認、出入国等の手続き、新聞記者による取材活動の便宜など多岐に及んだ。

また北京連絡事務所の運営経費は、日本貿易振興会（JETRO）や通産省からの助成金で賄われており、所員にも通産官僚が派遣されていた。そして、連絡事務所員は、中国入国時に手荷物検査を免除され、さらに国慶節のレセプションにも招待されるなど外交官に準じた待遇を受けていた。このようにLT貿易は「民間」という建前をとりながらも、北京では政府代表部に準じる扱いを受けており、日中国交正常化が成立するまで、両国の「国交なき外交」を担ったのである。

とはいえ、LT貿易は日本政府が完全に統制する官製貿易だったわけではない。当初、通産省は機能不全に陥っていた日中輸出入組合を再建し、その理事長にLT貿易の交渉窓口となる日中総合連絡協議会の会長を兼任させようとしていた。だが、実際に発足した協議会の会長に就任したのは高碕達之助であった。また霞が関の鋼板ビルに置かれた事務局も「高碕事務所」

と称され、高碕の個人色が強く表れる形となっていた。

さらにLT貿易の品目についても政府の統制は不完全であった。高碕率いる訪中使節団は、事前に政府が示した条件に基づいて交渉を進めたが、中国側が強く求めたプラント輸出については、政府の指示を超えて独断で決定している。

LT貿易は、日本政府が資金供与を通じて影響力を行使していたが、あくまで決定主体は「民間」であった。そして、彼らの動きが逆に政府を牽引する形で日中貿易が拡大していったといえよう。

しかし、軌道に乗ったLT貿易は間もなく停滞に陥る。一九六三年秋以降、ビニロン・プラントの対中輸出に台湾の国民党政権が強く反発したことから日華関係が悪化し、事態打開のために吉田茂元首相が訪台した。その結果、一九六四年五月に吉田書翰（第二次吉田書翰）が台湾に送られ、池田政権の対中プラント輸出に歯止めがかけられた。そして、佐藤栄作政権が、池田前政権の方針を踏襲し、プラント輸出に対する輸銀資金不使用を決定すると、中国側は再び対日政策を硬化させたのである。

中国側にとって、プラント輸出は佐藤政権の対中姿勢の試金石であったのみならず、貿易面で最も期待をかけていた品目であった。それゆえ、プラント輸出の可能性が閉ざされたことによって、中国側のLT貿易に対する期待は大きく低下していく。一九六〇年代後半、日中貿易全体の取引額が拡大していったにもかかわらず、LT貿易の割合は減少に転じたのである。

代わって巻き返しを見せたのは友好貿易であった。毎年二回、広州で行われる商品交易会の参加者は年々増加した。注目すべきは、メーカーがLT貿易とは別に商談を直接行い、商社の決定などは友好貿易のルールに準じて行う「セミ友好」方式が広がった点であろう。この方式を通じて日本の主力鉄鋼メーカーなども日中貿易に参加するようになり、LT貿易そのものの重要性は年々低下していったのである。

†文化大革命と日中民間貿易

一九六〇年代後半、日中民間貿易の取引額は拡大する一方、政治的には苦難の時期であった。アメリカのベトナム介入が本格化するなかで、中国は日本国内のベトナム反戦運動の昂揚に期待をかけ、これを佐藤政権打倒に結びつけようとした。そのため、日中民間貿易関係者も反米・反佐藤闘争に組み込まれるようになったのである。

さらに一九六六年八月以降に本格化したプロレタリア文化大革命（以下、文革）は、日中民間貿易に大きな混乱をもたらした。中国側では対日政策の中心的存在であった廖承志が紅衛兵による批判の対象となり、彼らの部下も活動を大きく制約された。

日本側でも友好貿易が大きな影響を受けた。日中両共産党の決裂を背景に、日本共産党の影響力が強かった日中貿易促進会が中国側から批判され解散に追い込まれたのである。一方、国貿促は中国側の要求を受け入れて対ソ貿易を断念することで、友好貿易の窓口たる立場を辛うじて維持した。これによって日本共産党系の友好商社は民間貿易から排除され、友好貿易の再編が進んだのである。

LT貿易も当初の五年間の期限が過ぎて失効となり、一九六八年二月に松村謙三らが訪中して新協定の交渉がはじまった。しかし、中国側は政治問題の協議を求め、「政経不可分」への同意を日本側に迫ったために交渉は長期化した。新たに締結された貿易協定は期限を一年間に短縮し、廖承志と高碕の個人名を冠したLT貿易から覚書《おぼえがき》貿易へと変更された。

新協定に基づき毎年行われることになった覚書貿易の更新交渉は難航した。文革の影響もあって急進化していた中国側は、日米安保条約の破棄や「二つの中国」問題をめぐって、中国側と共闘するように日本側に強要したためである。

とりわけ、一九七〇年の交渉は厳しいものとなった。中国政府が四月以降、「日本軍国主義」は復活したという大規模な対日非難キャンペーンを展開していたためである。中国側からの佐藤政権への憎悪を一身に受けた覚書貿易交渉団内では交渉打ち切りを唱える声も現れた。覚書貿易の関係者は、貿易交渉とは名ばかりの政治交渉に翻弄され、帰国後は日本国内でも批判される厳しい状況が続いたのである。

しかし、それでも覚書貿易は最後まで耐え続けた。その最大の理由は、岡崎嘉平太によれば、貿易そのものは友好商社で代替できるが、準政府間貿易の軸である北京の連絡事務所や記者交換協定は友好貿易では代替不可能だったためである。覚書貿易の関係者は、将来の日中関係のために中立的なパイプを維持するという使命感を拠り所に文革期の苦境を乗り越えたのである。

†日中民間貿易は国交正常化に貢献したのか

一九七二年の日中国交正常化に日中民間貿易はどのような役割を果たしたのであろうか。近年の外交史研究が示すように、国交正常化交渉を主導したのは日本側よりも中国側であった。中ソ対立が深刻化するなかでソ連の対日接近を恐れた中国側は、佐藤政権が退陣した後に次の政権での国交正常化の準備を進めていた。田中角栄政権の発足からわずか二ヵ月余りで実現した国交正常化の交渉過程で、日中民間貿易の関係者が介在する余地はほぼなかったといってよい。強いていえば、覚書貿易交渉に加わっていた古井喜實が大平正芳外相の助言役を務めた程度である。

とはいえ、狭義の国交正常化交渉ではなく、広く日中関係史の観点から見れば、民間貿易は以下の二点において重要な意義を有していたといえよう。

第一に民間貿易を通じた中国側の「人民外交」は、国交正常化に向けた日本国内の世論形成に一定の成果を挙げたといえる。

確かに政治的成果を近視眼的に求めた中国の「人民外交」には大きな限界があった。一九五八年の中国側による一方的な「断絶」は、中国が目指した日米安保条約の廃棄を実現できないばかりか、日本の経済界や世論に大きな失望をもたらした。一九六〇年代後半の文革を背景にした急進的なベトナム反戦闘争も、広範な日本国民の支持を得るには至らなかった。その意味では中国の「人民外交」が意図した成果を挙げることはなかった。

しかしながら、一九六〇年代を通じてLT貿易と友好貿易が競合しつつ民間貿易が拡大するなかで、中国の影響力は、対中貿易に依存する業界のみならず、大手企業を含めた日本の経済界主流にも無視できないものになっていた。一九七〇年四月に周恩来首相が台湾や韓国に関係する企業や、アメリカのベトナム戦争に協力している企業とは取引を行わないとする「周四原則」を発表したことは、日本の経済界に大きな衝撃をもたらした。当時、カナダやイタリアが中国と国交を樹立する流れのなかで、国交正常化後の中国進出を見据えた有力商社や大手メーカーが続々とこの四原則を受け入れたのである。

一九七一年の米中接近以降、日中国交正常化と日台断交に焦点を絞った「人民外交」は、日本国民から広く支持され、経済界からの積極的な訪中団の派遣へとつながっていった。巨大な人口を有する中国市場への期待は、一九五〇年代と同じく保革のイデオロギー対立を超えて、国民レベルでの「中国ブーム」を引き起こす素地となったのである。そのことは日本政府が日中国交正常化に向かう上での大きな原動力となった。

第二に民間貿易で培われた人脈やノウハウが、国交正常化前後の日中関係の構築に貢献した点である。一九七〇年代に入り、国際情勢が変化するなかで、覚書貿易や国貿促は、中国とのつながりを求める経済界と中国政府との貴重な橋渡し役となった。

政治的な苦境に立たされていた覚書貿易は、一九七一年になると状況が一変した。北京連絡事務所には、国交正常化を見据えて新たに外務、大蔵、運輸、農林などの各省から現職の官僚が出向することになった。また日中両覚書貿易事務所での暗号電報の使用も認められた。準政府間貿易としてはじまった覚書貿易は、国交正常化の直前には日本側からも公的機関に近い資格が与えられるようになっていたのである。

一九七二年九月の日中国交正常化によって、正式な政府間関係が構築された後も、覚書貿易はしばらく活動を継続した。同年一〇月に行われた協定更新交渉で暫定措置としてさらに一年間覚書貿易を続けることが決定されたためである。覚書貿易の北京連絡事務所は、貿易業務と並行して、日本政府が北京に大使館を正式に開設するまで側面的な支援を続けた。覚書貿易の閉幕式が北京で開かれたのは一九七三年一二月二七日のことである。

民間貿易関係者は、国交正常化後も日中経済協会や国貿促を拠点に日中経済交流の中心的役割を果たした。彼らが築いた人脈は、時に両政府間のバック・チャネルとしても機能し、一九七〇年代後半から八〇年代までの日中関係の発展に寄与したのである。

さらに詳しく知るための参考文献

井上正也『日中国交正常化の政治史』（名古屋大学出版会、二〇一〇）……日中国交正常化に至る日本の対中国政策を論じた著作。「高碕達之助関係文書」や外務省文書を用いてLT貿易の形成過程を明らかにしている。

大澤武司「戦後初期日中関係における「断絶」の再検討（一九五八―一九六二）」（添谷芳秀編著『現代中国外交の六十年』慶應義塾大学出版会、二〇一一）……中国政府が公開した外交文書などを用いて、日中関係の「断絶」期について新解釈を提起した論文。民間貿易をめぐる中国側の対日戦略の一貫性を強調している。

王雪萍編著『戦後日中関係と廖承志』（慶應義塾大学出版会、二〇一三）……中国政府が公開した外交文書を用いて、廖承志や彼の部下である「廖班」による対日工作を分析した論文集。

木村隆和「LT貿易の軌跡」（大阪歴史学会『ヒストリア』二一六号、二〇〇九）……外務省文書を用いてLT貿易を分析し、同貿易が「官製」民間貿易であったと論じている。

嶋倉民生・井上正也編『愛知大学国際問題研究所所蔵　LT・MT貿易関係資料』全八巻（ゆまに書房、二〇一八）……日中経済協会に保管されていたLT（MT）貿易事務所の業務文書を精選した資料集。貿易協定の原本やさまざまな調書を影印版で収録している。

鹿雪瑩『古井喜実と中国』（思文閣出版、二〇一一）……京都大学に保管されている「古井喜實文書」を用いて、古井を中心とした覚書貿易の政治交渉を分析した著作。

第9講　東京オリンピック

浜田幸絵

†幻の一九四〇年大会との連続性

一九六四（昭和三九）年の東京オリンピックは、戦前に計画され返上された一九四〇年東京オリンピックの延長線上にあった。通常〈幻の東京オリンピック〉といわれる一九四〇年大会に関しては、組織委員会の報告書（永井松三編『報告書』第一二回オリンピック東京大会組織委員会、一九三九）と東京市の報告書（東京市役所編『第一二回オリンピック東京大会東京市報告書』東京市、一九三九）が刊行され、日本国内に公文書も多く残っているほか、国際オリンピック委員会（IOC）側の文書もある。これらを活用しながら、〈幻の東京オリンピック〉についての研究は進められてきた。一九六四年東京オリンピックよりも、その原型であった一九四〇年東京オリンピックに関する研究のほうが蓄積はある。

戦前の東京オリンピック招致運動は、一九三〇年六月頃に始まった。当時の東京市長永田秀次郎は、建国祭運動にかかわっていた人物で、皇室を中心とした国民統合を目指していた。永田は、皇紀二六〇〇年（西暦でいうと一九四〇年、神武天皇即位の年を紀元とする暦で二六〇〇年目の節目の年であるとされた）を祝賀する行事として、オリンピックを誘致することを考え、学生を引率して欧州に遠征する山本忠興《ただおき》（早稲田大学教授）に東京開催の可能性を探るよう依頼した。

オリンピックは欧米以外で開催されたことがまだなく、招致関係者らは「東洋初」のオリンピックを日本で開催することの意義を国内外で強調した。一九三〇年代は欧米以外からのオリンピック参加が増加し始めていた時期にあたり、「オリンピックを真に世界的なものにする」という理念は、IOC委員の支持を獲得するのにも役立った。招致を成功させるまでには、首都ローマが一九四〇年大会の有力候補都市になっていたイタリアのムッソリーニと交渉が行われ、そのことがオリンピックに政治を介入させたとしてバイエ＝ラトゥールIOC会長の怒りを買うなどの紆余曲折があった。だが、一九三六年七月、東京での第一二回大会（一九四〇年大会）開催が決定した。

決定後は、開催に向けた具体的準備が進められた。本会場となる競技場選びが迷走したり、同じく一九四〇年に東京で開催が予定されていた万国博覧会との会期調整が難航したりといった問題が続出したが、オリンピックにあわせて日本の対外宣伝、国民統合や外貨獲得が図られることが期待されていた。一九四〇年大会の競技会場、宣伝方法、グラフィックデザイン、訪日外国人対応などの計画の多くが結果的に一九六四年大会へと継承されることとなる。

一九三八年七月、日中戦争勃発から一年後、政府は東京オリンピック返上を発表した。戦争遂行に関係のない土木建築工事を禁止する閣議決定をうけ、この状態で万国博覧会やオリンピックの開催はできないとしたのだ。

一方で、「東京オリンピックは戦争によって中断され戦後の平和のなかで実現した」といった紋切り型の語りではとらえきれない実像も最近の研究では明らかにされてきている（坂上＝高岡二〇〇九、浜田二〇一八）。オリンピック返上に際して発表された厚生大臣木戸幸一の談話では、紀元二六〇〇年に国民的体育大会を開催することやオリンピック再招致の希望が示されていて、オリンピックや体育が真っ向から否定されたわけではなかった。返上後に東京市が諸外国のIOC委員に対し発送した挨拶状でも、オリンピック再招致の希望が伝えられ、大日本体育協会は、東京にかわってヘルシンキで開催されることになった一九四〇年のオリンピックへ選手を派遣する意向であった。一九三八年一一月から一九四〇年にかけて、戦時色を強めた体育イベントでは、ベルリン・オリンピックで導入された聖火リレーを模倣するかのような演出が流行した。一九四〇年には皇紀二六〇〇年祝賀のムードのなかで、満州国、中華民国、フィリピン、ハワイなどが参加して小規模ではあるが東亜競技大会が開催された。

†戦後の東京オリンピック招致へ

終戦後、日本は国際競技の世界において一足先に国際社会への復帰を果たした。その嚆矢が、連合国軍に特別に許可を得て実行に移された、一九四九（昭和二四）年夏にロサンゼルスで行われた全米選手権への選手派遣であった。「フジヤマのトビウオ」の異名をとった古橋広之進をはじめ日本の水泳選手は、日本国内で開催された競技会で、世界記録に相当する記録（国際水泳連盟から日本は除名されていたため公認はされず）を連発、敗戦により自信を喪失した日本社会に希望を与える存在であった。海外日系人社会も、水泳をはじめとして日本のスポーツ選手の動向に注目し、自ら費用を負担して日本選手を現地へ招聘した。一九四九年全米選手権の際に日本選手を宿泊させた日系二世フレッド和田勇は、一九六四年東京オリンピック招致運動の際に、中南米のIOC委員の説得工作を行うという重要な役割を果たす。

一九五二年四月にサンフランシスコ平和条約が発効すると、五月に東京都知事安井誠一郎が一九六〇年の第一七回大会東京招致を表明、七月には招請状がIOC本部へ正式に提出された。

当初から第一七回大会の招致は困難であるとの見方が有力で、一七回大会への立候補には一八回大会（一九六四年大会）招致に向けた布石の意味合いがあった。そして、もう一つの布石として、一九五八年に東京で開催されることが決まっていた第三回アジア大会にあわせて第五四回IOC総会が東京に誘致された。IOC委員にアジア大会を見てもらうことで、日本に国際競技会の開催能力が十分にあることを証明しようとしたのである。

一九五九年四月の東京都知事選挙ではIOC委員の東龍太郎《あずまりょうたろう》が当選、招致委員会はさらに各国IOC委員への働きかけを手分けして進めた。そして、五月のIOCミュンヘン総会にて、東京は五六票中三四票を獲得、他の候補都市（デトロイト、ウィーン、ブリュッセル）を大きく退けて第一八回大会の開催地として選ばれた。IOCミュンヘン総会で投票前の演説を行った平沢和重は、東京オリンピックが東洋と西洋を接近させる機会になる、今こそアジアでオリンピックを、と訴えた（福島慎太郎編『国際社会のなかの日本――平沢和重遺稿集』日本放送出版協会、一九八〇）。

一九六四年東京オリンピックのキャッチコピーは、それが「アジア初」のオリンピックであることであった。「アジア初」のオリンピックは、国内的には日本人のナショナル・プライドを満たすものであったし、国際的にも、オリンピックが世界の祭典となった証として受け容れられるものであった。この点は「東洋初」が盛んに強調された一九四〇年東京大会と共通していた。

†会場整備と都市改造

オリンピックに向けて、東京は大きく変貌を遂げた。それは一つには、米軍基地、とりわけ代々木のワシントンハイツが返還されたことによる。この場所は、戦前には練兵場があり、一九四〇（昭和一五）年東京大会の準備段階では、主会場の選定にあたっていた岸田日出刀《ひでと》が第一候補地として挙げていた。戦後はアメリカ軍に接収され家族用住宅地として使われていたが、オリンピックを前に返還が行われた。

ワシントンハイツ跡地には、選手村がおかれ、放送センターや国立屋内総合競技場が建てられた。当初は、選手村は朝霞の米軍基地の返還を求めてそこに設置する予定であり、それにあわせた道路計画も公表されていた。しかし、日本側の意図に反して、一九六一年五月の日米合同委員会施設特別委員会でアメリカが代替施設の建設を条件に全面返還をするとしたのはワシントンハイツの方であった。アメリカ側には、安保闘争を踏まえ、東京都心の目立つ場所に米軍基地を置くことは避けたいという考えがあった。結局ワシントンハイツの機能は調布へ移され、東京オリンピックを機に、都心から米軍基地が消えることとなった。

大会終了後、旧ワシントンハイツ一帯には、代々木公園、オリンピック記念青少年総合センターが整備され、丹下健三による国立屋内総合競技場は今日に至るまでスポーツ競技会やコンサートの会場として活用されている。また、オリンピックのために建設された放送センターは、NHKの恒久の放送センターとなった。

オリンピックは、東京が直面していたさまざまな都市問題を解決する機会としても位置付けられていた。当時の東京では自動車が急増し、交通マヒが社会問題化していた。大会に向けて、都心、世田谷、戸田、朝霞などに点在する大会関連施設を結ぶ道路が整備され、羽田空港と都心、競技会場をつなぐ首都高速道路も建設された。現在の東京に多く残る立体交差も、一九六四年大会の副産物である。

鉄道網もオリンピックにあわせて整備された。羽田空港へのモノレール、東海道新幹線が新たに作られたのである。東海道新幹線は、戦前にもあった「弾丸列車」計画の流れを継承したもので、一九五九年四月に着工した。着工は東京オリンピック招致成功前であったが、オリンピック開催決定後に世界銀行からの借款受け入れ条件として、オリンピック開幕前の完成が決められた。そして、オリンピック開幕直前の一〇月一日、東京と新大阪の間で運転が始まったのである。

交通インフラが整備されただけではない。外国人選手・観客の来日に備え、煤煙《ばいえん》、騒音などの対策がとられた。隅田川も、当時はかなり汚染されていたが、荒川の清浄な水が入るようにする導水路が建設され、少なくともオリンピック期間は臭気がうすれ、水質が改善された。選手村や競技場のある地区を中心に下水道の拡張や水洗トイレの普及助成も行われたし、二三区内ではゴミ収集の方法が大きく改められた。監視の強化は、風俗営業やダフ屋の取り締まり、野犬の捕獲にもおよび、住民（とりわけ都民）に対してはマナー向上の呼びかけが行われた。ゴミのポイ捨て、商品などを店前に広げる行為、痰やツバの吐き捨て、交通ルールの無視などをしないような活動が行われ、清掃活動が行われた。都市改造と公衆衛生の改善は、国際イベントに際して来日する外国人の目を意識したものであった。

†テレビ・オリンピック

一九六四（昭和三九）年東京オリンピックは、「テレビ・オリンピック」であったともいわれる。一九四〇年東京オリンピックに向けてテレビジョンの開発が急速に進み、オリンピック返上後も紀元二六〇〇年祝賀の行事の中で、テレビジョンの実験放送がいくつか行われていた。しかし、戦前のテレビは実験段階にとどまっていた。日本におけるテレビ放送が始まったのは一九五三年二月である。テレビ普及をまず後押ししたのが、一九五九年四月の皇太子御成婚パレードの中継で、一九五〇年代後半から六〇年代初頭にかけてテレビは日本で急速に各家庭に入り込んだ。一九六四年東京オリンピックの時には、約八割の家庭にテレビがあり、オリンピックを機にカラーテレビへの買い替え促進も行われた。東京オリンピックでは、一部競技ではあったが、カラー放送が行われた。

オリンピックをテレビで視聴した人は、国民の九七・三パーセントにも達したといわれている。一九六〇年ローマ大会は、日本では空輸したテープを使った放送が行われていたので、リアルタイムでのオリンピック体験が始まったのは、東京オリンピックからであった。接話マイクロフォン（隣のアナウンサーの声が入らないようにすることが可能となった）が使用されたり、ヘリコプターや防振装置付き移動中継車を用いてマラソンの完全中継が行われたりするなど、オリンピック史上初の試みもあった。

東京オリンピックは海外へも、テレビやラジオで中継された。一番の目玉は、テレビの「宇宙中継」（当時は衛星中継のことがこのように呼ばれていた）であった。東京オリンピックの放送に関する業務を統括したNHKは、東京オリンピックをNHKの技術を世界に示す絶好の機会と考えていた。実現の可否は定かではなかったが、東京オリンピックを海外でも同時中継する構想は、一九六〇年ローマ大会の頃から存在していた。一九六三年一一月には、日米間で実験中継が行われ、この時にケネディ大統領暗殺事件が偶然発生、ニュースとして伝えられた。一九六四年七月、東京オリンピックの宇宙中継の実施が発表され、八月には衛星シンコム3号が打ち上げられた。オリンピックの模様は衛星を用いて映像が中継され、太平洋海底ケーブル（一九六四年六月に開通式が行われた）経由で届けられた音声とあわせせられて、全米で放送された。放送はさらに、カナダやヨーロッパへと部分的に空輸をしながら届けられていった。

欧米のメディア先進国以外でも、テレビやラジオでオリンピックが放送された。特にアジア諸国に向けては、NHKがテレビ放送には放送権料をはじめ多額の費用を要すること、今大会がアジア初のオリンピックであること、アジアの国際放送組織であるアジア放送連合が一九六四年七月に発足したことを考慮し、アジア向けの特別フィルムの制作を行った。

テレビ放送は、日本の科学技術のレベルを内外に向けて示し確認することを意識して準備がなされた典型例であったが、他にも、東京オリンピックでは、SEIKOの電子計時記録装置、これと連動した日立の電光掲示板、松下の電子式自動審判装置、そして日本IBMのテレ・プロセシング・システム（同時並行で行われる競技の情報を集約してデータ化することを可能とした）などが活用された。競技の記録から報道にいたるまで、各日本企業が開発した科学技術が用いられていたのである。

†戦争の記憶

忘れてはならないのは、東京オリンピックは、終戦後まだ一九年しかたっていなかった時に開催されたということである。一九六四年東京大会では、複数の著名な文化人がオリンピックに関するエッセイを書き新聞・雑誌に寄稿しているが（講談社編『東京オリンピック――文学者の見た世紀の祭典』講談社、二〇一四）、このなかで「戦争」に言及したものは少なくない。例えば、杉本苑子《そのこ》は共同通信で配信された記事の中で、次のように書いている。

二十年前のやはり十月、同じ競技場に私はいた。女子学生のひとりであった。出征してゆく学徒兵たちを秋雨のグラウンドに立って見送ったのである。場内のもようはまったく変わったが、トラックの大きさは変わらない。位置も二十年前と同じだという。オリンピック開会式の進行とダブって、出陣学徒壮行会の日の記憶が、いやおうなくよみがえってくるのを、私は押えることができなかった。(前掲書、三七頁)

開会式や閉会式が行われた国立競技場は、学徒出陣壮行会の会場であった。もう一つ、人々に戦争を意識させた仕掛けが、聖火リレーの最終ランナー、坂井義則であった。

坂井は、一九四五年八月六日に広島県の三次《みよし》で生まれた。当時早稲田大学に通う大学生で、陸上競技の選手であった。聖火リレーの最終ランナーをめぐっては、織田幹雄(日本で最初にオリンピックで金メダルを獲得した陸上選手)、古橋広之進などが有力候補であるといわれていたが、最終的に選ばれたのは、坂井であった。新聞では「アトム・ボーイ(原爆っ子)」などと報じられ、一九六四年東京大会が、戦争の惨禍から見事に復興した新しい日本の姿を象徴するものであることを示したのであった。

当時活躍した選手の経歴に、戦前・戦後の日本社会が反映されているとする見方もある(吉見二〇一五)。東京オリンピックで金メダルを獲得した日本女子バレーボールチーム「東洋の魔女」は、一繊維工場（大日本紡績貝塚工場）の工員によってほぼ構成されていた。バレーボールは工場のレクリエーションスポーツとして普及していた。「東洋の魔女」たちは、他の工員と同じように勤務した後に練習に取り組んだといわれ、当時の日本経済を牽引していた繊維産業の若年女子労働者たちの模範的存在であった。チームを指導した大松博文監督には、過酷な戦争体験があり、そのことはしばしば注目を集めた。マラソンで三位に入った円谷幸吉は、福島県の農村出身で、自衛隊所属の選手だった。自衛隊は式典、競技の実施から報道に至るまで、東京オリンピックに全面的に協力していて、円谷のほかに重量挙げの三宅義信が金メダル獲得の快挙を成し遂げた。オリンピックは、自衛隊がその存在意義を社会的にアピールする機会になっていた。

東京オリンピックは「世界は一つ」の標語を掲げていたが、国際対立の混乱を引きずりながら開催された。東西ドイツは統一チームを結成したが、当時の新聞は東西の選手間の交流はないのが現実だと伝えた。開会式の日に、インドネシアと北朝鮮の選手団が引き上げるという出来事も起こっていた。インドネシアのスカルノ大統領は、反植民地主義・反帝国主義を掲げて一九六三年に第一回新興国スポーツ大会を開催した。この発端に一九六二年第四回アジア大会で、開催国インドネシアが政治的理由から台湾とイスラエルの参加を拒否したことがあった。各国際競技団体は、新興国スポーツ大会に参加した国・選手の資格を停止、その後資格停止処分は順次解除されていたが、陸上と水泳だけは処分を続けて譲らず、このことを不服としたインドネシアと北朝鮮は開幕直前に選手団全体を引き上げたのだった。

一九六四年東京オリンピックは、その原型は戦前にあったものの、日本が戦後復興を成し遂げたことを高らかに宣言するイベントであった。そして高度成長期を代表するもう一つのイベントとして、一九七〇年にアジアで初めての万国博覧会が大阪で行われる。

さらに詳しく知るための参考文献

浜田幸絵『〈東京オリンピック〉の誕生――一九四〇年から二〇二〇年へ』（吉川弘文館、二〇一八）……オリンピックを「メディア・イベント」として捉え、一九四〇年東京大会の招致・開催の動きが一九六四年東京大会へとどのようにつながっていくかを論じた書。

坂上康博＝高岡裕之編著『幻の東京オリンピックとその時代――戦時期のスポーツ・都市・身体』（青弓社、二〇〇九）……一九四〇年東京オリンピックに関する論文集。返上の経緯、返上後の体育・スポーツについても切り込み、一九四〇年大会と戦時期のスポーツを多面的に明らかにしている。幻の東京オリンピックについては、古川隆久『皇紀・万博・オリンピック――皇室ブランドと経済発展』（中央公論社、一九九八）も参照。

老川慶喜編著『東京オリンピックの社会経済史』（日本経済評論社、二〇〇九）……関口英里の論文は東京オリンピックと万博を三波春夫のテーマソングから比較分析、上山和雄の論文はオリンピックに向けた東京、特に渋谷の街の変容を分析している。他の論文も、一九六四年前後の社会経済状況（住まい、交通、レジャー、地域の変容）を理解するのに役立つ。

石坂友司・松林秀樹編著『一九六四年東京オリンピックは何を生んだのか』（青弓社、二〇一八）……一九六四年東京オリンピックをスポーツ界と都市という二つの柱から読み解く論文集。六四年大会を対象とした研究としては最も新しく、東京オリンピックがさまざまな方面に与えた影響を理解するのに役立つ。

暮沢剛巳『オリンピックと万博――巨大イベントのデザイン史』（ちくま新書、二〇一八）……東京オリンピックと大阪万博をデザイン史からとらえる試み。競技場、ポスター、エンブレム、ピクトグラムについて詳しい。

片木篤『オリンピック・シティ東京――一九四〇・一九六四』（河出書房新社、二〇一〇）……オリンピックが首都東京をいかに変容させてきたかを詳しく論じている。一九四〇年の計画が一九六四年大会へと継承されていったことを建築・都市計画の観点から確認できる。

吉見俊哉「ポスト戦争としてのオリンピック――一九六四年東京大会を再考する」（『マス・コミュニケーション研究』八六号、二〇一五）……東京オリンピックによって「軍事＝戦争」からの移行が成し遂げられたことを、施設面と、そこで繰り広げられたパフォーマンスの両面から考察している。

＊一九六四年東京オリンピックに関しては、組織委員会や東京都による報告書（『第一八回オリンピック競技大会公式報告書　上・下』オリンピック東京大会組織委員会、一九六六、『第一八回オリンピック競技大会東京都報告書』東京都、一九六五）も参考になる。他にも、防衛庁、警視庁、文部省、日本放送協会、日本電信電話公社などさまざまな機関が報告書を刊行している。

第10講

佐藤長期政権

佐藤　晋

佐藤栄作は、安倍晋三に更新されるまで、約七年八ヵ月と戦後日本の憲政史上最長期間にわたって内閣を率いた。もちろん、この前提として自由民主党が佐藤内閣期を含めて前後四〇年近く政権政党であったことがある。したがってまずはこの期間、日本の政党システムにおいて自民党が一党優位であり続けた点を解明する必要がある。その上で、自民党の総裁がすなわち日本の首相という状況の中で、佐藤が他の党内派閥領袖を押しのけて首相の座につくことができた理由、またその後も政権を維持し続けられた理由を考える必要がある。

さらに、佐藤が長期政権を通じて実現できた業績に目を向ける。政権を長期間担当しても特筆すべき業績が残せない政権もある中で、佐藤はなぜ沖縄返還をはじめとする諸課題を達成することができたのかを考える。この「課題」については、時代の要請や国際情勢、周囲の状況から突きつけられた課題と、自ら政権のテーマとして取り上げる課題の二つに大別できる。前者においては対処方法を誤らないように慎重に対処する守りが重要であり、その間に自ら設定した課題で攻めに出てポイントを稼ぐことが必要となる。常に降りかかってくる課題への防御に忙殺されながらも、しっかりと自ら定めた課題で攻勢に出ていく。そのためには全体の流れ、モメンタムを維持して味方につける必要があろう。それは佐藤にとっては、アメリカとの協調を深めることで安全保障と経済成長のための大枠を確固なものとすることであった。

そのような観点から、ここでは佐藤長期政権を可能にした条件とその業績をまとめていく。

†佐藤政権の政治姿勢

佐藤政権は、それまで所得倍増を掲げて日本の高度経済成長を実現してきた池田勇人首相が一九六四年一一月九日に病気を理由に総辞職した後を受けて成立した。当初の内閣支持率は四七％程度であった。発足時の数字として岸信介よりは高いが池田よりは低い数字である。この内閣は、池田内閣の全閣僚を引き継いだように、政策的にもそれまでの自民党政権の延長上にあった。自民党が万年与党であり続けた理由として高度経済成長の存在を挙げることに異論はないであろう。高度経済成長期の日本の実質成長率は、六一〜六五年の平均が年率九・二％、六六〜七〇年の平均が一一・一％であり、それぞれ同じ時期のアメリカの五・〇％、三・四％と比較すると、その高さは明らかである。また、七一年のニクソン・ショック（金ドル交換停止）以降の七一〜七五年の日本経済の平均成長率が四・五％であったことから見ても際立っていた。

もっとも佐藤内閣発足時は、オリンピック需要の反動で六四年一〇月から景気は下降しつつあり、「六五年不況」または「証券不況」と呼ばれる景気後退期に突入していた。この不況は六五年三月に山陽特殊製鋼が倒産するなど深刻化し、五月末には山一証券に対する経営不安から取り付け騒ぎに近い動きが生まれ、市場における信用不安が高まり、日経平均株価も続落した。そこで、田中角栄蔵相は、山一に対して証券会社に対しては初となる日銀特融を強行し、他の証券企業にも同様の特融が行われたことで市場の不安を鎮めることに成功した。

しかし、その後も景気が後退したため税収不足が発生した。この赤字に歳出削減で対処すると内需を削減して景気を一層下向かせることになるため、六五年六月の内閣改造で蔵相に就任した福田赳夫は同年末の補正予算において、戦後初めてとなる赤字国債を発行することで歳出規模を維持した。さらに福田は、六六年度予算でも景気回復を目指し積極的な予算を編成し、国債依存度は一気に一四・九％となった。

その後、六五年一一月からいざなぎ景気が始まり、これは七〇年七月までの五七カ月間続き、その間の年率平均実質ＧＤＰの伸び率は一一・五％に達した。この好景気の長期化には、日本企業の国際競争力がついたこと、円が割安の固定相場下におかれ切り上げも行われなかったこと、ほぼ輸入に依存していた原油価格が低い水準に置かれていたことも影響した。その結果、日本は六八年にはGNP（国民総生産）で西ドイツを抜いて西側世界二位の地位についた。いざなぎ景気の期間に日本のGDPは一・六倍ほどになった。

こうした好調な経済実績を背景に高い支持率を得た佐藤内閣は、次々と長い間の懸案を解決していき、佐藤の政治的実行力への評価は高まっていた。まず、池田内閣時から懸案となっていたILO八七号条約批准に必要な国内法の改正を成立させ、批准した。池田内閣は六〇年から法案を国会に提出していたが、自民党内のタカ派と野党・労組の板挟みになって廃案となっていた。これを、佐藤内閣は、必要最小限の法改正で押し切った。次に、占領中の農地解放政策で農地を安く買い上げられた旧地主に対して、その補償として給付金を与える内容の農地報償法を、これも池田内閣では不成立であったのを、野党の反対を押し切って成立させた。

佐藤は、参議院議員選挙前の六月に内閣改造を行いライバルであった河野一郎が閣外に去った。河野はこの直後の七月にこの世をさり、その翌月には前首相の池田も死去した。これは党内における佐藤のライバルが消えたことを意味し、長期政権の一因となった。七月の参院選では、自民党は過半数を維持するものの改選議員を五議席減らした。その翌月、佐藤は沖縄を訪問し、「沖縄が復帰しない限り戦後は終わっていない」とのステートメントを発し、第13講で見るように、自ら沖縄返還を政治課題に設定していることを明らかにした。

また佐藤は自らの内閣のテーマに社会開発という概念を掲げた。これは、佐藤の側近の政治家や官僚、学者、ジャーナリストからなるブレーン集団である「佐藤オペレーション（略称＝Sオペ）」で考えられたもので、高度経済成長に伴って生じていた歪みを是正することに主眼が置かれていた。その眼目は都市化・人口集中に伴う住宅問題の解決であった。日本の高度経済成長期には三大都市圏に毎年四〇万人超の人口移動が生じていた。

佐藤は、一〇月からの臨時国会に、池田内閣時に交渉が積み重ねられ六五年六月二二日に調印された日韓基本条約を提出した。この条約は、その後の北朝鮮との国交設定を排除してはいないが、韓国を朝鮮半島における唯一の正統政府と認めていたため、社会党などの左翼勢力から猛烈な反発を受けた。しかし、佐藤は強硬な姿勢を崩さず、国会での批准を達成した。このように安保改定の混乱を受けて政権につき、「低姿勢」を掲げていた池田の姿勢を一転させた強い姿勢で佐藤は長年の懸案を次々と解決していった。実際の佐藤の政治運営は、党内の調整、野党との取引、国民・マスコミ、とりわけ女性からのイメージなどに配慮して慎重に課題を解決するスタイルを採用したが、以上の就任当初の業績が、佐藤に実力者で実行力があるというイメージを与えた。さらに六五年不況を田中・福田に委ねて切り抜けることで高度経済成長の維持に成功したように、この実力者二人をうまく使いながら、実行力を備えた首相というイメージが選挙での強さに影響を与えた。

自民党一党優位体制

それでは佐藤政権の長期化を可能にした最大条件である国政選挙での勝利はどのようにしてもたらされたのであろうか。佐藤は、六六年末に予定されていた総裁選に向けて、第一次内閣で二度目の内閣改造を八月に行った。これは、党三役人事によって党内各派閥の取り込みを狙うものであった。しかし、六六年後半には自民党議員の逮捕や職権濫用、「黒い霧」と呼ばれた疑惑など、複数の不祥事が連続した。一二月に行われた党大会における総裁選挙では、佐藤が二八九票で再選されたが、藤山愛一郎八九票、前尾繁三郎四七票という批判票が出た。こうして佐藤内閣は内閣支持率を一時的に二五%にまで落とした中、同年末に衆議院を解散（「黒い霧解散」）し、一九六七年一月に三一回総選挙が行われた。この選挙で自民党は四八六議席のうちの二八〇議席を獲得した。確かに、この選挙はいざなぎ景気の最中の選挙であり、自民党の支持率自体も約四〇%で、それほど低下してはいなかった。

ただし、選挙制度の影響も無視できない。もともと佐藤は、鳩山一郎や岸と同じく小選挙区論者であった。しかし、佐藤は、世論の反対が予想される小選挙区制を強引に押し進めることはなかった。また六七年の総選挙は、都市化に伴う人口移動によって不均衡となった「一票の格差」の是正が池田政権時に行われた後の選挙であった。この「一票の格差」は四九年の衆院選時点が約一・五倍であったものが、六四年には三・二倍になっていたもので、都市部の選挙区の定員を一九増加させて、「格差」を二・二倍に縮小させていたのである。この「一票の格差」は、自民党に全国的な政党支持率に比べて過大な議席を与えた要因である。都市化に伴う人口移動に対して地方から都市部の選挙区へと定数を移さなければ、自民党の支持率が高い地方に過大な定数が与えられるからである。この「格差」は、佐藤政権期には放置されて、最後には七二年の衆院選で約五倍、七一年の参院選で五倍を少し超えるほどとなった。その結果、佐藤内閣期に行われた三回の選挙で自民党は、相対得票率に比較して過大な議席率を得た。もっとも、得票率を効率的に議席率に変換するには、共倒れにもならず、本来は当選できたはずの人数より少なくもならないような数の候補者を立て、なおかつそれぞれの選挙区でうまく均等になるように候補者間で票割をしないといけない。佐藤は、総裁として党三役、各県連に候補者調整を指示していた。

一方、野党では多党化の傾向が強まっていた。創価学会の政治進出には、佐藤は竹下登を通じるなどして便宜を図った。この六七年一月の総選挙では、自民党は四九・二%の相対得票率で五七・六%の議席を「過大」に獲得している。一方で、野党勢力は、社会・民社・公明・共産党の合計で四五・四%の相対得票率で四一・二%の議席獲得にとどまっている。つぎに自民党は、沖縄解散と呼ばれ、一九七〇年の安保自動更新も争点となった三二回総選挙（一九六九年一二月）でも、相対得票率四九・一％で三〇〇議席（議席率六一・七％）を獲得している。この選挙では多党化の影響が顕著に見られる。それは、公明党（前回二五議席→四七議席）と共産党（前回五→一四）が躍進し社会党が退潮（一四一→九〇）したという結果でも示されているが、前回は総定数四八六に社・公・民・共四党で四二四候補者を立て当選者二〇〇人の当選率四七・二％であったのに対し、今回は同じ四党で四五〇候補者からの当選者一八二人と当選率が四〇・四％に落ちていることからも分かる。野党間の候補者調整がうまくいかず立候補者の乱立を招いたのである。野党全体としては、相対得票率は四七・〇％と前回を一・四％ポイント上回っているにもかかわらず、議席率は四一・二％から三七・七％へと低下させているのである。

高度経済成長に伴う都市化は、長期政権の維持にとって両刃の剣であった。マイナス面としては地盤としていた農村の有権者減であり、プラス面としては高度経済成長実績である。自民党は農家が多くを占める農村部で支持が高く、労働者が多い都市部では支持は低いとされており、実際に六七年の東京都知事選では社共が推薦する美濃部亮吉が勝利していた。佐藤は、社会党と民社党を分断するために、民社党との統一候補を立てたが、公明党が独自候補を立てて、右派中道の選挙協力は不十分に終わった。七〇年の京都府知事選では社・共推薦の現職蜷川虎三に自・公の選挙協力で臨むも敗北し、七一年の都知事選では自民は独自候補を立てたが美濃部の再選を許した。また、大阪府でも社共推薦の黒田亮一府知事の誕生を許している。この背景には、物価問題・公害問題という都市化に伴う問題やベトナム戦争の激化に伴う反米・反戦運動の影響もあった。

このように都市部では自民党の退潮は明らかであったが、全体としては経済が一〇％の実質経済成長率を実現していたため、有権者はそれにともなう企業収益の改善、所得の増大を予想することができた。実際、実質賃金は六〇年代前半で年率三・七％、後半では八・八％上昇した。これは、佐藤政権が経済成長路線を歩み続け、この政策に期待して自民党を勝たせ続ければ、自らの生活が継続的に向上できるという見込みにつながった。ところが、佐藤の後任となった田中角栄は、「過密と過疎」の同時解決を掲げた列島改造論に基づいて、生産性の低い地方にお金と人材を釘付けにし、都市化を急速にストップさせたが、それと同時に高度経済成長にも終止符を打ったのである。

†佐藤政権の原動力

佐藤政権は高度経済成長を継続させることで自民党への支持を維持し、都市化に伴う相対得票率の減少に対しても「一票の格差」の放置、多党化への工作、都市労働者・大企業労組からの支持獲得という手段によって過半数の議席を維持してきた。しかし、佐藤が、自ら設定した課題の解決を着実に進めてきたことも重要である。それは、いうまでもなく沖縄返還である。

アメリカがベトナム戦争を戦っている状況での沖縄の施政権返還は、外交常識から見て不可能と見られていた。そのような高い目標を掲げ、着実に解決に向けて接近したことが、佐藤の長期政権化に貢献し、一方で、その時間が最後には大きな業績を達成しえた何よりも重要な理由となった。

まず、佐藤は六七年一一月に訪米しジョンソン大統領との会談で、「両三年中」(二～三年のうち)に沖縄返還のめどを立てることに合意した。その後、六八年四月に小笠原諸島返還協定が調印され、同年六月に小笠原諸島は日本に復帰した。この時、返還後における核の非常時持込の密約が交わされ、沖縄返還の際に先例とされ、沖縄返還に道を開くことになった。また、この時の外相は三木武夫であったが、このプロセスの最終段階である協定当日に新たな要求を持ち出すなどアメリカに強硬な姿勢を見せた。三木は、佐藤との違いを見せることで総裁選への出馬を狙っていた。その総裁選は、六八年一一月に行われ、佐藤は二四九票を獲得し、外相を辞任して挑んだ三木を一〇七票と下している(他に前尾九五票)。

その後、佐藤は六九年三月に「核抜き・本土並み(安保条約の沖縄適用)」方針を決定する。他方、この五月にアメリカ政府は、一九七二年返還を内部的に決定していた。アメリカ政府は、日本を同盟国として確保すること、日米安保が七〇年以降にも自動延長されること、自民党支配・佐藤政権の継続を希望して決断した。しかし、沖縄返還以後も、その基地から韓国、台湾、ベトナムへの通常兵器による攻撃の際に最大限自由使用できること、核兵器の緊急時の貯蔵と通過権が認められることが条件であった。最終的には一九六九年一一月の佐藤・ニクソン共同声明で沖縄返還が合意された。協定には、日本が韓国、台湾の安全に関心を持っているという「韓国条項」、「台湾条項」が規定された。さらに佐藤は、ワシントンで行われた演説で「事前協議制度の弾力的運用」を表明し、アメリカ軍部の持つ不安の解消を図った。また、この際、「糸と縄の交換」、すなわち沖縄を返還してもらう見返りに繊維製品の対米輸出自主規制を行うという約束を交わし、同じく表には出なかったが、小笠原諸島と同じく「緊急時核持込の密約」も交わした。その後、七一年六月に沖縄返還協定が調印され、七二年五月に沖縄は本土へと復帰した。

このように、小笠原・沖縄を返還させるなど、日本人の悲願を次々と達成した一方で、国内では社会保障を充実させ、自民党のいっそうの包括政党化を推し進めた。これは、佐藤政権の強みというよりも、客観的情勢が良い時に佐藤が政権を担当していたと言った方が良い。なぜなら社会保障、とりわけ年金は、現在約束して将来の給付＝利益供与を有権者に保証できる一方で、実際の給付はかなり後から実際に行われていくからである。また、医療保険でも老人が少ない間は比較的医療費が抑えられるためである。この「金と票の交換」の観点からいうと公共事業も重要であった。これも国債発行残高が少ないという利点があった。その結果、裁量的な政策予算の比率が高く、そのうち公共事業関係に七〇年度で一七・六％も割けている。裁量的政策経費に六割から七割も割ける財政状態であれば、予算バラマキへの期待が各地方、各業界団体に生じるのは当然であろう。こうして国政選挙で自民党は勝利を続けた。そうなると選挙で勝っている総裁を交代させようとする誘引は乏しくなる。その総裁が着実に政治実績を挙げ国民からの支持が高ければなおさらである。佐藤は、七〇年一〇月の総裁選挙でも三五三票を獲得し一一一票に終わった三木を下している。

佐藤は、日本の安全保障をアメリカとの協力によって確保した上で、その関係を傷つけない形で沖縄の返還を実現させるという目標を実現した。当時、佐藤にとって日本にとっての脅威はソ連ではなく、中国であった。一九六四年一〇月の核実験と文革における混乱を見て、佐藤はそれを戦前の日本の軍部の暴走に比したように、中国内政において軍が主導権を持って周辺国に対して「何をしてくるかわからない」という恐怖を抱いていたようである。そこで、核武装した中国に対抗するには、これまでのソ連の核に対処していたと同様、アメリカが日本に対して「核の傘」を提供することを確実にし、かつ中国にその点（中国が日本に核攻撃してきた場合には、必ずアメリカが中国へ核報復すること）を確実に伝えることで実現させた。したがって、佐藤政権の代名詞と言える「非核三原則」も、アメリカへの核抑止力への依存の観点から理解しないといけない。最後に、ニクソン政権との間で紛糾した繊維問題は、田中角栄を通産相に起用することで解決させている。

†佐藤長期政権の負の遺産

佐藤政権は、その政権担当期間の大半において幸運にも大規模な経済危機などに遭遇することはなかったが、七一年八月以降ついにニクソン・ショックによって、ブレトンウッズ体制の崩壊に向かう国際的経済危機の始まりに直面した。八月一五日の第二次ニクソン・ショックとは、それまでのブレトンウッズ体制と呼ばれた主要先進国通貨の固定相場制度を支えていた、アメリカによるドルと金の交換が停止されたものであった。この結果もたらされた世界的インフレ傾向に対して、佐藤内閣は誤った政策を続発したために、日本経済にはインフレが生じ、田中内閣期の「狂乱物価」を用意してしまう。

また、戦後の日本政府の中国政策は、事実上の「二つの中国」を維持することであった。佐藤は、国連代表権問題において、法的な「二つの中国」を受け入れる政策を採用し、より「二つの中国」の事実を固定化させようとした。ただし、安保理常任理事国という餌をもってしても中国がこれを受け入れる可能性はなかった。その結果、中国との国交正常化交渉は田中内閣に任された。

中国問題では、その後に想定される日中国交正常化に真剣に踏み込むつもりがなければ、台湾を守る姿勢を貫いても佐藤の政策課題の文脈からは問題なかった。しかし、国際金融システムの方は逃げ通せるものではなかった。しかし、問題は全て後継の田中角栄に丸ごと引き渡された。さらに言うと、国際的なインフレが国内経済に波及してくることが十分に予想されていたので、本来は列島改造論を掲げ拡張的な財政政策を志向していた田中ではなく、池田政権期から安定成長論を掲げインフレ嫌いで有名であった福田赳夫を後継にしておくことが望ましかった。もっとも、佐藤に取れた手段は多くはなかったかもしれないが、後継として福田を望んでいただけに、その政治的手腕の面で力不足を露呈させたと言えよう。

以上、幸運にも内外の順風に恵まれて死活的な問題に直面させられることのなかった佐藤長期政権の時代は、末期に出現したほとんどの課題を解決せぬまま終わりを告げた。自ら設定した課題は、周到な準備をして長期政権の利を生かして時間をかけて着実に達成したが、降りかかってくる課題、とりわけ政権末期の課題については能力的にも準備がなく政権の力も失われていたためなす術なく終わったのである。

さらに詳しく知るための参考文献

佐藤寛子『佐藤寛子の宰相夫人秘録』(朝日文庫、一九八五)……佐藤の個人的な考え方がわかる。身の回りのエピソードが豊富。今日から見ると当時の日本人男性の保守的な思想とその限界がわかって貴重。

佐藤栄作『佐藤栄作日記』第一〜六巻（朝日新聞社、一九九七〜九九）……佐藤個人の日記。内政のみならず外交問題に深い関心を抱いていたことがわかる。記述が簡便なため、他の資料と付き合わせて、その記述の意味するところを慎重に推論する必要がある。

楠田實『楠田實日記』（中央公論新社、二〇〇一）……ブレーンとして、また首席補佐官として佐藤を支え続けた側近の日記。佐藤が、テレビをはじめとするマスコミを通じた世論対策に並々ならぬ注意を払っていたことがわかる。人事についての考え方も知ることができる。巻末の一次資料は貴重。

中島琢磨『現代日本政治史3　高度成長と沖縄返還　一九六〇〜一九七二』（吉川弘文館、二〇一二）……後半部分が佐藤政権についての記述。沖縄返還過程の研究を専門とする著者による通史。特に外務省内の動きの詳細な検討から佐藤の沖縄返還への動きを知ることができる。

服部龍二『佐藤栄作――最長不倒政権への道』（朝日選書、二〇一七）……佐藤の生い立ちから死までを、外交問題を中心に先行研究を踏まえ各種一次資料を用いて著した評伝。細かなエピソードなどが豊富。充実した注釈から網羅的に参照文献を知ることができる。巻末の年表も有用。

村井良太『佐藤栄作――戦後日本の政治指導者』（中央公論新社、二〇一九）……佐藤政権の業績を主に外交問題を軸に叙述。豊富な一次資料に基づき、内政面への記述も充実している。最新の先行研究についてもバランスよく触れられている。佐藤のブレーンであったSオペの役割を知ることもできる。巻末の詳細な参考文献リスト付き。

日韓基本条約

木村　幹

†はじめに

日韓基本条約について書かれた書物は多い。その最たる理由は、この条約と付属協定を巡る問題がそれから五〇年以上を経た今日でも繰り返し議論になっているからである。周知のようにその一例が、二〇一八年一〇月に出された韓国大法院（日本の最高裁判所に相当）の判決を巡る議論である。元徴用工等を原告とするこの裁判において韓国大法院は、いわゆる「日本統治違法論」の立場に則って、日本政府による朝鮮半島からの労働者の動員を違法行為と認定した。そして、この上でこの違法行為により発生する原告の慰謝料請求権は、日韓基本条約とその一連の付属協定にもかかわらず有効だ、としたのである。

しかしながら、このような状況は異常にも見える。なぜなら多くの旧植民地と宗主国の間においては、旧植民地側が独立してから半世紀以上経た後においても、その脱植民地化に関わる法的議論が依然として続いている、という状況はほとんど見られないからである。

それでは日韓基本条約と一連の付属協定を巡る議論は何故に現在まで継続され、その背景にはどのような状況があったのだろうか。本講ではこの問いを手掛かりに日韓基本条約の締結過程について振り返ってみたい。

†脱植民地化の外交交渉

さて、日韓基本条約とその交渉過程について理解するためには、そもそもこの条約とその締結に至るまでの交渉がどのような性格のものであったかを理解しなければならない。ここで最初に理解されなければならないのは、この交渉が「大日本帝国」の領域の解体、つまりは日本の植民地であった朝鮮半島が戦前の「大日本帝国」の領域から離脱し、新たな国家が成立する過程の一部として行われている、ということである。つまり、日韓基本条約とその交渉過程とは、韓国が日本から「脱植民地化」する過程の一部であった、ということになる。

それでは、そもそもこのような脱植民地化の過程で行われる、旧植民地に新たに成立した国家とかつての宗主国の間での議論は、原理的にどのようなものになるのだろうか。明らかなのは、最低限、ここで次の四つが議論されなければならないことである。一つは、両者の境界の確定であり、その範囲は領土・領海・領空の全てに及ぶことになる。二つ目は、国民の範囲の確定であり、二重国籍を認めない限り、両者にはそれまで同じ国家の下にあった人々を、二つに分かつ必要が生まれる。三つめは二つの政府の財産権が及ぶ範囲の確定であり、そこでは国有財産がやはり二つに分けられることになる。最後は成立した国家間の関係の確定である。まずもって両者の間に外交・領事関係が開かれる必要があり、その上で通商や安全保障等のさまざまな関係のあり方が協議される。

†朝鮮半島の脱植民地化の特殊性

結局、脱植民地の結果新たに成立した国家とかつての宗主国の間で議論されるべきことは、一つであった国家を「どう分割するか」と「成立した国家同士がどのような関係を取り結ぶか」に集約されることになる。だから大半の場合、脱植民地化過程における新興独立国と旧宗主国との間の交渉は、かつては一つであった国家を「どう分かつか」が確定した段階で、ある程度安定し、他の国家間の関係とさほど変わらないものに移行することになる。なぜなら、かつては一つの国家であった地域が二つの国家として綺麗に分かたれた瞬間から、両者の関係は通常の国家と国家のそれへと移行するからである。そして多くの脱植民地化の過程において国家の分割は、かつての「本国」と「植民地」——例えば連合王国と英領マラヤ——の間の境界線を基準に行われ、そこに大きな混乱が起こる事は多くはなかった。こうしてかつての植民地と旧宗主国の関係は安定し、両国の関係は「普通の国家と国家の関係」へと移行することになるのである。

しかしながら、日韓両国の関係においては、状況は大きく異なった。最大の理由は、一方の当事者である韓国政府が、単純な脱植民地化のそれを超える「特殊な主張」をもってこの交渉に臨んだからである。背景には韓国政府が、この日韓基本条約とそこに至るまでの交渉を、単純な脱植民地化過程をめぐるものとは見なしていなかったことがある。

韓国政府が日韓両国の関係に持ち込んだ「特殊な主張」は、大きく三つ存在した。第一は、これが、第二次世界大戦に勝利した「戦勝国」韓国と「敗戦国」日本の間での講和会議だという主張である。一九四八年に成立した大韓民国の初代大統領李承晩《イスンマン》と彼の政権は、自らの国家すなわち大韓民国は、一九一九年に起こった三一運動を受けて、上海に樹立された大韓民国臨時政府の法統(法律的正統性)を引き継ぐものだと位置づけていた。そして、この大韓民国臨時政府は日本による真珠湾攻撃の翌日、つまり、一九四一年一二月九日に日本への宣戦を布告しており、故に韓国は連合国の一員であり、「戦勝国」である、としたのである。彼らはこの主張を前提とした上で、進んで、韓国は「戦勝国」として「敗戦国」である日本に戦時賠償を要求する権利がある、と主張した。

韓国政府が交渉に持ち込んだ「特殊な主張」の二つ目は、本講冒頭の大法院判決にも見られた「植民地支配違法論」である。朝鮮半島の民族運動勢力の間では、長らく日本による韓国併合は時の大韓帝国に対して軍事力を用いての脅迫をもって押し付けられたものであり、それ故そこには大韓帝国側の有効な意志の表示はなく、国際法的に無効である、という主張が行われており、韓国政府もまた、今日までこの主張を継承することとなっている。彼らはその上で、併合が違法である以上、日本による植民地支配そのものも違法であり、故にその支配下に行われたいかなる法的行為も違法かつ無効である、と主張する。だからこそ韓国の政府や国民は、この日本政府の違法な支配により生じた損害や慰謝料を、日本側に請求する法的な権利がある、としたのである。

そしてこのような韓国政府の主張は、続く第三の「特殊な主張」と密接に関係していた。すなわち、彼らは韓国併合が無効である以上、大韓帝国は国家として「法的には」消滅しておらず、その後も存在し続けた、とするものである。そして彼らの言うところの大韓帝国の「法統」、つまり法的正統性は、先に述べた、三一運動を受けて成立する大韓民国臨時政府へと受け継がれ、これを最終的に引き継いだのが今日の大韓民国である、とするのである。簡単に言うなら、彼らは、他列強のそれとは異なり、朝鮮半島には合法な植民地支配は存在せず、故に「韓国」は常に国家として存在し続けた、と主張したのである。

韓国政府が日本との交渉に際して、このような複雑な論理をもって臨んだ理由は大きく二つあった。一つはすでに明らかなように、これにより日本から「賠償金」を取ろうとしたことである。通常の脱植民地化の過程では、単にかつての植民地政府の資産が新たな独立国家にそのまま引き継がれるだけであり、そこに何らかの「賠償金」の請求権は発生しない。つまり、韓国政府はこの論理を持ち出すことで、植民地政府の継承により得られる範囲を超えて更なる追加的な資産を得ようとしたことになる。だからこそ、そのためには、韓国の立場は、インドやベトナムといった他の列強の植民地支配から独立した国々とは異なるものである必要があったのである。

理由の二つ目は、韓国が朝鮮民主主義人民共和国（以下、北朝鮮）との体制間競争に晒されていたことであった。周知のように第二次世界大戦後、「大日本帝国」から切り離された朝鮮半島は、北緯三八度線を境界にして米ソ両国に分割軍事占領され、一九四八年にアメリカが占領した南半に韓国、ソ連が占領した北半に北朝鮮の二つの国家が樹立されることとなっていた。このような状況にあった韓国政府にとって、大韓帝国から大韓民国臨時政府へと引き継がれた「法統」の存在を主張することは、自らが北朝鮮に勝る正統性を有する重要な根拠の一つになっていた。

しかしながら問題は、このような韓国政府の主張が、当時の日本政府には到底受け入れがたいものであったことである。日本政府は、当時から現在に至るまで一貫して、韓国併合とその後の自らの朝鮮半島支配は、当時の国際法に照らして合法であったと主張しており、故に「日本統治違法論」に基づく韓国政府の「特殊な主張」を受け入れる余地は存在しなかった。つまり、日本政府はこう主張した。韓国併合は当時の国際法から見て合法であり、故に大韓帝国は併合の瞬間から法的な存在を止めている。小規模な亡命独立運動家の集団に過ぎなかった大韓民国臨時政府には国家としての実体はなく、故に彼らには「連合国」の一員としての資格は存在しない。だから、当然、その日本に対する宣戦布告も国際法的に無効である。大韓民国は一九四八年に「新たに」成立した国家に過ぎず、故に彼らは日本による植民地支配に対していかなる「特殊な請求権」を有さない。それが日本政府の見解だった。

重要なことはこの交渉をはじめるに当たって、日韓両国の間に、そもそもの朝鮮半島における植民地支配をめぐる大きな認識のギャップがあったことであり、だからこそこの交渉過程で、両者はこの絶望的なまでに大きな認識のギャップを埋めなければならなかった。そして結論から言うなら、そのギャップを受ける過程のあり方こそが、日韓基本条約やその付属協定その後の運命を決めていくことになったのである。

†講和会議からの排除

さて、日韓両国の間の交渉は、その交渉のあり方自体においても、他の「脱植民地化」過程における新たな独立国と旧宗主国とのそれとは大きく異なるものであった。見逃されてはならないのは、朝鮮半島が「大日本帝国」から切り離されてからしばらくの間、両国、あるいは両地域の政治勢力間では、直接的な外交的交渉すら行えない状況が続いたことである。理由は第二次世界大戦における敗北の結果として、本土と植民地の別なく、かつての「大日本帝国」の領土が全て連合国の占領下に置かれたことにある。そしてこの状況は、朝鮮半島では一九四八年の韓国・北朝鮮両国の成立まで、日本ではさらに遅れて一九五一年の講和条約締結と翌年の発効まで続くこととなる。その間、両国あるいは両国の政治勢力間の交渉や駆け引きは主として連合国、より具体的にはアメリカを仲介役として行われることになった。

そしてこの交渉における最初の焦点は条約の内容ではなく、韓国が彼らの希望通り連合国の一員として認められるか、であった。当然のことながら、未だ占領下にあった日本に先立って主権を獲得した韓国は、その主張を認めさせるべく活発な外交に従事した。そしてここで韓国政府が自らの目論見通り、連合国の一員として日本との講和会議へ参加することができ、それにより締結される講和条約への調印ができていれば、その後の日韓両国間の交渉のあり方は大きく変わるはずだった。なぜならこのシナリオでは日韓両国の基本的関係は、他の連合国をも含めた講和会議の場で決定されることとなり、その後限られた個別の問題についてのみ両国間で議論する、という順序になっていたはずだからである。

そして、韓国政府は当初、この講和会議参加、という目的を実現するかに見えた。事実、一九四九年一二月には、韓国政府は一旦講和条約の署名国のリストに加えられることとなってい る。興味深いことに、このような韓国政府とアメリカをはじめとする連合国の姿勢に対して、この段階の日本政府は、「在日朝鮮人を連合国民として扱わないことが保証されるならば、韓国の条約の署名への反対に固執しない」としてこれに積極的に反対することを回避している。

注意しなければならないことは、この一見奇妙な一九四五年には存在していなかった国家（大韓民国）が、一九四五年に終了した戦争に関わる講和会議への参加を模索するという状況は、必ずしも韓国にのみ固有なものではなかったことである。事実、最終的にサンフランシスコで行われた講和会議には、第二次世界大戦で日本に宣戦布告を行った四九カ国と、フランスからの要請で加えられたベトナム、ラオス、カンボジアの三カ国に招待状が送られている。また四九か国の中には、英連邦構成国であるインド、パキスタン、セイロン（現スリランカ）の三カ国も名を連ねることになっているから、この講和会議には少なくとも六つの旧植民地諸国が参加したことになる。このことはこの講和会議への参加要件に大きな柔軟性があったことを意味しており、それ故に韓国がそのリストに名を連ねることは、全く不可能だとは言えなかった。

しかしながら、講和会議を巡る韓国の目論見は思わぬ方向からの反対により挫折する。すなわち、一九五一年五月の米英協商会議等において、イギリスがアメリカに対して「日本と戦争をしていなかった」ことを理由に韓国の参加を拒否することになったのである。当時のイギリスは、自らもまた新たに独立した旧植民地諸国との関係に苦慮しており、講和会議でもマラヤ、シンガポール、香港等への招請を求めず、自らが代わってこれらの地域を代表することになっている。つまり、イギリスにとって韓国の参加は、これらの未だイギリスの植民地支配下にあった諸地域に独自な外交的権利を与えるきっかけとなるものであり、自らの「帝国」解体を促進しかねないものと映っていたのである。

このようなイギリスの反対を受け、アメリカ政府は講和会議への韓国招請に対する立場を一変させた。結果、一九五一年七月、アメリカ政府は韓国に講和会議に招致しないことを通知することとなり、韓国政府が講和会議から排除されることが事実上決定することになる。こうして韓国政府が日本との交渉において持ち込もうとしていた「特殊な主張」の第一、つまり自らは連合国の一員であり「戦勝国」であるという主張は、両国間の二国間交渉が行われる前に封じ込まれることとなった。

†領域と国民を巡って

こうして韓国が講和会議から排除された結果、日韓両国の新たな関係のあり方は、講和会議ではなく、両国の直接交渉によって決定されることになった。それでは両国が具体的な懸案についてどのように議論していったかを見て行くことにしよう。

まずは、「脱植民地化」の過程において通常議論される問題、すなわち、かつての「帝国」を「どのように分割するか」である。すでに述べたようにこの問題については、領域、国民、そして財産の三つの部分があり、両国はこれを一つずつ確定していくことになった。最初は国民の「分割」である。この点については、通常、本国に残る植民地人、そして植民地に残る本国人の扱いが問題になるが、日本と朝鮮半島の間ではすでに連合国が日本人、より正確には第二次世界大戦終戦時に本籍を日本本土に有する者のほぼ全員を朝鮮半島から追放するに至っており、この点での問題はほとんど起こらなかった。他方、日本本土には依然として多くの本籍を朝鮮に有する人々、つまり「在日朝鮮人」が存在し、故にこれらの人々をどう扱うかが主たる問題になった。

しかし、この一見厄介そうな問題は、この時点の日韓両国の大きな対立点にはならなかった。なぜなら、日韓両国政府は全く異なる理由から、在日朝鮮人を「韓国人」として扱う方向でその意見が一致していたからである。すなわち、日本政府は法的位置づけが曖昧で治安上統制が困難な彼らを、「外国人」として扱うことで統制を容易なものにしようと考えており、他方、韓国政府は「一民族一国家」的な民族運動の高まりの中、日本政府が「帝国」期と同様に韓国に由来を持つ人々を日本人として扱うことを嫌ったからに他ならない。こうして両国政府はこの一見極めて厄介に見えた在日朝鮮人を巡る問題において、交渉の早期にその基本方針を一致させた。以後、この問題を巡る議論は、日本国内に残った彼らにどこまでの範囲でどのような権利——具体的には永住権——を与えて日本へと在留させるか、という技術的な部分に集約されていくことになる。

この時点においてより厄介であったのは、「領域」を巡る問題の方であった。とはいえそのことは、例えば、今日の日韓関係における重要な争点の一つとなっている竹島（韓国名独島）の領有について両国が熱く議論を戦わせた、ということではない。この時点において日韓両国において主に議論となったのは、両国間の漁業権益、つまり海上の境界線をいかにして引くかであり、この議論は一九五二年一月、韓国政府が「隣接海洋に対する主権宣言」を行い、我が国で言う「李承晩ライン」を引いたことでさらに大きなものとなっていた。「海上の境界線」を巡る両国の対立は、最終的に一九六五年の日韓基本条約の締結に付随して、日韓漁業協定が締結され、韓国が李承晩ラインを断念するまで続けられることになる。他方、一九五二年以降、韓国側の占拠が続く竹島の扱いについては、両者は原則的な見解を繰り返す一方、日本側が占拠を続ける韓国側に具体的な要求を行うことなく、対立のエスカレーションはこの段階では回避されることとなった。

†請求権と基本関係

日韓両国の基本条約締結に向けての外交交渉において、最大の問題となったのは、これらの国民や領域の範囲を巡る議論よりも、両国間の財産権を巡る問題だった。財産権を巡る問題が複雑化した理由は、言うまでもなく、先に述べた韓国の「特殊な主張」にあった。韓国側のカードの一つ、自らが「戦勝国」であるという主張は、他ならぬ他の連合国の反対により封じ込められた。しかしながら、韓国側には依然、もう一枚のカードがあった。つまり「日本統治違法論」に基づいた主張であり、彼らはこれにより「違法な植民地支配」に対する慰謝料と賠償を日本側に要求した。

しかし、この交渉過程において、通常の「脱植民地化」において見られない「特殊な主張」を行ったのは、実は日本側も同じであった。日本政府もまた、アメリカ軍政府によって接収され、韓国政府に引き継がれた植民地期の日本政府や日本人の財産の返還を韓国側に求めたからである。いわゆる日本側の「対韓請求権」がこれである。背景にあったのは、日韓両国間の交渉を、第二次世界大戦に関わる問題から切り離そうとする日本政府の姿勢であった。韓国政府が飽くまで第二次世界大戦後に連合国によって行われた財産権の配分のあり方を基点として、「日本統治違法論」を駆使して追加的な財産権を得ようとしたのに対し、日本政府はこの交渉を、連合国による日本政府や日本人の財産に対する処理が行われた第二次世界大戦後のそれではなく、それ以前、つまり、植民地支配期の本国政府と植民地政府間の財産権の配分を基点として、行おうとしたことになる。

そして、日韓基本条約締結に至るまでの両国の交渉過程において、最も大きな障害となったのは、――韓国側ではなく――日本側の主張であった。なぜなら七次に及んだ両国の交渉において、クーデタ等、韓国側の政情不安によるものを別にすれば、この交渉は一九五二年と一九五三年に大きな交渉の中断を二回経験しているが、その原因となったのは、いずれも日本側の「対韓請求権」を巡る主張であったからである。とりわけ一九五三年の第三次会談では日本代表団首席代表である久保田貫一郎外務省参与による「日本の旧朝鮮支配は朝鮮にとって有益なものであった」という発言が韓国側を大きく刺激することとなり、両国はその後四年間にわたって公式の交渉を行うことのできない状況に追い込まれている。

だからこそ交渉が再開され、妥結に向かうためには、日本側が自らの「特殊な主張」、つまり「対韓請求権」を取り下げることが必要であった。結果、一九五七年の第四次会談において日本はこの「特殊な主張」を撤回し、以後は韓国側が要求する「対日請求権」だけが議論の対象となることになる。

†曖昧に終わった交渉

結論から言えば、この韓国側の「特殊な主張」、すなわち、日本による朝鮮半島の植民地支配はそもそもが違法であり、故に日本政府は慰謝料や賠償金を払うべきである、という主張を巡って、両国は最後まで折り合いをつけることができず、交渉はずるずると続けられた。

しかし、その終わりは突然やってきた。一九六一年六月、アメリカで誕生したケネディ政権が、日本において前年に首相に就任した池田勇人をワシントンに迎え入れ、韓国との早期国交回復を呼びかけたからである。当時は韓国では前月の五月に朴正煕《パクチョンヒ》らによる軍事クーデタが行われた直後であり、新たに生まれた軍事政権はアメリカからの早期の承認を渇望していた。結果、一一月には朴正煕自身が訪日を果たし、ここで「経済協力」方式での解決が決定される。つまり、韓国は自らが望んでいた不法な植民地支配への慰謝料や賠償金をその名目としては断念する代わりに、これに相当する一定の金額を日本から「経済協力」の名目で与えられることで満足する、という方式で解決が図られることとなった。こうして日本は自らの植民地支配は合法である、とする主張を曲げずして、韓国に資金を渡すことが可能となり、他方、韓国側はこの金額を実質的な賠償であり慰謝料である、と見なして国内的に説明することになった。

同じ金額を一方では「経済協力」のための資金と見なし、他方では「実質的な賠償金であり慰謝料である」と見なすという二重解釈の許容は、条文自身の解釈にも向けられた。すなわち、締結された日韓基本条約には、その第二条に「千九百十年八月二十二日以前に大日本帝国と大韓帝国との間で締結されたすべての条約及び協定は、もはや無効であることが確認される」という一文が置かれたが、両国はこれを、日本側はこの条約が結ばれた一九六五年の時点で韓国併合等をもたらした条約が無効となったことを両国が確認した、と解釈したのに対し、韓国側はこれらの条約は元々、つまり締結された一九〇五年や一九一〇年といった時期にすでに無効であった――つまりその条約を根拠として行われた日本の支配は違法である――ことを両国が確認したものと、解釈することになったのである。

明らかなことは、日韓基本条約とその付属協定が、この交渉において韓国側が持ち込んだ「日本統治違法論」に基づく二つの「特殊な主張」、すなわち植民地支配は違法であるという議論と、大韓民国は大韓帝国の法統を受け継ぐ存在であるという議論を、曖昧なまま処理することで締結されたことである。だからこそ、この一連の条約は、その後も解釈の間を揺れ動き、両国間にさまざまな紛争をもたらすことになっていったのである。

さらに詳しく知るための参考文献

金恩貞『日韓国交正常化交渉の政治史』（千倉書房、二〇一八）……日韓両国の外交文献を精査した現段階で最も詳しい著作。二〇一八年アジア・太平洋賞特別賞受賞作。

太田修『〔新装新版〕日韓交渉：請求権問題の研究』（クレイン、二〇一五）……主として韓国側資料から会談の様子に接近した著作。韓国側の視点がよくわかる。

金斗昇『池田勇人政権の対外政策と日韓交渉——内政外交における「政治経済一体路線」』（明石書店、二〇〇八）……日韓両国間の交渉が事実上まとまった池田政権期について、その外交政策の全体像の中にその対韓国外交を位置づける。

吉澤文寿『日韓会談1965——戦後日韓関係の原点を検証する』（高文研、二〇一五）……長年日韓会談を研究し、今日の日韓関係のあり方に対する問題提起を続けてきた著者の現段階での到着点。同じ著者の他の著作と併せて読みたい。

第12講　全共闘運動・三島事件・連合赤軍事件

西山 伸

†大学紛争と全共闘

一九六〇年代後半、全国の大学でいわゆる大学紛争の嵐が吹き荒れた。この時期の学生運動が特に「大学紛争」と称されるのは、従前のものとは違ういくつかの特徴があったからである。

その第一は、紛争を経験した大学および何らかの形で参加した学生が非常に多数に上ったことである。一九六八（昭和四三）年に紛争に突入した大学は、全国の大学の三分の一近くに及ぶ一一六校であったと報じられ、翌一九六九年七月に警察庁が発表したところによれば、この時点で紛争中の大学は一一二校となっていた。また、一つの大学における集会や大衆団交に数千人から一万人を超える学生が集まることも珍しくなかった。これは、それまでの学生運動を主導していた各種の党派（セクト）には所属も同調もしていなかった学生たちが一気に参加してきたから実現した動員数であった。

第二は、学生たちが大学を直接の攻撃対象にしたことである。大学外の政治課題を掲げた運動と並んで、この時期には学費値上げ、学生処分、マスプロ教育など大学内の問題が取り上げられて学生たちと大学当局が厳しく対立し、ついには一部の学生によって「大学解体」が主張されるに至る。

第三は、学生たちの暴力的傾向が著しく強まったことである。従来の学生運動で行われていたデモやストライキに加えて、大衆団交やバリケード封鎖、施設・設備の破壊などが行われるようになった。さらにヘルメットや角材で武装した学生たちの実力行使は、機動隊に対してだけでなく次第に異なる党派に属する学生にも向けられるようになり（内ゲバ）、人心の荒廃を招いた。

そして第四は、多くの大学で紛争の主体となったのが全学共闘会議（全共闘）と呼ばれる集団だったことである。全共闘は、既成の自治会に拒絶反応を示し、直接参加、直接行動を目指した。会則や会費などがあるわけではなく、その主張に賛成する者、行動に参加する者すべてが全共闘であると言えた。つまり、組織ならざる組織、不定形の運動体とも言うべきものであった。そこには、特定の党派に属さない者（いわゆるノンセクト・ラジカル）が多く参加したのも特徴である。

多数生まれた全共闘のなかでも日本大学と東京大学の全共闘は代表的存在と言える。ここでは、両者が登場したそれぞれの大学における紛争について簡単に振り返ってみる。

†日大紛争

日大における紛争の直接のきっかけは、一九六八年四月一五日の新聞各紙による日大の二〇億円に上る使途不明金問題についての報道であり、その後も続いた不明朗な経理に関する一連の報道であった。

学生たちは、五月下旬になってから経済学部学生会を中心に抗議集会やデモを行うようになった。大学側は秩序を乱したとして学生会役員等に処分を下したが、かえって学生たちの抗議行動に火をつけた形となり、二七日の集会には学生三〇〇〇名が集結、このとき行われた全学討論会によって日本大学全学共闘会議が結成され、議長に経済学部四年の秋田明大が選出された。日大全共闘は、五大スローガンとして、①全理事総退陣、②経理全面公開、③不当処分白紙撤回、④集会の自由を認めよ、⑤検閲制度撤廃、を公表し、紛争は全学に拡大した。

学生の抗議行動が短期間に一気に拡大したのには背景があった。一つは、日大が行っていたマスプロ教育である。当時私立大学は大なり小なり定員を超過する学生を受け入れている例が珍しくなかったが、そのなかでも日大は代表的な大学として知られていて、「九千人の学生に図書館のイスはたった二五〇人分。食堂は定員五〇人」などと報じられる有様であった（『朝日ジャーナル』一九六八年六月三〇日号）。このような状況に対して蓄積していた学生の日常的不満が、不明朗な経理についての報道によって爆発したのであった。

もう一つの背景は学生の自治活動に対する大学の抑圧である。日大では、学則によって集会、掲示、出版には許可制がとられていた。それだけではなく、前年の一九六七年四月に開催された経済学部学生会主催の新入生・移行生歓迎会で、羽仁《はに》五郎の講演の際、応援団や体育会の学生のヤジ・怒号で大混乱となり乱闘騒ぎまで起きたが、大学側の処分は学生会側のみに下された。

こうした大学側の姿勢が露骨に現れたのが六月一一日の衝突だった。この日、大衆団交を要求する全共闘は経済学部前で全学集会を開催したが、体育会の学生らが建物の二、三、四階の窓から机や椅子、牛乳瓶などを投げつけ、消火液や水を浴びせるなどしたため、下にいた学生に負傷する者が相次いだという。さらに大学の要請で出動した機動隊により、全共闘側の学生六名が逮捕された。

この事件の後、法・経済はじめ多くの学部で学生たちはバリケードを築き、ストライキに突入していった。こうした経緯を見ると、日大紛争の発端にあったのは学生たちの民主主義的な待遇への強い要求であったことは間違いない。これに対して大学側は、全共闘の要求する大衆団交はあくまで拒否し、夏休み明け直前の九月四日に法・経建物の占拠排除仮処分の強制執行を実施した。しかし、全共闘側の抗議行動はさらに活発になり、全学ストにまで至ったため、大学側はついに全学集会（全共闘側では大衆団交）に応じざるを得なくなった。そして、九月三〇日に両国の日大講堂で二万人の学生を集めて集会が行われ、そこで古田重二良会頭をはじめとした全理事は、学生自治活動への弾圧を止める、体育会を解散する、二〇億円事件について学生父兄に謝罪する、全理事は近く退陣する、などと約束した。

全共闘側の大勝利に見えたが、翌一〇月一日の閣議で古田会頭と親交のあった佐藤栄作首相が、日大の大衆団交が「常識を逸脱している」と強く批判してから状況は一変し、大学側は九月三〇日の約束を破棄、一方秋田らには逮捕状が出されることになる。

†東大紛争

東大紛争の発端は、医学部における研修医（インターン）制度への反対闘争であった。その闘争のなかで、医学部内科の医局長が学生に缶詰めにされた事件が起こったが、その場にいなかった学生に対し大学側が事情聴取なしで処分した。これに抗議する医学部などの一部学生が、一九六八年六月一五日大学の中枢機構のある安田講堂を占拠したところ、大学当局はすぐさま警察力による排除を決断し、二日後の一七日約一〇〇〇名の機動隊が構内に入った（機動隊が実力行使する前に学生は退去した)。

機動隊の学内導入は、一般学生にも大きな衝撃を与えた。二〇日の全学集会には五〇〇〇名の学生が集まったとされ、多くの学部がストライキに突入していった。そして安田講堂は再占拠され、七月五日には各学部のストライキ実行委員会やすでに闘争組織を作っていた大学院生などにより東京大学全学共闘会議が結成された。全共闘は、医学部処分撤回、機動隊導入の自己批判など七項目の要求を掲げた。

大学側は総長告示によって「極めて異例のことながら」医学部学生処分の再審査を行うことなどを表明したが、学生には効果がなく、一〇月一二日の法学部のストライキ決議で全学部がストライキに突入するに至った。

東大紛争の特徴として、その重要な担い手が理系の助手や大学院生であったことが挙げられる。この層が東大のノンセクト・ラジカルの核であった。そして彼らは、単に処分の撤回や機動隊導入への批判を行うだけでなく、大学そのものの構造を問い始めていた。具体的には、ベトナム戦争や当時大きな社会問題となっていた公害などによって露わにされた産学あるいは軍学協同の問題性や科学技術の進歩への疑問、「大学の自治＝教授会の自治」とする旧態依然たる大学の体質、閉鎖的なエリート性などがやり玉に挙げられた。それとともに、彼らはそうした大学の一員である自らに対する問い直しを行っていくことになる。これが「自己否定」であり、全共闘運動をシンボリックに表す言葉となっていった。

こうした主張に賛成する者すべてが東大全共闘で、それは自立した個人の集まりだったと言われることもあるが、代表を務めた山本義隆が後年語るところによると、「それはすこしきれいごとで、実際にはいくつかの政治党派の活動家と無党派の活動家の複雑な関係」だったという（山本二〇一五）。全共闘のそうした性格は以後の東大紛争に大きな影響を与えることになる。

†変質する全共闘

一一月に入ると東大紛争の状況は大きく変化した。一つは、当局側の姿勢であり、大河内一男総長に代わり加藤一郎が総長代行に就任した。加藤は全共闘や、全共闘と対立していた民青（日本共産党の青年組織）系の自治会とも交渉を試みるなど、事態の収拾に向けて本格的に動き出した。もう一つは学生たちの暴力の激化であった。民青、全共闘ともにこの時期になると学外からの応援部隊を動員するようになり、日共系対反日共系、反日共系内部のゲバルトが頻発し大規模化した。そうした動向に合わせて各党派が前面に出てくるようになり、日大や東大全共闘の主要メンバーは雑誌の対談で暴力を肯定する意見を述べ、東大の解体を主張するようになった。

紛争が長期化するにつれ、進級・卒業や入試実施の可否をめぐり、それまで全共闘を支持していた一般学生も動揺し始めていた。そこへこうした激化する暴力と非妥協的な主張により一般学生の離反に拍車がかかっていった。よく知られている一九六九年一月一八、一九日の機動隊と学生の安田講堂攻防戦は、その帰結であったといえる。その後も京都大学や広島大学といった地方大学を含めて紛争は全国に拡大し、全共闘を名乗る団体も増えていくが、その多くは当初から党派の影響力が強く暴力的傾向が顕著で、最終的に大学は警察力を借りて紛争を収拾していくことになる。

使途不明金や不当処分といった問題を契機に結成された日大や東大の全共闘は、次第に大学そのものを問うようになっていった。その中には現在にも通ずる重要な問題提起が含まれていた。しかし、そうした問題提起と一見矛盾するようだが、「自己否定」という言葉に典型的に表れているように、全共闘の運動は突き詰めれば自己の内面に向かっていくものだった。当時雑誌により実施された東大生を対象としたアンケートで、全共闘支持者が闘争の主要目標として挙げたのは「現行大学制度の解体」「体制への拒否表明」「自己変革」「自己主体の確立」といった抽象度の高い項目で、「大学民主化」「機構の合理化」といった項目に対する彼らの評価は極端に低かった（『世界』一九六九年九月号）。全共闘運動は、大学の問題性は鋭く指摘し攻撃したものの、具体的な改革のプログラムは持っていなかった、というよりそもそも持つような運動ではなかったと言えよう。

†三島事件

一九七〇年一一月二五日、作家の三島由紀夫は自らが設立した楯の会の会員四名とともに、東京市谷にある陸上自衛隊東部方面総監部を訪れた。これは益田兼利総監とのかねてからの約束によるものであったが、面会の場で三島は持参した日本刀などを武器に総監を人質にし、自衛隊員に向かって演説させることを要求した。自衛隊側はその要求を容れ、三島は総監室前のバルコニーから、集まってきた自衛官約一〇〇〇名に対し憲法改正および隊員の決起を訴えた。一〇分ほどの演説を終えた三島は総監室に戻ると日本刀で自決し、同行した楯の会会員森田必勝も後に続いた。その後総監は解放され残りの三名は逮捕された。

ノーベル文学賞候補にも挙げられた世界的作家のこの行動は、社会に大きな衝撃を与えた。「異常」「狂気」「時代錯誤のピエロ役」など、三島を批判的に見るものが多かったが、なかには「諫死」と位置づけたり、その純粋さを擁護したりする向きもあった。

数々のベストセラー小説を世に送りだしていた三島は、一九六〇年代後半ごろから極めて政治色の強い文学作品や評論を発表するようになっていた。そこで強調されていたのは、二・二六事件を起こした青年将校への高い評価、歴史的・文化的概念としての天皇の復活、自衛隊の国軍としての確立と天皇によるそれの総攬、など戦後体制とは相容れない内容であった。また三島は自衛隊への体験入隊を繰り返し、一九六八年一〇月には民族派学生を集めて民間防衛組織である楯の会を立ち上げていた。

三島はなぜこのような行動に走ったのか。日本の現状に対する憂国の念に駆られた上での諌死なのか、はたまたいずれ訪れる自らの衰えを直視しないままの死に急ぎなのか、もはや確かめようはない。しかし、当日撒かれた檄文を見ると、自衛隊を国軍とするための憲法改正要求はともかく、議会制度の下において憲法改正が難しければ自衛隊の治安出動こそがその唯一の好機であること、それにもかかわらず一九六九年一〇月二一日の国際反戦デーでの新左翼党派による騒乱が自衛隊の力を用いることなく警察力で治まったこと、これによって憲法改正の機会は去ったとすること、という三島の論理は飛躍があると言わざるを得ない。三島の自決は政治史的な意味を持つことはなかった。

ところで、三島は自決の一年半前の一九六九年五月一三日、東大全共闘と討論会を行っている。三島にとってこうした行動は珍しいことではなく、一橋大学や早稲田大学、茨城大学などのティーチ・インにも出ており、また月刊誌でも新左翼党派の学生らとの対談に出席している(『文藝春秋』一九六八年一〇月号)。主張が相反する活動家たちとの「論戦」はかみ合わないことが多かったが、三島は若者たちと議論を激しく戦わせることを純粋に楽しんでいたように見える。

†連合赤軍事件

一九七二年二月一九日、新左翼党派の一つ連合赤軍のメンバー五名が長野県軽井沢町にあった「あさま山荘」に管理人の妻を人質にして立てこもった。連合赤軍とは、この前年の七月に赤軍派と日本共産党革命左派神奈川県委員会（革命左派、日本共産党とは無関係）とが合体して結成された組織である。前者は、「世界革命」を呼号し、一九七〇年三月には日航機「よど号」ハイジャック事件を起こしていた。一方、後者は反米基地闘争に主眼を置きながら、銃砲店を襲撃して銃や弾丸を奪うなど過激化路線を進んでいた。この、主義主張は異なるが、ともに武装集団としての色彩を強め警察に追われていた両組織が合体したのである。

当初山荘を取り囲みつつも慎重な姿勢をとっていた警察が山荘に突入したのは一〇日後の二八日、五名全員が逮捕され人質は無事救出されたが、突入の際機動隊員二名が殉職、立てこもり中に山荘に近づいた民間人一名も連合赤軍の銃撃により死亡した。山荘の攻防戦はテレビで生中継され、犯人逮捕の時間帯の視聴率は九〇％近くに上った。

逮捕されるまでは、警察との銃撃戦を展開した彼らを称賛する活動家もないわけではなかったが、間もなく発覚した群馬県の山岳ベースにおける同志一二名（他に合体前の革命左派時代に二名）の殺害事件で、そうした空気は大きく変わることになる。

殺害のきっかけは第三者から見ればまことに些細なことだった。ある女性メンバーは指輪をしてリップクリームを塗っていることを責められた。また、別のメンバーは過去の交番襲撃の際日和見的な態度をとったと攻撃された。こうした糾弾は「総括」と呼ばれ正当化された。また、リーダーだった森恒夫は「革命戦士の共産主義化」という言葉を編み出し、批判された個人が弱点を乗り越える努力を強要した。そしてその個人の努力が足りないと判断されれば他のメンバーは暴行を加えたり、緊縛して食事を与えず放置したりといった残虐行為を繰り返した。批判された個人がそうした行為によって死亡すると、その死は「敗北死」であり、個人の弱さが死の原因であると決めつけられた。山岳ベースという閉鎖的な空間でこうした行為はエスカレートの一途をたどっていったのである。あさま山荘に立てこもった五名は、警察の追及から逃れるため群馬県から長野県へ入ったところで山荘のある別荘地に迷い込んだのであった（リーダーの森や永田洋子はその直前に逮捕されていた）。

このような凄惨な事件が起こった原因について、当時世論ではさまざまな憶測がなされ、リーダーたちの個人的資質による猟奇事件などとも言われた。一方、近年の分析では、追い詰められた非合法集団のリーダーが自分の地位を脅かしかねない者や逃亡の恐れのある者を次々と殺していったという、ある意味普遍的な事件として位置づけるものもある（小熊二〇〇九）。

いずれにしろ、当時この事件に最も衝撃を受けたのは、一九六〇年代後半以来何らかの形で左翼運動や全共闘運動に関わってきた者たちであった。全共闘運動による「自己否定」の直接の延長線上に連合赤軍事件があった、と軽々には言えないが、当時の学生運動一般のなかに、運動から離脱したりそれに否定的な態度を示したりする者を激しく糾弾する面があったことは事実で、そのため彼らにとって連合赤軍事件は他人事ではないと受けとめざるを得なかった。この事件以後、全共闘運動によって盛り上がった若者たちの運動は沈滞していくことになる。

さらに詳しく知るための参考文献

＊全共闘運動については、当事者の回想が多数刊行されてきていたが、近年になってあの時代の学生運動を学問的立場から分析する研究書が公にされ始めてきた。一方、三島事件や連合赤軍事件については、管見の限りそうした研究書はまだほとんどない。

小熊英二『1968』上・下（新曜社、二〇〇九）……慶大・早大・横浜国大・中大・日大・東大の各紛争のほか、セクトや高校紛争、連合赤軍事件、リブなどについて、膨大な資料に依拠して分析している。小熊は、この時代の若者たちの叛乱を、日本が高度経済成長を経ていくなかで、現在の若者の問題とされている各種の生きづらさの端緒が現れ、彼らがそれをかぎとって反応した現象であるとしている。

小杉亮子『東大闘争の語り――社会運動の予示と戦略』（新曜社、二〇一八）……東大紛争にさまざまな立場で関わった当時の学生四四名を対象に、それぞれの幼少期から東大紛争収束までの聞き取り調査を行い、特に社会運動における予示的政治と戦略的政治という運動原理の対立と共存から東大紛争を捉えようとした研究書。臨場感のある当事者の語りとそれをもとにした小杉の分析は示唆に富む。

荒川章二編『「1968年」社会運動の資料と展示に関する総合的研究』（国立歴史民俗博物館研究報告第二一六集、二〇一九）……大学紛争だけでなく当時の社会運動なども取り上げた論文八本と資料紹介三本からなる。この時代も学術的、歴史的評価の対象となった象徴ともいえる。なお、国立歴史民俗博物館では二〇一七年一〇月一一日から一二月一〇日まで企画展「「1968年」――無数の問いの噴出の時代」が開催された。

山本義隆『知性の叛乱――東大解体まで』（前衛社、一九六九）……東大全共闘代表だった著者が、当時書いた評論を収録したもの。

山本義隆『私の1960年代』（金曜日、二〇一五）……右の著者が近年になって当時を振り返ったもの。

大﨑仁編『「大学紛争」を語る』（有信堂高文社、一九九一）……当時慶大、早大、日大、東大、京大、広大そして文部省で大学紛争収拾に当たった人たちへの聞き取り記録。いわゆる管理者側のまとまった資料がほとんど存在しないなかで貴重。

長谷川泉・武田勝彦編『三島由紀夫事典』（明治書院、一九七六）……四〇名以上の研究者によって編集された三島文学に関する基本的事典。著作の解説、関連項目、参考資料からなる。

パトリシア・スタインホフ著、木村由美子訳『死へのイデオロギー』（岩波書店、二〇〇三）……社会学者による、当時の資料を丹念に読み込んだ赤軍派および連合赤軍事件の分析。事件は日本以外の社会でも起こりうることとする反面、日本の社会組織のありように誘発された側面もあるとする。

第13講　沖縄返還

平良好利

†画期としての「大津談話」

「私は沖縄の祖国復帰が実現しない限り、わが国にとって「戦後」が終わっていないことをよく承知しております」

これは、一九六五（昭和四〇）年八月一九日に総理大臣として戦後初めて沖縄を訪問した佐藤栄作が那覇空港で発した有名な言葉である。このスピーチに象徴されるように、七年八カ月におよんだ佐藤政権の最大の課題は、「沖縄の祖国復帰」すなわち沖縄の施政権返還であった。本講は、この沖縄返還をめぐる政治過程を、主として日米両政府の返還交渉に焦点をあてて考察する。

一九五二（昭和二七）年四月二八日に対日平和条約が発効して日本が独立を果たすなか、沖縄は同条約第三条に基づいて引き続き米国の統治下に置かれることとなる。米国（とくに軍部）が沖縄そのものをみずからの支配下に置いた最大の理由は、同地に構築した広大な米軍基地を極東戦略のために自由に使用したいがためであった。五三年一二月二四日にジョン・フォスター・ダレス米国務長官が発した次の声明、すなわち「極東に脅威と緊張がある限り」沖縄を保有するという声明は、同国の固い決意を内外に示すものであった。

この米国の強い態度を前にして吉田（茂）以後の歴代政権は、沖縄返還という課題を前に進めることはできなかった。こうしたなか、一九六四年一一月に首相となった佐藤栄作は、翌六五年一月にワシントンでリンドン・ジョンソン米大統領と会談し、沖縄返還を話題にあげる。そして首脳会談終了後に発表された共同声明では、「総理大臣は、これらの諸島の施政権ができるだけ早い機会に日本へ返還されるようにとの願望を表明し」という文言を盛り込むことに成功する。六〇年一月の岸訪米時、また六一年六月の池田訪米時に出された共同声明では沖縄の施政権返還の願望さえ明記することができなかったことを考えれば、この六五年の共同声明は日本側にとって重要な一歩であった。

その後、沖縄に対する日本政府援助の拡大などを推し進めた佐藤は、一九六七（昭和四二）年に入るや、いよいよ沖縄の施政権返還に向けて本格的に動き出すようになる。その重要な画期として注目すべきは、同年一月一九日の「大津談話」である。選挙遊説先の滋賀県大津市で佐藤は、「教育権の分離返還より、一括施政権の返還の方が望ましい」として、施政権の全面返還をめざしていくとのべたのである。当時は施政権の全面返還は困難であるとの認識が広がっており、森清総務長官をはじめ多くの人々が提起していたのは教育権の返還であった。しかし佐藤はこの考え方を否定し、教育権も含めた施政権の全面返還を求めていく態度を内外に示したのである。

重要なことは、この佐藤の態度表明によって、米軍基地の態様をどうするかという困難な課題と日本側が向き合わざるをえなくなった、ということである。つまり、教育分野における権利のみを日本に返還させる分離返還論であれば、そもそも基地機能をめぐる厄介な議論を避けることができるが、基地を含めた全面返還となると、施政権返還後の米軍基地の地位をどうするかという問題に踏み込まざるをえなくなるのである。その意味では、この佐藤の「大津談話」は、以後の沖縄返還交渉の方向性を決める大きな分岐点の一つであったといえよう（河野二〇一九）。

†「両三年内」をめぐって

そもそも佐藤栄作の在沖米軍基地に関する認識は、それが日本を含む極東の安全にとって重要な役割を果たしている、ということで一貫していた。前述したジョンソンとの首脳会談で佐藤が、「沖縄における米軍基地の保持が極東の安全のため重要であることは十分理解している」とのべたことは、そのことを端的に示している。したがって佐藤にとって問題は、極東における沖縄の「軍事的役割」と、施政権返還という「国民的願望」をいかに「調整」するかということであり、しかもここでの問題の核心は、施政権返還後の米軍基地の態様をどうするか、という点にあった。

「大津談話」から半年後の一九六七年七月一五日、アレクシス・ジョンソン駐日大使と向き合った三木武夫外務大臣は、正式に沖縄返還を申し入れるとともに、米国が「沖縄の基地に要求する最小限度」の「要件」は何かと訊ねている。これに対してジョンソンは、核兵器と基地の自由使用に関する問題を日本側に提起するのであった。

こうした米側の態度を受けて外務省事務当局は、八月八日、佐藤首相に対し、沖縄への核兵器の持ち込みについては事前協議制の対象とすべく米側に強く要求していくべきだが、沖縄基地からの戦闘作戦行動に関しては事前協議制の対象とせず、同国にその自由使用を認める「腹づもり」も必要だ、と進言する。ここで言う事前協議制とは、一九六〇年の安保改定時に日米間で合意された制度であり(「岸・ハーター交換公文」)、①日本への米軍配置の重要変更、②米軍装備の重要変更(核持ち込み)、③戦闘作戦行動のための在日米軍基地の使用の三つのケースにおいて、日米が事前に協議を行うというものである。

この外務省の進言に対して佐藤は、沖縄返還は「高次の政治的判断を要する問題」なので、その腹づもりはみずからが「決定する」こと、よって事務当局は「予め腹づもりを云々することなく、施政権返還を強く要求」し、米側がこれに応じるための「条件を探求」すべき、と指示を出す。佐藤にしてみれば、これは「日本国民がどの程度の基地使用であれば我慢し得るかを見究め」なければならない難しい問題であり、よって「時間がかかる」問題なので、「じっくり落着いて進めるべき」というものであった。

こうして佐藤は基地の態様よりも、まずは沖縄返還の時間的な目途をつけることに焦点をあて、みずからの諮問機関である沖縄問題等懇談会(座長大浜信泉)の打ち出した次の方針、すなわち「両三年内」に返還時期の目途をつけるという方針を採用し、その方向で来たる一一月の日米首脳会談に臨むことを決意する。同懇談会や佐藤の念頭にあったものは、日米安保条約の固定有効期限の切れる「一九七〇年」という年であり、その際に沖縄問題と安保問題が結びついて「六〇年安保闘争」のような事態となることを、佐藤らは懸念したのである。そして、この「両三年内」という方針を米側に認めさせるために、佐藤が当時京都産業大学の教授であった若泉敬を「密使」としてワシントンに送り、これに慎重な外務省とは別ルートで交渉を進めたことは、今ではよく知られた事実である。

かくして、佐藤・ジョンソン会談を経て発表された一一月一五日の日米共同声明では、「両三年内に双方の満足しうる返還の時期につき合意すべき」という日本側の要望が明記されることになる。日本側の一方的な要望とはいえ、同共同声明にこの「両三年内」という文言を盛り込んだことや、「極東の脅威と緊張がある限り」沖縄を保持するというこれまでの米側の方針を放棄させたことなどは、日本側にとって大きな前進であった（なお、この「両三年内」の挿入には東郷文彦外務省北米局長が大きな役割を果たした。これをどう考えるかは、若泉の行動も含めて「両三年内」の評価にかかわる、とだけのべておく）。

†「核抜き・本土並み」方針の決定

翌一九六八（昭和四三）年は小笠原返還や米軍問題への対応に忙殺され、日本側として沖縄返還問題に腰を据えて取り組めるような状況にはなかった。また、沖縄返還に具体的にコミットするのを避ける意向であった米側にしても、あえてこれに深入りするような姿勢はみせなかった。だがその一方で、沖縄と本土では「核抜き・本土並み返還」の世論が高まりはじめ、また同年一一月には沖縄で「即時無条件全面返還」を訴えた屋良朝苗《やらちょうびょう》が初の行政主席選挙で勝利を収めるなどして、もはや日米両国が沖縄返還を先送りにすることはできない政治状況となっていた。

こうした状況のなか、核兵器の配備と戦闘作戦行動のための基地使用の問題で「白紙」の態度をとり続けてきた佐藤栄作が、ついにみずからの立場を鮮明にする。一九六九（昭和四四）年三月一〇日の参議院予算委員会で答弁に立った佐藤は、「核抜き・本土並み」方針で対米交渉に臨むことを明らかにしたのである。この佐藤の態度表明を受けて、これまで「核抜き・本土並み」返還に懐疑的な態度であった外務省（とくに下田武三駐米大使や東郷局長）も、この線で足並みを揃えていくことになる。

そして四月に入り外務省は、①沖縄返還は遅くとも一九七二年までに行われること、②返還後の沖縄に核兵器を貯蔵するのは反対であること、③安保条約とそれに関連する諸取決めは返還後の沖縄にも適用されること、④沖縄からの軍事作戦については事前協議制が適用されるが、それについて日本側は柔軟に対応する考えをもっていること、などを記した「ポジションペーパー」を作成し、米側の反応を探っている。ここで「七二年・核抜き・本土並み返還」および「事前協議制の弾力的運用」という日本側の方針が、明瞭な形をとってあらわれてきたのである。

では、一方の米側はいかなる方針を立てたのか。六八年一一月の大統領選挙で勝利し、翌年一月にホワイトハウス入りしたリチャード・ニクソン大統領は、その就任からおよそ四カ月後の五月二八日、沖縄返還に関する基本方針（NSDM一三）を決定している。

同方針のポイントは次の三点である。まず第一は、「米軍の軍事的使用を定める重要な項目」

について六九年中に合意に達し、かつ七二年までに細部の交渉が完了していれば、沖縄の「七二年返還」に同意する。第二は、「朝鮮、台湾、ベトナムとの関連」で「軍事基地の通常の使用」が「最大限自由である」ことを求めていく。そして第三は、もし返還交渉のなかで「他の分野で満足のいく」合意が得られたならば、「交渉の最終段階で、緊急時における（核兵器の）貯蔵と通過の権利を保持することを条件」に「核兵器の撤去を考慮する」。つまりニクソン政権は、朝鮮、台湾、ベトナムとの関連で通常兵器による基地の自由使用を最大限に確保することと、緊急時の核兵器の貯蔵・通過権を確保することを条件として、沖縄の「七二年返還」を受け入れるという方針を立てたのである。

†共同声明と一方的声明による日本の態度表明

このように日米それぞれの基本方針が固まったところで、いよいよ本格的な返還交渉が開始されることになる。六月三日、訪米した愛知《あいち》揆《き》一《いち》外務大臣（三木の後任）はウィリアム・ロジャーズ国務長官に対し、沖縄の米軍基地には「安保条約及び関連取極」を適用すべきだと力説すると同時に、しかし「米軍の戦闘作戦行動を不当に制限することがないようにする」として、その方式を示している。

愛知の示した方式とは、米軍の基地使用については事前協議制を適用するが、その運用に関しては来たる日米首脳会談後に発表する共同声明においてできる限り日本側の立場を明らかにし、さらにこれを日本側の一方的声明によって補足する、というものであった。つまり、主権国家として米軍の基地使用については「YESともNOとも言う可能性をおく」が、一方でこうした日米間の合意および日本側の態度表明がある限り、「協議があればYESということはできると思う」と説明し、米側に理解を求めたのである。この基地使用に関し日本側が具体的に想定していたのは、朝鮮半島有事であった。

これに対して米側は、この日本側の提案した方式を受け入れつつも、対象地域を台湾やベトナムなどにも拡大すべきことや、秘密の取り決めも含めて米軍の基地使用をより保証すべきだと要請する。また沖縄への核兵器の持ち込みについても、秘密の取り決めを求めるのであった。以後、五カ月余にわたって精力的な日米交渉が行われるが、日本側が台湾、ベトナムにも対象地域を広げることに同意する一方、米側は三つの地域で内容に差をつけるという日本側の要求を受け入れることになる。そして一一月に発表する共同声明および日本側の一方的声明(佐藤のナショナル・プレス・クラブでの演説)に関しては、次のような表現を用いることで日米が合意するのであった。

†韓国、台湾、ベトナムに関して

まず韓国に関しては、共同声明の第四項で、日本側が、「韓国の安全は日本自身の安全にとって緊要である」との認識を示し、さらに佐藤の演説のなかで、「韓国に対し武力攻撃が発生し、これに対処するため米軍が日本国内の施設、区域を戦闘作戦行動の発進基地として使用しなければならないような事態が生じた場合には、日本政府としては、(中略)事前協議に対し前向きに、かつすみやかに態度を決定する」という見解を示すことになる。

次に台湾に関しては、同じく共同声明の第四項で、日本側が、「台湾地域における平和と安全の維持も日本の安全にとってきわめて重要な要素である」との認識を示し、さらに佐藤の演説のなかで、かかる「認識をふまえて」日本側は「対処」する、という表現で合意に至る。日本側が韓国と台湾で内容に差をつけたのは、中台間の武力衝突の可能性はそれほど高くないという判断や、中国をなるべく刺激しないようにという配慮があった。

最後にベトナムに関しては、共同声明第四項において、日米両国が、「ヴィエトナムにおける平和が沖縄返還予定時に至るも実現していない場合には、(中略)米国の努力に影響を及ぼすことなく沖縄の返還が実現されるように、そのときの情勢に照らして十分協議する」という表現で合意が得られることになる。米側はベトナム戦争遂行のために沖縄基地からの戦闘作戦行動を重視したが、一方の日本側はベトナム問題に深くコミットするのに消極的な態度を示し、結局はこのような表現で落ち着いたのである。

韓国と台湾でこのように内容で差をつけたとはいえ、日本はこれによって戦後初めて、両国の安全は自国の安全にとって重要だという認識を示し、その認識に基づいて米国の基地使用を肯定するという態度を明確にしたのである。

もっとも、米側は返還交渉のなかで、共同声明と一方的声明だけでは基地使用の十分な保証が得られないとして、自由使用に関する秘密の取り決めを執拗に求めたが、返還交渉を詳細に検証した中島琢磨は、「ニクソンの最終判断により結ばれなかったと考えられる」と推測している（中島二〇一二）。

ただ、朝鮮半島有事における米軍の基地使用に関しては、その自由使用を認める六〇年安保改定時の「密約」（朝鮮議事録）がすでに存在しており、交渉ではこれが問題となった。日本側は上記の共同声明と一方的声明で十分に基地使用の保証を与えることができるとしてその廃棄を求めたが、一方の米側はより確かな保証を得るためにもその存続を主張した。しかし結局のところ、日本側がこれを交渉の議題とすることをやめ、その存続を〝黙認〟するのであった。

秘密「合意議事録」

さて、返還交渉で最後まで問題となったのは、よく知られているように、沖縄からの核兵器の撤去と再持ち込みの問題である。九月の愛知訪米時に日本側は共同声明で謳う核条項案を手交したが、米側は通常兵器による基地使用の最大限の自由を得るために、核問題の解決を首脳会談まで引き延ばすという戦略をとる。そして米側は、有事における核兵器の持ち込みに関する秘密の取り決めを執拗に求め続けるのであった。

こうした状況のなか、佐藤首相のもとには一〇月三日、「密使」として情報収集にあたっていた若泉敬を通じて、大統領補佐官ヘンリー・キッシンジャーから繊維問題と核兵器問題に関する二枚のペーパーが届けられる。後者はアール・ホイーラー統合参謀本部議長が軍の要求をまとめたもので、後述する秘密「合意議事録」の原型となる文書である。同文書は、「緊急事態に際し、事前通告をもって核兵器を再び持ち込むこと、および通過させる権利」を要求すると同時に、嘉手納《かでな》や辺野古《へのこ》などの核貯蔵地をいつでも使用できる状態で維持し、かつ緊急事態にはそれを活用できることを求めるものであった。佐藤はその日の日記に、「思った通り、二、三の点で重大決意を要する様だ」と記している。

日米首脳会談の開催まで残り一カ月を切るという段階に入っても、核問題について外務省ルートでは何の進展もみせなかった。いやみせなかったばかりか、米側はより強硬に核兵器持ち込みに関する秘密の取り決めを求めてきたのである。ここに至り、秘密取り決めを避ける方針であった外務省も、非公表文書（「会議録」）の作成にとりかかることになる。

こうして日本側が厳しい状況に追い込まれるなか、佐藤は重大な決断を下すことになる。一〇月二七日、核抜き返還のためには緊急時の再持ち込みに関する秘密の取り決めが必要だと迫る若泉に対し、佐藤は、「ニクソンがどうしても、それが必要だというのなら、会談の記録をまとめたものにして、それにサインしてもいい」とのべ、彼に水面下での交渉を依頼する。そして一一月六日、訪米する当日に若泉は佐藤に会い、核の再持ち込みに関する秘密の「合意議事録」を作成し、これに日米両首脳がサインすることを提案する。これに対し佐藤は、「向こうは絶対、外部には出さんだろうな」と念を押したうえで、この秘密「合意議事録」と、何ら進展をみせない日米共同声明の核条項に関する交渉を彼に委任するのであった。

かくして、若泉とキッシンジャーの間で水面下での交渉がなされ、二つの文書とその合意の手順が事細かにまとめられる。一一月一五日に若泉の帰任報告を聞いた佐藤は、いよいよみずからがワシントンへ向けて旅立つことになる。

†残された課題

一一月一九日から二一日にかけて行われた佐藤・ニクソン会談では、第一に沖縄の施政権を一九七二年に返還すること（共同声明第六項）、第二に米国が引き続き沖縄の米軍基地を保持すること（同上）、そして第三に返還される沖縄には日米安保条約およびそれに関連する諸取り決めを変更なしに適用すること（同第七項）などが合意される。また、韓国、台湾、ベトナムにおける軍事作戦で基地を使用することに関しても、前述のように、共同声明と佐藤のナショナル・プレス・クラブでの演説のなかで、日本側の態度が表明される。

そして核問題に関しては、若泉とキッシンジャーがまとめたシナリオに沿って、共同声明で謳う核条項（第八項）が佐藤とニクソンの間で合意されるとともに、この両者によって秘密「合意議事録」が密かに取り交わされる。同議事録では、有事において米側から沖縄への核兵器の再持ち込みや通過に関する事前協議の要請があった場合、日本側は「遅滞なくそれらの必要を満たす」ということが謳われた。この秘密「合意議事録」をめぐっては、研究者の間でさまざまな角度から議論がなされているが、少なくとも米軍部や米議会の動きがより詳細にわかる資料が開示されるまでは、その歴史的評価はなかなか定まらないように思われる。

いずれにしても、以上の沖縄返還合意に至るプロセスを振り返ってみると、核と基地使用の問題が最大の争点であったことがわかる。しかし、留意すべき重要なことは、当の沖縄住民が強く望んでいたものは、米軍基地自体の撤去ないし縮小であった、ということである。だが返還合意に至る交渉プロセスでは、この問題はまったく議論にならず、次なる課題として残されるのであった。

沖縄返還からもうすぐ五〇年が経とうとするなか、いまだ沖縄には広大な米軍基地が存続している。佐藤栄作は「沖縄の祖国復帰が実現しない限り、わが国にとって「戦後」が終わっていないことをよく承知しております」とのべたが、果たして日本の「戦後」は本当に終わったといえるのだろうか。日本がこの基地縮小という課題に沖縄返還後どう向き合ったのかは、今後詳しく解明されなければならない重要なテーマであろう。

さらに詳しく知るための参考文献

一九四五〜七二年までの動きについて

渡辺昭夫『戦後日本の政治と外交――沖縄問題をめぐる政治過程』(福村出版、一九七〇)……沖縄問題をめぐる政治外交研究の古典的著作。歴史的分析と政治過程論的分析の両面からその全体的構図を抽出。その分析の広さと深さはまったく色あせていない。

河野康子『沖縄返還をめぐる政治と外交――日米関係史の文脈』(東京大学出版会、一九九四)……沖縄返還をめぐる政治外交史研究のいまや古典的著作。主に日本側の主体的行動に注目しつつ、沖縄問題を戦後の日本外交ないし日米関係の文脈のなかで考察。

宮里政玄『日米関係と沖縄――一九四五―一九七二』（岩波書店、二〇〇〇）……米国の沖縄統治研究の第一人者による集大成的な著作。米側の動きを中心に、沖縄統治をめぐる米国、沖縄、日本の三者間関係を分析。

平良好利『戦後沖縄と米軍基地――「受容」と「拒絶」のはざまで　一九四五〜一九七二年』（法政大学出版局、二〇一二）……米軍基地問題、とくに軍用地問題という視点から米軍統治期を分析。とくに沖縄内部の政治過程と沖縄と本土の関係に注目。

沖縄返還交渉について

我部政明『沖縄返還とは何だったのか――日米戦後交渉史の中で』（NHKブックス、二〇〇〇）……日本側の一次資料がまだ公開されていない時期に、開示された米側の一次資料を用いて交渉過程を丹念に分析。本講が扱わなかった沖縄返還にともなう経済財政問題にも言及。

波多野澄雄『歴史としての日米安保条約――機密外交記録が明かす「密約」の虚実』（岩波書店、二〇一〇）……開示された外務省記録を用いて交渉過程を分析（第八章）。日本側の主張や構想がこれまで十分に考察されてこなかったことを踏まえ、主に日本側の動きに焦点をあてる。

中島琢磨『沖縄返還と日米安保体制』（有斐閣、二〇一二）……現時点における沖縄返還研究の到達点ともいえる著作。外務省の動きを中心に、沖縄返還過程の全体像を詳細に叙述。

服部龍二『佐藤栄作――最長不倒政権への道』（朝日選書、二〇一七）……佐藤栄作の評伝だが、沖縄返還と核密約にも力点を置く（第五章）。若泉の行動と佐藤の二元外交に対して厳しい評価を下している。

河野康子「第二回配本　解説」『沖縄返還関係資料　第二回第一巻「密約」調査』（現代史料出版、二〇一

九）……沖縄返還研究を牽引してきた著者による最新の研究。沖縄返還過程のなかでどこが重要な局面だったのかを指摘すると同時に、その意味を掘り下げて分析。

沖縄返還後の動きについて

野添文彬『沖縄返還後の日米安保——米軍基地をめぐる相克』（吉川弘文館、二〇一六）……米国のアジア戦略再編とのかかわりから沖縄返還を分析するとともに、新しいテーマとして、沖縄返還後の日米安保や米軍基地の問題を考察した近年の力作。

第14講　公害・環境問題の展開

小堀　聡

†イギリスから日本へ

一九五二年一二月五～九日の五日間、イギリスの首都ロンドンは猛烈なスモッグに覆われた。のちにロンドン・スモッグと称されるこのスモッグの原因は、発電所・工場・家庭などでの石炭利用によって排出された硫黄酸化物であり、肺炎や心不全などの健康被害を住民にもたらした。関連死者一万二〇〇〇人といわれる世界最悪規模の公害事件である。

以後イギリスでは、大気汚染対策が進展した結果、ここまで深刻なスモッグは発生していない。だが、環境社会学者の飯島伸子は、ロンドン・スモッグを以下のように再定義している。「世界の環境問題史の視点で見るならば、こうした深刻な事態は、むしろ、日本が、大気汚染による大量の健康被害者の発生という形で引き継いだ」と（『環境社会学のすすめ』）。

	SO_2	BOD
日本（1970）	**36.0**	**21.0**
アメリカ（1967）	2.3	1.3
イギリス（1968）	9.1	4.5
西ドイツ（1970）	17.5	9.1
フランス（1965）	4.0	2.5

表1　高度成長期における汚染量の国際比較（可住地面積当たり。トン／千m^2）
資料）経済企画庁編『経済白書』1974年版、大蔵省印刷局、293頁。
註）SO_2：亜硫酸ガス（大気汚染の指標）、BOD：生物化学的酸素要求量（水質汚濁の指標）。

事実、高度経済成長末の一九七〇（昭和四五）年頃の日本は、大気汚染や水質汚濁などで世界最悪の公害に直面していた（表1）。これは、六七年にイギリスを、六八年に西ドイツをそれぞれGNPで抜き、世界第二位の「経済大国」となった果てのことである。

†システム公害

戦後日本の公害は一九五〇年代にはすでに表面化していた。たとえば、八幡製鉄所が立地する福岡県戸畑・八幡両市（現、北九州市）では煤煙が深刻化し、東京都や大阪市でもスモッグや水質汚濁の悪化が進んでいる。熊本県水俣市で水俣病が「公式確認」されたのは一九五六（昭和三一）年であり、その原因が有機水銀であることも熊本大学によって五九年にすでに突き止められていた。

だが、全国的な商業誌で公害を大きく取り上げたのは、岩波書店の『世界』一九六二年一二月号掲載の、宮本憲一（金沢大学助教授）「しのびよる公害」が最初であった。宮本は執筆のきっかけを、六一年に開催された全日本自治団体労働組合（自治労）の研究集会で、三重県職労による四日市の大気汚染についての報告に衝撃を受けたことだと振り返っている（『環境と自治』）。五九年にコンビナートが操業を開始した四日市での喘息被害は、六一年頃から深刻化していた。さらに宮本は六四年に庄司光との共著『恐るべき公害』を岩波新書から刊行し、ベストセラーとなる。この頃には公害は全国的な社会問題となっていた。

なぜ公害は拡大したのか。宮本は、『恐るべき公害』から五〇年後の『戦後日本公害史論』において、戦後日本の公害をシステム公害と規定し、「高度成長の経済システムは、環境破壊、公害発生のシステム」であったと断じている。産業構造の重化学工業化、物資・人員の大量高速輸送網の整備、アメリカ的な大量消費生活の流入といった高度成長の諸要因が、深刻な公害を同時に生み出したのであった。

より具体的には、以下の五点を宮本は挙げる。①経済成長が政策の第一目標とされたことによって、政府が環境保全の役割を怠った結果、企業が公害対策費用を抑えつつ設備投資を急拡大した、②この際に、火力発電、鉄鋼、化学など資源浪費型の重化学工業が急速に成長した結果、これらからの排煙や排水が汚染を深刻化した、③さらに、重化学工業の集積が、交通、通信、用水、エネルギー施設、教育・研究施設の集積する大都市圏で展開された結果、汚染や人口も大都市圏に集積し、公害や都市問題が深刻化した、④公共投資が道路優先になされ、自動車産業が成長した結果、排ガスや騒音が深刻化した、⑤所得上昇や都市化とともに耐久消費財消費とその買い換えが繰り返された結果、廃棄物も増大した。

輝かしい高度成長のキーワードとして、「投資が投資を呼ぶ」、「三種の神器」、「3C」がしばしば挙げられる。だがこれらは、物質的繁栄と同時に、公害の象徴でもあった。

†臨海工業地帯と公害

また宮本が列挙した諸要因のうち、資源に特に注目したのが華山謙《はなやまゆずる》である。華山によると、日本の深刻な環境破壊は「資源に十分に恵まれていない日本が、たまたまもち合わせていた資源を最大限に利用し尽くし、その環境への影響を顧みずに生産を急速に拡大させたことの帰結」であった。このことは、鉱山からのカドミウム廃棄によってイタイイタイ病を引き起こした三井金属鉱業、水力資源の利用によって成長し、水俣病を引き起こしたチッソと昭和電工のみならず、四日市のように海外の原油や鉱物を利用する重化学コンビナートにも当てはまると華山は論ずる。なぜならば、日本の重化学コンビナートは「港湾」という資源を最大限に利用し尽くしたもの、すなわち臨海工業地帯に他ならないからである。

西欧の重化学工業地帯が国内資源近くの河川沿いに発展してきたのに対し、日本の工業地帯は、大型船舶による海外資源の大量輸入に最適な海港を有する点に、その特徴がある。これは、日本の資源浪費型産業が広大な用地と深い水深とを求めて臨海部への工場建設を希望し、政府・地方自治体もそれに応えて、埋立・浚渫《しゅんせつ》を計画・実施してきた帰結であった。

こうして、日本は世界最大級のタンカーや鉱石専用船を使いこなすようになり、一九六〇年代末には世界最大の資源輸入国となった。杉原薫『アジア太平洋経済圏の興隆』など近年の経済史研究の成果も踏まえつつ定義するならば、高度成長は、海外の天然資源と国内の「勤勉」な人的資源とを効率的に組み合わせることによって初めて達成されたのである。と同時に、臨海工業地帯は深刻な公害発生源となり、その造成に伴う埋立や浚渫は国内水産資源を破壊したのであった。

†三島・沼津の衝撃

このような深刻な公害はどのようにして改善へと向かっていくのであろうか。最初の転機は、一九六三（昭和三八）年一二月〜六四年一〇月に静岡県三島・沼津・清水の二市一町で展開され、勝利した、石油コンビナート阻止市民運動（三島・沼津市民運動）である。

広い土地、地下水、良港という三条件を兼ね備える一帯は重化学工業地帯に最適であり、一九六三年一〇月、富士石油、住友化学、東京電力の三社はコンビナート計画を整えた。政府や静岡県もこれを熱心に支援する。だが、住民による反対運動が広範に展開された結果、六四年五月に三島市長が、九月に沼津市長が計画撤回を要求。三社は進出断念に追い込まれた。

三島・沼津市民運動が成功したのはなぜか。これについては宮本憲一や飯島伸子が以下の二点を挙げている。第一に、保守も含めた多様な階層がコンビナート進出反対の一点で共闘したことである。運動の参加者は農漁業者、主婦、自治会代表、医師会、労働者など広範囲であり、革新政党の活動家は裏方に徹していた。第二に、学習を重視した運動が展開されたことである。市民運動は四日市の見学や実態調査を行ったほか、学習会を繰り返し実施しており、これには理科系の高校教師や三島市の国立遺伝学研究所の研究者が大きな役割を果たした。学習によって培われた洞察が、企業・政府への反論や運動の持続を可能にした。

では、なぜそもそも多様な階層が運動に参加したのであろうか。この点を三島市について分析した沼尻晃伸は、三島での「湧水と住民生活との結びつきに根ざした（あるいはその関係が破壊される危惧から派生した）諸団体・社会関係」の形成に注目している。一九五〇年代前半までの三島では、湧水が生活や子どもの遊び場として身近な存在であった。だが、人口増加に伴ってその汚濁が問題となり、さらに五八年に東洋レーヨン（東レ）三島工場が操業を開始すると、工業用水の増大に伴い、渇水も問題になっていた。こうした状況下で、三島では、①婦人会、町内会による河川美化運動、②知識人、青年、母親の会などによる東レ批判と湧水復活運動、③これらの動向を伝えるとともに論陣を張る地元紙が、三島・沼津市民運動以前からすでに出現していた。湧水は住民にとって新たな社会性を帯びる存在となり、自治体の政策対象にもなっていたのである。「水」への高い関心という一致点が、全市的なコンビナート反対運動の重要な一条件であった。

†国政転換への二つの道

三島・沼津で敗北した政府や財界は、公害対策を始めざるをえなくなった。そこで一九六七（昭和四二）年に制定されたのが、公害対策基本法である。公害を総合的に防止することを宣言するとともに、同法に基づいた公害規制が実施されることとなった。

だが、公害対策基本法には、「生活環境の保全については、経済の健全な発展との調和が図られるようにする」の一文が含まれていた。いわゆる経済調和条項である。そして、環境規制値が経済調和条項を考慮したものとなった結果、公害はかえって拡大した。一九六七年時点では国政転換は未だ不十分だったのである。宮本憲一によると、国政をさらに転換させる役割を果たしたのは、以下の二つであった。

第一に日本社会党・日本共産党（一時期は公明党も）を与党とする革新自治体である。革新自治体は、一九六〇年代半ば以降大都市圏を中心に普及しており、この背景の一つには、住民の公害反対・環境保全への強い世論と運動があった。革新自治体は国よりも積極的な公害対策を実現しており、とくに東京の美濃部亮吉都政（一九六七〜七九）は、六九年の東京都公害防止条例において、調和条項的思考を排し、自治権に基づく積極的な公害行政を宣言。法律よりも厳格な規制を導入する。これらが圧力となり、七〇年一一月開会の臨時国会では、公害対策基本法の経済調和条項撤廃など、公害関係一四法が成立した（公害国会）。そして、政策執行機関として、環境庁が七一年に発足する。

なお、地方自治体の政策手段として条例を補完したものに、公害防止協定がある。これは、自治体が個々の工場（とくに大工場）との間に法律に依らない契約を結ぶことを通じて、国の基準以上の公害規制を実現するものである。やはり革新自治体の飛鳥田《あすかた》一雄《いちお》横浜市政（一九六三～七八）が東京電力などとの締結に成功したのを機に、全国の自治体に普及した。

第二に公害裁判である。公害反対の世論や運動が弱く、被害者が差別されているような地域では、革新自治体誕生を通じた公害対策は困難である。水俣のように独占的大企業・労働組合・自治体の一体性が強い「企業城下町」はその最たるものであろう（一方で、水俣病の被害者は漁民に集中していた）。そこで被害者は、最後の手段として、訴訟を起こす。一九六七年の新潟水俣病訴訟に始まる四大公害裁判がそれである。当初、その行方は法理的にも勝利は明確ではない状況であったが、弁護団の模索や公害反対運動を背景として、七一年のイタイイタイ病を皮切りに、患者側が順次勝訴した。

四大公害裁判の患者側勝訴を受けて、政府は、公害健康被害補償法（公健法）による被害者救済制度や、改正大気汚染防止法による規制強化を七三〜七四年に実施する。そして、これらの政策を背景として、企業が公害対策を加速させた結果、公害は大きく改善された。

以上の経緯をまとめると、日本の公害対策を前進させた根本的な原動力は、政府でも大企業でもなく、住民からの圧力であった。

だが、このことは同時に、住民からの圧力が弱まれば、公害対策が後退することも意味する。一九七三年の石油危機を機に、企業の影響力が強まると同時に革新自治体が退潮していく結果、七〇年代後半以降の日本では、環境基準の緩和や公害病患者認定の消極化など、公害政策の後退が生じた。アスベスト災害や原発災害が示すように公害が決して終わっていないことや、今日の地球環境政策における日本の存在感の無さも、この延長線上に位置づけられよう。

†公害防止の技術革新

住民運動を高く評価する宮本の議論は、通説的地位を占めている。だが、住民運動だけでは公害は解決できないこともまた、事実である。たとえば飛鳥田一雄は、横浜市が要求する公害防止協定に応じられなかった工場のいくつかが、「今、よそで稼働してる」と一九八七（昭和六二）年に振り返っている（『生々流転』）。この場合では公害は解決されておらず、他地域に移されただけである。実際、七〇年頃の財界人や学識経験者からは、国内「周辺」地域や発展途上国に公害発生源を移出することへの期待が、しばしば率直に語られている。

だが、日本の公害対策は決して公害輸出のみによってなされたのではなく、技術革新を伴うものであった。技術革新はどのようにして実現したのであろうか。この点を最も踏み込んで分析したのが伊藤康である。伊藤は一九六〇年代に企業の硫黄酸化物対策がすでに一定程度進んでいたことに注目し、そのいくつかのプロセスを解明している。

たとえば、飛鳥田横浜革新市政下で東京電力が公害対策として実施したのは、液化天然ガス(LNG)を火力発電燃料に世界で初めて本格導入することであった。これを考案したのは横浜市でも東京電力でもなく、東京瓦斯《ガス》である。そして東京瓦斯が東京電力にLNG購入を持ち掛けたのは、アラスカからのLNG輸入という自社プロジェクトの採算ラインを確保するという経済的理由からであった。このプロジェクトの実現には年間一〇〇万トンのLNG消費が必要であり、それには東京電力が大口需要者となることが不可欠であった。

また、石油精製業界で重油脱硫にいち早く取り組んだのは、出光佐三《いでみつさぞう》率いる出光興産である。だが、その最初の目的は大気汚染対策ではなく、出光が販売する高硫黄重油が顧客のボイラーを損傷することへの懸念であった。そして、後に公害への社会的関心が高まると、大気汚染対策を通じた売上拡大が目的に追加される。一九六〇年代の出光興産は、石油連盟脱退など独自の行動を通じたシェアの拡張に挑んでおり、重油脱硫もその一手段であった。

以上から伊藤が明らかにしたのは、環境規制の導入によってむしろ利益を得られると判断できる企業が存在することの必要性である。そして伊藤は、こうした判断が下されるには、既存の業界秩序が崩れても構わないと考えるような主体（アウトサイダー）の存在が重要だと論じている。出光興産はその典型であるし、東京瓦斯に利益実現の機会を与えた飛鳥田革新市政も、当時の政治秩序のアウトサイダーであった。もっとも、横浜の「よそで稼働してる」工場は、横浜市での利益を見出せなくなったが故に撤退したのである。

†自然保護運動の潮流

友澤悠季は日本の環境運動・思想の源流について、①明治以前にさかのぼる農業思想や、希少動植物・景観保護など自然保護運動の流れ、②明治中期以来の公害反対・予防運動の流れの二つから捉えるべきと提言している。高度成長期の深刻な公害を背景として、これまでの環境史はおもに②を重視してきたが、今後は①についてもさらに論じていく必要があろう。事実、戦後復興期から高度成長期にかけての自然保護・景観保護運動はいくつかの成果を生んできた。一九四九（昭和二四）年に始まる尾瀬原《おぜがはら》ダム計画反対運動と日本自然保護協会の設立、六四年に鎌倉で展開された鶴岡八幡宮裏山の宅地造成反対運動（御谷《おやつ》騒動）と日本初のナショナル・トラスト発足（鎌倉風致保存会）、六六年の古都保存法制定などである。

これらの成果や限界をさらに明らかにするには、公害と同様、各地の住民や行政・企業の動向をより具体的にみていくことが必要である。先駆的な活動事例として、神奈川県の三浦半島自然保護の会が、藤澤浩子らによって研究されている。

三浦半島自然保護の会は、横須賀市博物館学芸員の柴田敏隆と高校教諭の金田平《ひとし》らが一九五五年に始めた自然観察会が土台であった。のち五八年に東京の出版社が逗子で主催した採集会に彼らが参加した際に、一行の乱獲ぶりとゴミの放置を目の当たりにしたのを契機として、五九年に会を立ち上げる。「自然の愛護・保全・活用（Conservation）の立場から新しい自然趣味のあり方を方向づける」（『自然のたより』第一六号、一九六〇）ことを目的とし、採集をしない自然観察会や会誌発行の月例化を通じて、自然保護教育を実践した。

柴田・金田ら会の中心メンバーは、横須賀市の委託で自然保護調査をする一方で、開発反対運動も行っている。反対運動には埋立に関するものが多く、とくに象徴的なのが、飛鳥田横浜市政の金沢地先埋立に対する反対運動への参加である。金沢地先埋立は横浜市最後の自然海岸をほぼ消滅させるものであり、にもかかわらず革新の飛鳥田が埋立を実行した狙いは、横浜市中心部から工場を埋立地に移転することで、市中心部での公害防止や臨海公園建設（現、みなとみらい21地区）を図ることにあった。一方で反対運動は、敗れたものの、自然海岸の保全という観点から埋立縮小を求め、身近な自然の価値を強く主張したのである。この事例は、友澤の整理した二つの潮流が、時には鋭く対立したことを示している。

†「人権」のせめぎ合いとしての公害

以上のように近年の研究は、住民による環境運動の大きな役割を認めたうえで、そのさまざまな内実や企業・行政の対応を具体的に解明し、多くの成果を生みつつある。だが、当然のことながら、現実に存在したのは、環境運動側の住民だけではない。たとえば産業集積の歴史を研究する今泉飛鳥は、東京都大田区の公害を次のように整理している。

一九六五（昭和四〇）年現在、大田区には七〇〇〇の工場があり、その六割が従業員九人以下の町工場であった。しかも、それらは住居と一体のものも多く、一般の住宅と軒を並べて立地していた。大田区が抱えた公害は、これら零細町工場からの騒音や振動であった。

大田区でも公害が社会問題化したのは、高度成長期である。この背景として、今泉は、夫の会社通勤と妻の専業主婦とからなる（もしくは、それを理想とする）スタイルの人々の増加を指摘している。つまり、職住分離と職住一体との二つの生活の混在が進んでいくことによって、「静謐で清潔な場所に住む「人権」と、生業を営み雇用者や家族を養う「人権」との間のせめぎ合い」が公害として浮上したのであった。

今泉によると、町工場から大田区には、以下のような声が寄せられていた。「住宅が増えてきて、公害企業となり、あたかも害を加えるために営業をしているように受けとられるのは残念」、「転業したくても力なく、どのようにしたらいいものか、全く暗中模索……零細企業生活者の、人権はどうなるのだろうか」(『大田区工場等実態(悉皆)調査分析結果報告書』一九七三)。

公害が大田区でも深刻な問題であったことは論を俟たない。だが、今泉はあえて、「公害工場」として批判される零細業者=住民の苦悩に目を向けたのである。このように多様な住民の存在を忘れることなく公害や環境を理解することは、私たちの戦後史イメージをより豊かなものとするであろうし、ひいては現在直面する公害・環境問題の着実な解決を模索することにも資するだろう。

さらに詳しく知るための参考文献

宮本憲一『戦後日本公害史論』(岩波書店、二〇一四)……公害研究を五〇年以上牽引してきた宮本による、七八〇頁の大著。公害激化の要因とその改善過程とが詳細に論じられている。本書をどう継承・批判し、そして実践的な知を紡いでいくのかが、後進には問われている。

飯島伸子『環境問題の社会史』(有斐閣、二〇〇〇)……環境社会学の観点による通史。本講が扱えなかった近世〜戦前の環境問題や戦後の公害輸出にも紙幅が割かれると同時に、労働環境など隣接領域にも目配りがなされている。

華山謙『環境政策を考える』(岩波新書、一九七八)……学際的手法によって環境政策への視座を提供する一冊。本講で紹介した資源のほか、消費者主権、土地私的所有、民主主義などを切り口として鋭い分析が加えられる。華山を「忘れられた環境経済学者」という観点から再評価した喜多川進「環境政策史――その挑戦と課題」(『大原社会問題研究所雑誌』六七四号、二〇一四)も参照されたい。

沼尻晃伸「高度経済成長前半期の水利用と住民・企業・自治体――静岡県三島市を事例として」(『歴史学研究』第八五九号、二〇〇九)……工業化とともに変化する住民・企業・自治体の関係を、水資源に注目して論じたもの。住民を住民運動のみから描くのではなく、住民生活の内実をより具体的に追跡している。

伊藤康『環境政策とイノベーション――高度成長期日本の硫黄酸化物対策の事例研究』(中央経済社、二〇一六)……高度成長期の主要な公害問題である硫黄酸化物について、その規制政策と技術革新を経済学・歴史学的手法を組み合わせつつ分析したもの。環境経済学分野では戦後公害史の優れた研究が他にも公刊されており、これらについても同書の先行研究整理を参照されたい。

友澤悠季「公害反対運動と労働運動の接点をめぐる試論――一九五〇~七三年に焦点をあてて」(『大原社会問題研究所雑誌』第七一三号、二〇一八)……公害反対運動と労働運動との間に存在する引力と斥力を横断的に描いた論考。また、同著者の『「問い」としての公害――環境社会学者・飯島伸子の思索』(勁草書房、二〇一四)は、公害が決して古びた概念ではないことを説得的に示している。

藤澤浩子『自然保護分野の市民活動の研究――三浦半島・福島・天神崎・柿田川・草津の事例から』(芙蓉書房出版、二〇一一)……自然保護運動がどのようにして誕生・持続してきたのかを複数の団体のケーススタディから論じたもの。三浦半島自然保護の会についての資料収録や詳細な年表も有益である。

今泉飛鳥「まちとともにある工業」(池亨ほか編『みる・よむ・あるく東京の歴史』六、吉川弘文館、二〇一九)……東京都大田区における産業集積と公害問題についての論考。小品ながら多くの論点を提示している。なお、東京都は公害の解決策として東京湾内の人工島(京浜島)への工場集団移転を実施しており、その概要も論じられている。

小堀聡『京急沿線の近現代史』（クロスカルチャー出版、二〇一八）／小堀聡「臨海開発、公害対策、自然保護――高度成長期横浜の環境史」（庄司俊作編著『戦後日本の開発と民主主義――地域にみる相剋』昭和堂、二〇一七）……前者は品川〜三浦半島の京浜急行電鉄沿線について、海外資源に依存した「東アジアの奇跡」のトップランナーという観点から、生産・生活・環境の変遷を追跡したもの。横浜市における公害対策と自然保護運動との対立については、後者でより詳細に論じられている。

第15講

原子力・核問題

秋山信将

戦後日本の原子力・核政策は、「非核三原則」、米国の拡大核抑止への依存、核軍縮外交の推進、そして原子力の平和利用の推進という四本の柱から成り立っていると言われている。これらが、どのように政策を構成しているかを理解するには、政策を取り巻く三つの大きな潮流をつかむことが有用であろう。第一に、エネルギー安全保障、技術立国を含む復興・経済成長の流れ、第二に、立地問題、規制をめぐる省庁間の権限争いを含む原子力政治の流れ、そして第三に、広島・長崎の被爆体験と日米同盟下の「核の傘」の矛盾を含む国際関係の流れ、である。日本の原子力政策は、これら三つの流れが時に合流し、また時にぶつかり合って乱流を作りながら展開してきた。

†終戦と原子力の禁止

一九三八（昭和一三）年、ウランの原子核に中性子が当たると核分裂が起き、莫大なエネルギーが放出されることが、ドイツのオットー・ハーンとオーストリアのリーゼ・マイトナーによって発見された。ほどなく、欧米においてこの原理が兵器に応用される可能性が論じられるようになり、ナチス・ドイツでは原子爆弾の研究が始められた。翌年にはナチス・ドイツからアメリカに亡命した物理学者レオ・シラードが、アルバート・アインシュタインと連名で、核連鎖反応をナチス・ドイツが軍事的に応用する可能性を示唆する信書をフランクリン・ルーズベルト大統領に送り、これがその後のマンハッタン計画（一九四二〔昭和一七〕年発足）の契機となった。

日本では、一九四〇（昭和一五）年に陸軍の航空技術研究所から理化学研究所に対して原子爆弾の研究が委託され、日本の量子物理学の祖と言われる仁科芳雄博士の研究室において研究が開始された。仁科研究室は、一九四三年に、熱拡散法でウラン235を二年かけて濃縮するという報告を陸軍に提出、陸軍はこれを受け航空本部の直轄で原爆製造プロジェクトを立ち上げるように命じた。このプロジェクトは、仁科博士の頭文字をとって「ニ号研究」と名付けられた。この日本における原爆の開発は、濃縮に手間取り、さらに東京大空襲によって理研も被害を受けたために研究の続行が不可能となり中止された。

なお、仁科研究室は、原爆研究にはそれほど熱心ではなく、むしろサイクロトロン（円形イオン加速器）を使って製造したラジオアイソトープを用い、体内での元素の挙動を調べる研究などに注力していた。ちなみに、この研究は放射線医学診断技術の草分け的存在である。また仁科は、原爆が投下された広島に入り、被害の状況からこれが原子爆弾によるものと結論付ける調査を行った。

終戦後、連合国軍司令部（GHQ）は、一九四六年九月二二日のGHQ指令第三号第八項で日本における原子力研究を禁止し、東京の理研、大阪大学、京都大学にあったサイクロトロンはすべて破壊された。これによって日本の原子力研究はしばらくその道を閉ざされることになり、その再開は、一九五四年まで待たなければならなかった（なお、放射線研究に使われるアイソトープの米国からの提供は一九四九年に始まっている）。

†原子力の夜明け

日本の原子力研究の再開は、一九五二年四月に発効したサンフランシスコ講和条約に原子力研究を禁止する条項が盛り込まれなかったことから、それが解禁の合図となった。とはいえ、学界では慎重姿勢を示す研究者も少なくなく、原子力研究は停滞したままであった。

実質的な原子力活動の再開に重要な役割を担ったのが中曽根康弘である。中曽根は、一九五三年七月から一一月まで米国に滞在した。当時ハーバード大学の助教授であったヘンリー・キッシンジャーが主催し、世界各国の若手指導者を集めて開催される夏季セミナーに招聘され、その折カリフォルニアのローレンス放射線研究所などを訪問し、カリフォルニア大留学中の嵯峨根遼吉東京大学教授と日本の原子力研究のあり方について話し合い、「原子力の平和利用については国家的事業として政治家が決断」すべきと意を強くした。

また、国際的な原子力活動の活発化の潮流も日本における原子力活動興隆の後押しをすることになった。一九五三（昭和二八）年一二月八日、米国のアイゼンハワー大統領は、国連総会において「平和のための原子力（Atoms for Peace）」演説を行った。アイゼンハワー大統領は、加熱する米ソの核兵器開発競争への懸念を示し、各国は核物質を供出して国際的な管理に委ねて、核エネルギーを農業や医療、発電そのほか人類の平和の希求に資する目的で利用すべきとし、そのために国際原子力機関（IAEA）の設立を訴えた。

同じころ、英国が原子力を発電に使用する計画を打ち出し、国内からも商業利用の声が高まってきた。またソ連も民生利用へ動きが出し、そして他国に対して技術を提供する動きを見せた。そこで米国政府も、原子力技術を民間へも開放することとし、翌一九五四年二月に発表された特別教書では、「平和のための原子力」演説で述べられた原子力の多国間管理という方針を転換して、原子力の平和利用における国際協力を二国間ベースで進める方針が示された。一九五四年八月には、この方針を盛り込んだ新しい原子力法を成立させた。これには、原子力協力を通じて友好国の囲い込みや取り込みを狙うという側面もあった。

日本は、この米国による政策転換の恩恵を受けることとなった。特別教書が発表された翌年一月には、米国から原子炉運転要員の訓練とあわせ、濃縮ウランを提供するとの申し入れがあった。一九五五年一二月、米国との原子力協力を進めるために、「原子力の非軍事的利用に関する日米協定」、「特殊核物質の賃貸借に関する日米原子力委員会との協定」が結ばれ、米国から初の濃縮ウランが提供された。

国内でも体制の構築が進んだ。昭和二九年三月三日に、自由党、改進党、日本自由党の三党共同で衆議院予算委員会に提出された修正予算案には、原子炉築造費として二億三五〇〇万円、ウラニウム資源調査費一五〇〇万円、原子力関係資料購入費一〇〇〇万円の合計二億六〇〇〇万円の原子力予算が計上されていた（翌日衆議院本会議で可決、四月に自然成立）。

当時改進党に所属していた中曽根康弘は、稲葉修、川崎秀二、齋藤憲三らとともにこの予算修正の中心的役割を担った。与党第一党の自由党が単独過半数割れの状態にあり、共同修正を求められた改進党が、初めてとなる原子力予算を修正案に盛り込むことに成功したのだが、原子力研究を担うはずの学術界には事前に知らされておらず、世間からは大きな驚きをもって受け止められた。中曽根は「学者がボヤボヤしているから札束で学者のほっぺたをひっぱたいて目を覚まさせるのだ」（のちに稲葉の発言と自著で訂正）と述べたとされる。当時、学術界には原子力研究を進めるべきという主流派だけでなく、米ソの対立を背景に日本は原子力研究に手を染めるべきではないとの声も根強く存在しており、学術界として何らかのまとまった方向性を打ち出すことができずにいたのである。

さらに、中曽根は、超党派で「原子力合同委員会」を組織し、自ら委員長に就任する。同委員会は、原子力基本法の原案をまとめたが、いわゆる「七人の侍」と呼ばれる合同自民党の中曽根康弘、前田正男、齋藤憲三、稲葉修、社会党の松前重義、志村茂治、岡良一の各衆議院議員が主導的な役割を果たした。「自主・公開・民主」といういわゆる原子力三原則が盛り込まれた原子力基本法は、原子力委員会設置法などとともに一九五五（昭和三〇）年一二月に可決され、翌年一月に施行された。

行政組織としては、原子力委員会と科学技術庁、研究を行う日本原子力研究所（原研）、核物質を取り扱う原子力燃料公社が相次いで設立され、日本における原子力研究の体制が整えられた。

原子力委員会は（当初）、大臣の指揮監督下に入らずに、独自の権限の行使が可能な、独立性の強い、いわゆる「三条委員会（国家行政組織法第三条第二項によって規定された委員会）」としての設置を目指していたものの、当時の第二次鳩山内閣の下で第八条に基づく審議機関として設置された。原子力委員会は原子力開発利用の最高意思決定機関として、「原子力開発利用長期計画（長計。二〇〇五年度から「原子力政策大綱」）」を策定し、必要に応じて内閣総理大臣を通じ関係省庁に勧告する権限が与えられた。初代原子力委員長には、一九五五年二月の衆議院総選挙で初当選した正力松太郎（読売新聞社主）が国務大臣科学技術庁長官として就任した。そのほか、石川一郎経団連会長、湯川秀樹京都大学教授（ノーベル物理学賞受賞者）、藤岡由夫東京教育大学教授（日本学術会議原子力問題委員長）、そして傾斜生産方式を提唱した有澤広巳東京大学教授が社会党推薦で入った。

原子力研究は、このような体制の下、原研を中心として、高速増殖炉の開発を目標とし核燃料サイクルに関する研究が実施され、原燃公社は海外（特に米国）からの特殊核物質の受け入れもとになるとともに国内ウラン鉱の開発に取り組んだ。

一方産業界では、一九五五年四月に正力松太郎が代表世話人となって「原子力平和利用懇談会」が設置された。前述のように正力は総選挙当選後に初代の原子力委員長に就任しており、同年一月の初会合で五年までに海外からの技術を受け入れ、採算の取れる原発を建設すると述べるなど、原発の建設に積極的な姿勢を示した（なお、それに対して国内の研究開発を志向する湯川は強く反発し、のちの辞任のきっかけとなった）。また、一九五六年に原子力産業会議が創立され、三五〇社が参加した。経団連と電力九社からなる電気事業連合会（電事連）も設立され、また三菱重工や東芝、日立など重電メーカーを中心に五つの原子力産業グループが設立され、海外からの原子炉導入の受け皿となっていった。

日本が最初に導入した商業原子炉は、日本原子力発電株式会社（原電）東海発電所のコールダーホール改良型炉（黒鉛ガス冷却炉）であった。英国から導入され、一九六六年に営業発電を開始した（主として経済性の観点から一九九八（平成一〇）年三月末日をもって運転終了）。しかし、その後アメリカで実用化された軽水炉は、技術的、経済的な面でコールダーホール改良型炉よりも優れており、一九六〇年代には日本産業界は、アメリカ製軽水炉の導入に方針を転換した。また、核燃料についても、原燃公社への購入委託から民間が直接契約を結んで購入することが可能になった。原電は、最初の軽水炉型原子炉を敦賀に建設し、昭和四五年三月一四日、大阪で開催された万国博覧会の開幕に合わせ営業運転に入った。

さらに、関西電力は一九七一年一一月に福井県美浜原発の一号機、東京電力も福島原子力発電所（二〇一一年に東日本大震災で災害を引き起こすことになった福島第一原発）一号機は昭和四六年三月にそれぞれ営業運転を開始した。一九七〇年代の一〇年間で二〇基の発電用原子炉が運転を開始し、原子力発電は隆盛期を迎える。

†石油危機と原子力政策――石油依存からの脱却、自給率の向上と核燃料サイクル政策

もちろん、初期にはトラブルが多発し、安全性の問題や稼働率の低下に伴う経済性の問題などが指摘されていたが、これらの初期問題は次第に解消された。また、一九七三年の第一次石油危機、そしてイラン革命に端を発する一九七九年の第二次石油危機を経験する中でエネルギーの安定供給（エネルギー安全保障）が、国家の存続にかかわる、より重要な政策課題として認識されるようになった。その中で石油の供給減の多角化と並び、石油依存度を低下させ石油代替エネルギーの開発・導入の促進が謳われるようになり、原子力発電も有力な代替エネルギーとして見られるようになった。

一九六二年、通産省は産業構造調査会に総合エネルギー部会を設置した（一九六五年に総合エネルギー調査会へと改組）。一九六〇年代に総合エネルギー調査会が取り組んだ主たる課題は石油・石炭政策であったが、一九七〇年代に二度の石油危機を経験する中で、原子力が有望視されるようになったのである。原子力の発電量に占めるシェアは一九八〇年には一七・六パーセントに、さらに一九九五年には三七％と上昇した。

天然資源に乏しい日本にとって、海外への依存度をいかに減らすかはエネルギー対策において重要な政策課題の一つであった。核燃料の原料となるウランは日本ではほとんど採掘できな

いため輸入に依存している。しかし、核燃料を燃焼させるときに生じるプルトニウムを使用済み燃料から取り出し(再処理)、それを高速増殖炉で燃焼させ、再びプルトニウムを取り出して再利用するという核燃料サイクルが確立すれば、海外からのウランの輸入に依存しない「準国産」のエネルギーとなりえる。

当時、電力会社や通産省は、すでに発電用の軽水炉路線を採用し、燃料も海外から購入することを志向していたこと、一九六〇年代から七〇年代初めにかけては軽水炉のトラブル対応に追われていたこと、そして巨額費用の負担を嫌い、核燃料サイクル計画には及び腰であった。そこで高速増殖炉実験炉常陽、東海村核燃料再処理工場などは科学技術庁が国家予算で建設することになった。

しかし、一九八〇年代に入り、「一九八二年長計」で高速増殖炉実証炉の民営化が決まり、一九八五年に、研究開発が政府側の動燃、民間側は、設計研究を原電、電力会社が建設運転を担当することを決定した。また同年、電力各社の出資により「日本原燃産業」が設立され、ウラン濃縮業務が移管された。その実証炉「もんじゅ」は、一九六八年から設計研究を開始したが、実際に着工したのは一九八五年になってからだった。臨海試験に成功したのは一九九四年になってからだった(もんじゅはその後もトラブルが続き、二〇一六年に廃炉が決定された)。

一方で、軽水炉で燃焼させた使用済み燃料の再処理については、政府は一九六〇年代から民営化の方針を追求していた。しかし、電力各社は採算性を懸念し、再処理事業の引き受けには消極的であった。ところが第一次石油危機が発生すると、財界などからエネルギー国産化の声が高まった。政府は、原子炉設置の許認可に使用済み核燃料の処分計画を絡め、さらに海外への再処理委託に対する日本輸出入銀行の融資を渋ることで、民間に再処理工場建設を促した。一九八〇年三月、電力会社を中心に財界が出資する「日本原燃サービス」が設立され、再処理工場が青森県六ケ所村に建設された。「日本原燃サービス」は、一九九二年に「日本原燃産業」と合併し、ウラン濃縮と再処理の両方を手掛ける「日本原燃」となった。

†第五福竜丸事件と核のタブー

原子力黎明期にあって日本社会と原子力のかかわりを規定するうえでの非常に大きな出来事は、何といっても広島、長崎への原爆投下と第五福竜丸の被爆であった。これらの出来事は、日本における核のタブーを根付かせるものとなった。一九四五年八月六日に広島へ投下された「リトルボーイ」は、その年末までに約一四万人の犠牲者を出した。その三日後に長崎に投下された「ファットマン」も約七万四〇〇〇人の犠牲者を出した。終戦直後は、GHQによる情報統制（九月一九日のプレス・コードにより一九四九年一〇月まで検閲を実施）もあり、原爆の被害は日本社会に広く知られることはなかった。また、一九五二年に除幕された広島平和記念公園の石碑に刻まれた「安らかに眠って下さい。過ちは繰返しませぬから」という言葉は、「恨みや憎しみを捨てて、寛容な気持ちで手を差し伸べていく」のが、「平和を望む基本的な態度」（文言の発案者、浜井の解釈）を象徴するものとされた。

しかし、日本における反核運動の本格的な盛り上がりは、むしろ一九五四（昭和二九）年に起きた第五福竜丸事件が大きなきっかけになったと言ってもよいであろう。

一九五四年三月一日、焼津港所属の第五福竜丸は、南太平洋のビキニ環礁で米軍が実施した水爆実験（「キャッスル作戦」）に巻き込まれ、実験で生じた放射性降下物、いわゆる「死の灰」を浴びた。米軍は当初実験の規模を四〜八Mtと見積もって危険区域を設定していたが、爆発の規模が米軍の推定よりも大きく（一五Mt）、危険区域から三〇キロ離れた場所で操業していた第五福竜丸は、漁網の収納に時間がかかったために退避が間に合わず、船員全員が被ばくすることになった。第五福竜丸は三月一五日に焼津港に帰港するが、多くの船員が急性放射線障害の症状を示し、また水揚げされたマグロはすべて廃棄された。

九月二三日に、久保山愛吉無線長（当時四〇歳）が「原水爆による犠牲者は、私で最後にして欲しい」と遺言して亡くなり、日本社会に衝撃を与えた。また東京都杉並区では、主婦たちによる読書会を中心として魚介類の放射能汚染を懸念する署名運動がはじめられ、やがて全国的な運動へと発展した。一九五四年末までに集まった署名は二〇〇〇万を超えた。原水爆禁止運動は、党派を超えて国民的な運動へと発展したのである。このような風潮を受け、一九五五年八月六日に開催された第一回原水爆禁止世界大会では、当時の鳩山一郎首相が祝辞を読み上げた。原子力政策の創成期における反核運動の盛り上がりは、日本における核のタブー（あるいは国民の多数の願いとしての核兵器廃絶）、および原子力利用における平和利用の三原則の形成の背景となったと言ってもよいであろう。

この原水禁運動は一九六〇年代に入って党派性を帯びるようになる。第一回原水禁世界大会を契機に原水爆禁止日本協議会（原水協）が発足した。その際の原水協の基本方針は「あらゆる国のあらゆる核に反対する、ただ一点での結集」であった。しかし、冷戦の中で原水禁運動は、ソビエト連邦の核実験をめぐって分裂する。一九六一年には民社党系の核兵器禁止・平和建設国民会議（核禁会議、松下正寿議長）が原水協から脱退し、社会主義国の核兵器を容認する共産党系の執行部の方針で一九六二年の原水爆禁止世界大会からは「全ての核に反対」の文言が基調報告に入れられず、一九六五年に、あらゆる国の核に同等に反対する幅広い運動を求める日本社会党系の原水爆禁止日本国民会議（原水禁）が、原水協から分裂した。

米国との関係では、朝鮮戦争を経て米国の西太平洋における戦略に占める日本の重要性が高まる中、第五福竜丸事件を契機とした日本での反核運動の高まりを見た米国政府は、これが反米運動へと転化することを懸念し、早期の決着を追求した。日本政府にとってみても、まさに原子力技術を米国から導入する機運が高まり、また戦後復興で引き続き米国へ依存せざるを得ない状況の中で早期決着は望むところであった。両政府は、米国側の責任を追及しないとの合意の下、一九五五年に賠償金でなく「好意による(ex gratia)」見舞金として二〇〇万ドル(当時約七億二〇〇〇万円)が支払われることで事件を決着させた。

†政治化する原子力

一九七〇年代、各地で稼動しはじめた原発において初期不良や事故が頻発し、原発の稼働率も低下して、エネルギーの安定供給という面で信頼性が低下する一方、国民の間に安全性という観点から不安が増大した。また、この安全性への懸念は原発の立地問題にも影響を与えることになった。新規の原発建設において、地元の同意を得ることが難しくなったのである。

このような原子力が直面する難題は、原子力を取り巻く政治環境を変えた。それまで原子力の平和利用に賛成していた社会党は、原発における事故や故障が続発する中、原子力反対に舵を切る。一九六〇年代後半には、各地の原子力発電所の立地予定地では、社会党の地方党員などが反対運動に加わるようになっていた。一九七二年の第三五回党大会で社会党は、『原子力発電所、再処理工場の建設反対運動を推進するための決議』によって、原発反対の立場をとるようになる。この姿勢は、七〇年代の二度の石油危機を経ても変わらず、その後党内で原発を容認するか否かをめぐり議論はあったものの、「核と人類は共存できない」（平成元年原水爆禁止日本国民会議『基調報告』）として、「原発なき日本」を目指す方針を維持していた。

こうした一九七〇年代の反原発運動は、しかし、政府の原子力政策を左右するほどの大きなうねりにはならなかった。とはいえ、日本国内だけでなく、米国などでも続発するトラブルに安全性への懸念が高まり（究極は昭和五四年のスリーマイル島原発事故である）、また公害反対運動が盛り上がる中、原発の立地地域における建設反対運動が活発になってきた。現存の原子力発電所の多くはその立地が一九七〇年代に決定されたものであるが、誘致に積極的な地元自治体や財界と、とりわけ地権者や漁業権者の反対運動のはざまで交渉が難航した事例が数多く存在した（その中には原子力船「むつ」の母港の問題も含まれる）。

そうした状況への対応として、田中角栄首相のもと、政府は立地自治体向けの交付金制度、交付金の財源として電力会社から徴収する電源開発促進税、交付金を扱う特別会計とそれらを規定する、いわゆる「電源三法」を提出、一九七四年六月に成立させた。これにより、原発立地自治体には事実上の補助金が交付されることになったが、このような財政的なインセンティブの付与は一九七〇年代の原発の立地を促進させた。

また、原発反対運動への対応として電力会社は安全の確保について極めて厳しい約束をすることになるが、これは原子力発電の安全性を現実以上に強調し、「絶対安全神話（絶対に事故は起こしてはならないことを約束した以上、現在はその約束を守るための措置を取っている、したがって現在の安全対策は十分であるとの論理で追加的な安全対策を認めず、安全性の向上を逆に阻害するように作用する思考論理)」の温床となったと言える。

†同盟と核

日本の原子力・核兵器の問題を見るとき、太平洋戦争から現在に至るまで米国との関係は一貫して一つの重要な視角となっている。講和と同時に結ばれた日米安全保障条約によって日本は米国の同盟国となった。憲法第九条を盾に再軍備への予算配分はなるべく抑制し、経済復興(成長)により多くの資源を投入する、いわゆる「吉田ドクトリン」の下、日本は米国に安全保障政策を依存するようになった。これは、米国の拡大核抑止(いわゆる「核の傘」)の提供を受けることを意味する。米国が日本に差し掛ける「核の傘」は、日本の安全保障を担保するうえで重要な要素となった。米国にとっても、日本を核武装に向かわせないためにも、原子力の平和利用における協力と合わせ、日本の安全保障上の懸念に応える同盟を通じた安心供与が必要であった。

日本を取り巻く安全保障環境に大きな変化をもたらしたのは中国の核実験であった。中国は、一九六四年一〇月、東京オリンピック期間中に新疆ウイグル自治区において核実験を行った。

これは、日本にとって新たな核の脅威の出現ともいえた。日本国内では、独自の核保有の可能性について検討すべきとの声も出るようになった。当時の佐藤栄作首相も、個人的には、中国が核を持つなら日本も持つべきと思う一方、日本国民の感情に反するから内輪でしか言えないと米側に漏らしている。

こうした状況のなか、政府内部では極秘で核武装の可能性が検討された。防衛庁の『日本の安全保障』(一九六八年)や、内閣調査室の委託研究報告書『日本の核政策に関する基礎的研究その1』、『同　その2』(それぞれ昭和四三年、四五年に提出)などである。後者の報告書の結論としては、日本は技術的にはプルトニウムを使った核兵器を製造することは可能だが、核実験場が確保できないことや核戦力を持つことにより日本の安全保障が向上することにはならないと結論付けた。また外務省外交政策企画委員会の『わが国の外交政策大綱』という報告書(昭和四四)が示すように、安全保障・外交政策コミュニティの一部は、核燃料サイクル技術とプルトニウムを保有することは潜在的な核抑止力になると考えていたが、実際に日本が追求した核燃料サイクル政策は、潜在的核オプションの選択肢を積極的に選んだ結果とはいえない。

当時、佐藤首相にとって対米関係における最大の課題は沖縄の返還問題であった。沖縄返還にあたって、沖縄に駐留する米軍の核の取り扱いが焦点となった。岸信介首相のもと、日米安保条約が改定され、その中で日本本土への核の持ち込みが事前協議の対象とされたが、米軍の施政下にあった沖縄には、B－52爆撃機に搭載される核が貯蔵されていた。佐藤は、核兵器を持たず、作らず、持ち込ませないという「非核三原則」を打ち出し、「核抜き本土並み」の沖縄返還をニクソン大統領に迫った。一九六九年一一月、両首脳は、一九七二年に沖縄を返還することで合意した。表向きは佐藤の意向を立てて「核抜き本土並み」としたが、その裏ではキッシンジャー大統領特別補佐官と、佐藤の密使若泉敬の間で交渉が行われ、両首脳は、将来の有事における沖縄への核兵器の持ち込みを認める「合意議事録」に署名したのである。

†国際的な核不拡散体制と日本

一九五〇年代から六〇年代にかけ、西欧ではソ連の核の脅威が高まり、米ソの軍拡競争が深刻化していた。一九六二年のキューバ危機が核戦争の恐怖を高めた。その一方で米ソは、西ドイツや日本といった、原子力技術を獲得した先進国への核拡散という共通の懸念を持つようになっていた。このような情勢を背景に核兵器不拡散条約（NPT）が交渉され、一九六八年に条約が採択された。日本は、同条約の交渉の舞台となった一八カ国軍縮委員会のメンバーではなかったために、もっぱら米国や国連を通じ意向を反映させざるを得なかった。とはいえNPTは、日本の原子力・核政策に関し、安全保障と平和利用の両面で大きな影響を及ぼすこともあり、外務省は国際連合局の中に軍縮室（現在は総合外交政策局軍縮不拡散・科学部軍備管理軍縮課）

を立ち上げ対応にあたった。

日本では、条約上の義務である保障措置（核物質等が軍事転用されないように行う監視措置や査察）が平和利用の妨げになり、また査察を通じて商業上の秘密が漏出するのではないかとの懸念があり、また核オプションの可能性を完全に閉ざすことになるのではないかとの懸念も保守派の一部には存在しており、NPTが発効する直前の一九七〇年二月に署名したが、批准したのは一九七六年になってからであった。当初政府は、一九七五年に開催された第一回運用検討会議までの批准を目指したが、三木武夫首相に対する自民党内の反発もあり、保守派の反対を押し切ることができなかった。しかし、一九七四年のインドの核実験を契機に原子力供給国グループ（NSG）が発足するなど、国際社会が核技術の移転に厳しい姿勢を打ち出す中、運用検討会議の最終文書にNPT加盟を原子力資機材の輸出の条件とすべきとの文言が入れられ、米国も同様の政策を採用するに至り、内政はロッキード事件で大きく揺れる中、一九七六年六月に国会はNPTを承認し、日本は同条約に批准した。

そのころ、米国はインドが「平和的核爆発」と称した事実上の核兵器実験を、民生用に提供された重水炉で作られたプルトニウムを使って成功させたことで、核不拡散体制の強化に乗り出した。原子力資機材の輸出管理を行うNSGの設立もその一つだが、一九七六年に当選したカーター大統領は、国内においては商業用再処理を停止し、対外的には、一九七七年に成立させた核不拡散法に基づいて核燃料サイクルに関する一切の対外協力を停止し、また同盟国に対しても米国同様の核燃料サイクルの停止を求めてきた。日本に対しても、一九七四年九月に完成し、実際にプルトニウムを使用した試験運転に入ろうとしていた東海再処理施設の停止を求めてきた。日本側はこれに反発し、日米間で交渉が行われることになった。

東海村再処理交渉は、日本が実を取る形で決着を見た。日本はプルトニウムを単体で扱わず、ウラン溶液とプルトニウム溶液を混合したものから混合酸化物燃料（MOX燃料）を作る技術（「混合抽出法」）の開発を約束し、「混合抽出法」が確立されるまでは東海再処理工場の運転を、上限を九九トンに設定したうえで認めることになった（なお、混合抽出法は結局実用化されることはなかった）。

一九八〇年代になって、一九八八年に期限を迎える日米原子力協力協定の更新が重要な課題として浮上してきた。焦点は、包括事前同意を日本に付与するかどうか否かであった。包括同意とは、提供された核物質の再処理や移転などについて、供給国（この場合米国）政府からの同意を個別のケースごとに得るのではなく、あらかじめ定められた一定の条件の枠内であれば再処理等の諸活動を一括して承認することで、これにより事業の長期安定性が確保できるとされた。米国内では、包括同意の付与が日本にフリーハンドを与え、核兵器開発の余地を広げるとして反対の声もあったが、最終的にはレーガン大統領下のホワイトハウスの意向により、協定に包括同意が盛り込まれた。なお、この包括同意を米国が付与したのは、日本と欧州原子力共同体（ユーラトム）のみであった。

†平成――荒波の時代へ

冷戦が終わり、ほぼ時を同じくして昭和の時代が終わった。冷戦の終焉は、核をめぐる新たな国際秩序模索の幕開けであった。米ソの冷戦が終わり、国際社会の関心は、北朝鮮、イラク、イランなど、いわゆる「ならず者国家」やテロリストへの核拡散に移っていった。日本はこうした核不拡散政策に積極的に関与し、IAEAの査察権限を強化する、保障措置協定追加議定書の策定においても重要な役割を果たした。また、地球環境問題や途上国などでの経済成長に伴うエネルギー需要増の見通しに支えられた「原子力ルネサンス」の時代を迎え、原子力産業のリバイバルが期待された。

しかし、二〇一一年三月一一日の東日本大震災に伴う、東京電力福島第一発電所（福島第一原発）の事故は、原子力産業の将来を暗転させた。福島第一原発の事故は、原子炉の安全対策、立地問題、使用済み燃料の処理など、昭和の時代に原子力政策をめぐって積み重なった歪みを一挙に噴出させることになった。エネルギーの安定供給、地球温暖化対策という原子力の強みと、福島第一原発の事故処理や安全性などに対する地元の懸念といった弱みの間で、日本の原子力政策は停滞期を迎えている。

また、冷戦終焉後の米ロの雪解けムードの中、二〇〇九年にオバマ大統領がプラハにおいて「核なき世界」の演説を行い、ノーベル平和賞を受賞すると、世界では核軍縮の機運が高まった。しかし、二〇一六年にオバマ大統領が広島を訪問するころには、すでに米ロ関係は戦略的対立激化の途についており、その後、北朝鮮の核開発の進展や中国の核戦力の向上も相まって、核軍縮冬の時代へと突入した。その中で日本は、核軍縮を国是としながらも、米国の拡大核抑止の信頼性を一層重視せざるを得ない、というジレンマの状態にある。

内政、外交いずれの面においても、原子力政策は今後も難しいかじ取りを迫られることになろう。

さらに詳しく知るための参考文献

秋山信将『核不拡散をめぐる国際政治――規範の遵守、秩序の変容』(有信堂高文社、二〇一二)……国際社会における核不拡散に関わる制度の発展と政治力学を分析。

遠藤哲也『日米原子力協定(一九八八)の成立経緯と今後の問題点(改訂版)』(日本国際問題研究所、二〇一四)……日米原子力協定の交渉に携わった当事者による交渉の経緯の説明と回顧。

太田昌克『日米〈核〉同盟――原爆、核の傘、フクシマ』(岩波新書、二〇一四)……日米関係の中で、原子力・核がいかに深く組み込まれているかを論じる。

上川龍之進『電力と政治――日本の原子力政策全史』上・下（勁草書房、二〇一八）……原子力政策をめぐる、政財界の緊密な関係を詳細に分析している。

黒崎輝『核兵器と日米関係――アメリカの核不拡散外交と日本の選択 1960―1976』（有志舎、二〇〇六）……米国の核不拡散政策における日本の立ち位置と、日本側の対応について詳述している。

武田悠『日本の原子力外交――資源小国70年の苦闘』（中公叢書、二〇一八）……日本がいかに原子力の平和利用と核不拡散を苦心して両立させてきたかを論じる。

中曽根康弘『政治と人生――中曽根康弘回顧録』（講談社、一九九二）……原子力に限らず、戦後日本の進路に影響を与えた中曽根の回顧録。

日本原子力産業会議編『原子力は、いま――日本の平和利用30年』上・下（日本原子力産業会議、一九八六）……産業界からみた日本の原子力利用の発展の歴史。

吉岡斉『新版　原子力の社会史――その日本的展開』（朝日選書、二〇一一）……日本の原子力の通史の中で最も包括的なもの。

第16講　石油危機

平野　創

†国際石油資本による支配と資源ナショナリズム

石油危機が発生した背景を理解するために、欧米系の巨大石油企業が石油の利権や利益を独占し、資源国と対立するに至った経緯を確認しておこう（ヤーギン一九九一、瀬木一九八八を参照。簡潔に歴史を概観したい場合は、ＥＮＥＯＳがＷｅｂ上で公開している『石油便覧』を参照されたし）。

第一次世界大戦期まで石油産業の中心地は中東ではなく米国であった。世界初の機械掘りによる石油の採掘は一八五九年に米国ペンシルベニア州において成し遂げられ、同地には石油開発に挑む者が多く集まり、オイルラッシュというべき様相を呈していた。その中で支配的な地位を確立したのがジョン・ロックフェラー率いるスタンダード石油である。同社は低リスクの下流事業（原油の精製、石油製品の販売）において、徹底的なコスト削減や同業他社の買収などを行い、米国の石油産業において支配的な地位を占めるに至った。しかし、スタンダード石油は一九一一年に反トラスト法違反によって三四社に分割された。

次第に米国外の地域においても石油資源が発見され、石油事業を行う巨大企業である国際石油資本（メジャーズ）が誕生していった。第一次世界大戦までの有力な産油国は米国、ロシア、メキシコ、オランダ領東インド（現インドネシア）であった。東洋市場におけるロシア石油の販売でシェルが成長し、オランダ領の石油に関連しロイヤル・ダッチという有力企業も誕生した。一九〇八年には英国人の手により旧トルコ帝国のメソポタミア地方（現イラク）で油田が発見され、後にブリティッシュ・ペトロリアムとなる企業も設立された。米国においても分割されたスタンダード石油の系譜に連なる大企業以外にも巨大な石油企業が誕生した。米国系の企業は一九三〇年代後半にサウジアラビアにおいて多くの石油資源を発見した。これらの石油利権を獲得した英米系を中心とした七社の企業が第二次世界大戦前後から一九六〇年代まで世界の石油市場を支配し、石油産業の利益の大部分を独占した。

第二次世界大戦後にはそれまで世界最大の石油輸出国であった米国が輸入国に転じ、中東が世界最大の原油の供給地となる中で、原油生産による利益配分を巡ってメジャーズと産油国の対立が深まった。当時、メジャーズは産油国に対して自らの定める価格（公示価格）の八分の一をロイヤリティとして支払うにとどまっていた。公示価格の引き下げは産油国の財政収入に大きな影響を及ぼすため、産油国はメジャーズによる一方的な公示価格の変更（引き下げ）に強い危機感を抱き、これに対する防衛手段の必要性を認識するに至った。一九六〇年にイラク、イラン、クウェート、サウジアラビア、ベネズエラの五カ国は、石油価格の安定や値下げ以前の水準への回復等を目指し、石油輸出国機構（OPEC）の設立を決議した。また、一九六八年にはアラブの主要石油輸出国であるサウジアラビア、クウェート、リビアによりアラブ石油輸出国機構（OAPEC）も設立された。OPEC、OAPECとも参加国はその後も次第に増加していった。

†第一次石油危機の発生

一九七三（昭和四八）年一〇月六日にスエズ運河地帯とゴラン高原でエジプト軍・シリア軍とイスラエル軍が武力衝突し第四次中東戦争が勃発すると、OPECの石油戦略により原油価格が高騰した。一〇月一六日にOPEC参加国のうちペルシャ湾岸の六カ国は原油公示価格の七〇％引き上げ（一バレル三・〇一一ドルから五・一一九ドルへ）を通告した。この宣言は、原油価格の決定権が国際石油資本から産油国に移行したという点で大きな意味を持つ。最終的には一九七四年一月以降の原油の公示価格は一バレル一一・六五一ドルにまで大幅に引き上げられた（石油連盟一九八五）。

またOAPECは原油生産量の削減も実施した。一九七三年一〇月の緊急閣僚会議で同月から毎月前月比五%の生産削減を続けることを決めた。さらに、石油供給相手国を友好国、準友好国、中立国、非友好国に分類し、それぞれに供給限度を定めた。日本は減産分だけ輸出を減らす中立国の扱いとなった(同前)。原油の供給量を確保するため、日本は外交政策を展開した。三木武夫副総理をアラブ諸国へ特使として派遣し、経済協力も約束するなどし、一九七四年一月からは必要量の輸出を認める友好国としての扱いを受けることに成功した(竹内宏『昭和経済史』筑摩書房、一九八八)。

こうした石油危機の影響は先進諸外国の中でもとりわけ日本にとって大きなものであった。主要国における石油依存度(一次エネルギーのうち石油が占める割合)は、フランス六七%、英国五〇%、西ドイツ四七%、米国四七%であったのに対して、日本は七八%にも達していたのである。しかも、日本は石油のほぼ全量を輸入に依存しており、その輸入量の約八割は中東からであった(橘川二〇一一)。このように日本の石油依存が高まった理由は、日本においてはいち早く石炭から石油へのエネルギー転換が進んだことに求められる。小堀(二〇一〇)によれば、一九五〇年代にエネルギー需要が急増する中で燃料原単位の向上を目指す動きがみられ、この中で石炭から石油へのエネルギー転換が進んだ。大型タンカーの建造や臨海工業地域における港湾整備は日本における低廉な石油の利用を可能とさせた。そして、こうした石油の積極的な利用は、日本の高度経済成長の実現に大きく寄与していた。

日本経済への影響

第一次石油危機の発生は企業活動や国民生活へ大きな影響を及ぼした。一九七三（昭和四八）年一〇月からの産油国における一連の動きは、石油の不足が急速に現実化するのではないかという危機感を日本企業及び国民にもたらした。東京電力・関西電力は自発的な需要抑制措置をとった（伊藤二〇一〇）。また、一部の需要家・流通業者が石油製品の買い急ぎ、買いだめ、不法貯蔵、選別販売などを行うといった混乱が見られた（石油連盟一九八五）。

物不足への不安の高まりから石油製品、合成洗剤、砂糖、塩、即席ラーメンなど各種生活必需品に関して一般消費者による騒ぎも起きた。代表的な事例はトイレットペーパーをめぐるパニックである（竹内宏『昭和経済史』）。これは、一九七三年一一月一日に大阪市郊外の千里ニュータウンにおいてトイレットペーパーの特売に多くの主婦が殺到し、瞬時に完売したことに端を発する。そのことが新聞等で報じられ、それを知った日本各地の消費者が買い急ぎ、買いだめに走るパニックとなったのである。こうした事象が発生した理由としては、一〇月半ばに中曽根通商産業大臣が国民に対して将来紙不足になる恐れがあるため節約を呼びかけたことや、製紙業では乾燥工程において重油を燃料として使用するため紙の値上がりが想定されたことなどが考えられる。しかし、生産工程において重油を燃料として使用しているのは製紙業にとどまらず、パニックの対象がなぜトイレットペーパーでなければならなかったのかという点に関しては定かではない。

石油危機の発生は、当時すでに進行していたインフレに拍車をかけた。一九七二年に誕生した田中角栄内閣は「日本列島改造論」を掲げ積極的な経済政策をとっており、インフレーションが始まっていた（以下、本節は伊藤二〇一〇に基づく）。一九七二年夏ごろまで年率二％前後であった卸売物価指数の上昇率は、八～一〇月には年率換算で一〇％、一一、一二月には三一％となっていた。そうした中で第一次石油危機が発生し一九七四年二月には対前年同月比の卸売物価上昇率は三七％、消費者物価指数の上昇率も二六・三％という「狂乱物価」となった。しかしながら、石油不足・物不足は、実態としては「つくられたもの」という側面が強かったという。日本銀行の検討によれば、一九七三年九月～七四年二月にかけての物価上昇率二二％のうち、原油価格引き上げによるものは七・三％であったという（原資料は日本銀行調査局「昭和四八年の金融経済の動向」日本銀行『調査月報』増刊、一九七四年六月）。

また、一九五四年から始まった日本の高度経済成長は、第一次石油危機と時を同じくして一九七三年に終焉を迎える。高度経済成長を終わらせた要因としては、一九七一年のニクソン・ショックによる円切り上げと一九七三年の石油危機に求める議論も存在する。しかしながら、終焉の原因を農村からの人口移動の減速や耐久消費財の十分な普及など国内の要因に求める議論もあり（吉川洋『高度成長』読売新聞社、一九九七）、必ずしも見解は一致していない。

†第二次石油危機の発生

第二次石油危機はイラン革命を契機に始まったと言われている（以下、石油連盟一九八五）。一九七八（昭和五三）年にイランで生じた石油労働者のストライキによって同国の原油生産量は大幅に減少し、一二月二六日から翌年三月五日まで石油輸出が全面的に止まった。イランの輸出減少分の大部分はサウジアラビアなど他の産油国の増産によって補われたものの、石油供給に対する不安をもたらし原油価格を高騰させた。一九七八年一〇月には一バレル一二・八ドルであったアラビアンライト原油のスポット価格は、一九八〇年四月には四二・八ドルと約三倍に上昇した（石油連盟「最近の原油価格上昇について」二〇〇四）。これにより第一次石油危機からの立ち直りを見せていた世界経済は再び打撃を受けることになった。

第二次石油危機においても第一次石油危機と同様に物価上昇が見られたものの小幅であった（近藤二〇一二）。国内卸売物価指数の上昇率は、第一次石油危機では最大で三三・九％（一九七三年二月）も上昇し二一カ月にもわたり二桁の上昇率を示したのに対し、第二次の際は最高で一八・四％に過ぎず二桁の上昇率を示した期間も一四カ月と短かった。消費者物価指数の上昇率も第一次石油危機では最大で二四・七％（一九七三年二月）上昇したのに対し、第二次石油危機の際は二桁に達しなかった。

また、先進諸外国に比較して、日本の経済成長率は安定しており、失業率も低い状況下にあったため、スタグフレーションに悩まされる先進工業国の中で日本は優等生とみなされる契機となった（武田晴人『日本経済史』有斐閣、二〇一九）。日本企業は環境の変化に対応して、「減量経営」を徹底的に遂行していた。減量経営は省エネ・省力化、企業組織再編による生産・流通コストの圧縮、多角化など多岐にわたっていたが、その中心は雇用調整であった（伊藤正直「過剰と摩擦」森武麿他編『現代日本経済史』有斐閣、一九九三）。残業規制やレイオフなどの時間調整、採用の削減、非正規従業者の削減などが進行した。

日本経済のパフォーマンスが良好であった理由として、近藤（二〇一一）は以下の五点を指摘している。第一に、第一次石油危機の際とは異なり第二次石油危機では賃金コスト圧力が高まらず労働分配率が安定的に推移した。既述の物価指数の動向にもみられるように、石油価格高騰の輸入インフレが国内要因によるインフレに転化することがなかった。第二に、労働分配率の安定化が企業収益の悪化を防ぎ、技術革新を背景とする設備投資の堅調さを支えた。第三に、第一次石油危機と第二次石油危機とでは景気局面が異なっていた。第二次では景気は拡張局面の初期にあり、マネーサプライも安定的に推移するなど、経済が安定局面にあった。第四に、財政金融政策等の早期かつ適切な展開があった。第五に、各産業及び製品分野において省エネルギー化が着実に進展していた。

†石油危機に対する政府の対応

一九七三(昭和四八)年一〇月に第一次石油危機が発生すると政府は、翌一一月に内閣総理大臣を本部長とする緊急石油対策推進本部を設置するとともに「石油緊急対策要綱」を閣議決定した(以下、石油連盟一九八五)。同要綱においては、①消費節約運動の展開、②石油および電力の使用節減に関する行政指導、③便乗値上げ、不当利得の取り締まりと公共施設等への必要量の確保、④国民経済および国民生活の安定確保のために必要な緊急立法の提案、⑤総需要抑制策と物価対策の強化、⑥エネルギー確保のための努力が対策として打ち出された。さらに政府は「民間における石油及び電力の使用節減のための行政指導要領」を定め石油消費規制を開始した。規制の内容は産業用大口需要家の石油消費抑制、大口電力使用規制、マイカーの使用自粛、営業用交通機関の石油消費節約、バー・キャバレー・百貨店などの営業時間の短縮、深夜テレビ・広告塔などの時間短縮など多岐にわたっていた。

一二月には「石油緊急対策要綱」で言及された緊急立法として「石油二法」(または「緊急時二法」)が制定された(橘川二〇一一を参照)。石油二法とは、石油の大幅な供給不足が生じた際の適正な供給確保と石油使用の節減について定めた「石油需給適正化法」と石油等の重要物資の価格及び需給の調整に関する緊急措置を定めた「国民生活安定緊急措置法」である。後者は石油のみならず国民生活および国民経済において重要な物資全体を対象に、価格規制および需給調整のための措置をとることを定めている（石油連盟一九八五）。

一方で第二次石油危機の際の対応策は、第一次石油危機に比して厳しいものではなかった（橘川二〇一二）。第二次石油危機発生後の一九七九年二月に通商産業省が取りまとめた「当面の石油需給対策」においては、①不要不急の買いだめ、買い占めを戒め、節約を呼びかける、②備蓄を調整し、石油需給に問題を生じさせないように対応する、③大口需要家の需要削減は極力回避するなどの方針が示された（原資料は「備蓄義務を弾力的に対処――当面の石油需要対策をまとめる」『通産省公報』一九七九年二月一九日）。③に示されるように、大口需要家に消費抑制を求めた第一次石油危機の際とは異なる方針であった。また、第一次石油危機の際とは異なり「石油二法」は発動されず、いずれも行政指導によって対応する形をとっていた。

†エネルギーの確保に向けて

当該時期の政府の取り組みとしては、石油備蓄と資源エネルギー庁の設立についても言及しておく必要性があるだろう（橘川二〇一一を参照）。すでに第一次石油危機発生前年である一九七二（昭和四七）年に政府は、一九七四年度中に我が国の石油消費量の六〇日分の石油備蓄を実現する「六〇日備蓄増強計画」をスタートさせていたが、本格的に日本の石油備蓄体制が整備されたのは一九七六年の石油備蓄法の施行時である。同法は民間石油企業に七〇日分の備蓄義務を課し、さらに政府は備蓄義務を一九八一年には九〇日分に増加させる方針を打ち出した。なお、通商産業省は石油危機直前の一九七三年一〇月に新たな外局として資源エネルギー庁を発足させた。橘川（二〇一一）によれば、これは通商産業省の大規模な組織改革の一環であったが、より根本的には石油問題を中心としたエネルギー問題の緊迫化という客観的情勢変化に対応したものであったという。

石油危機に前後して、政府主導のもと新エネルギーや省エネルギーの技術開発も始まった。一九七四年八月から通商産業省工業技術院の主導のもと新エネルギー開発を目指す「サンシャイン計画」がスタートした（沢井二〇一一を参照）。この計画のスタートは石油危機後であるが、計画自体は石油危機前から構想されていた（計画の構想から実際の技術開発とその帰結に関しては島本二〇一四が詳しい）。サンシャイン計画において一九七四年から開発を行う技術は、①太陽エネルギー、②地熱、③合成天然ガス、④水素エネルギーの四テーマとされた。その後、一九八四年以降、原油価格が大きく下落し低位安定したためエネルギー需給は緩和し、サンシャイン計画を推進しようとする切迫感は減退したものの、同計画は太陽光発電の技術開発などで一定の成果を残した。サンシャイン計画とは別に一九七八年から省エネルギー関連の技術開発を目指す「ムーンライト計画」も始まった。しかしながら、実際には太陽エネルギーなどいわゆる再生可能エネルギーでは石油を代替するのには量的にもコスト的にも困難であり、脱石油の本命として政策担当者が選択したのは原子力であった(橘川二〇一一)。これらについては第15講で詳しく述べられているだろう。

†石油危機による各産業への影響

第一次石油危機以降、日本の実質GDP(国内総生産)の年平均成長率は大きく低下し、その中で設備稼働率と利益率が長期的に低迷する「構造不況業種」が現れ、これらに対して政策的な対応がとられた(岡崎二〇一二)。構造不況業種の中には大量の電力を消費するアルミ製錬業や石油留分であるナフサを原料として使用する石油化学工業(エチレン製造業)など石油危機の影響を大きく受けた産業も含まれていた。構造不況業種への対策の重点は過剰設備の政策的処理であった。そのために一九七八(昭和五三)年には特定不況産業安定臨時措置法(特安法)が制定され、アルミニウム製錬を含む四分野一四業種について設備処理のための共同行為が実施された。同法が期限切れとなった一九八三年には特安法の趣旨を引き継ぎ特定産業構造改善臨時措置法(産構法)が成立し、アルミニウム製錬業とエチレン製造業を含む二六産業が設備処理に関する共同行為を行う特定産業として指定された（特安法からの継続が一一産業、新規指定が一五産業であった）。

法的に設備処理を実施した産業であってもその後の展開は業種によって異なり、例えば原油価格の高騰により危機に瀕していた日本の石油化学産業は構造改善によって息を吹き返した（平野創『日本の石油化学産業』名古屋大学出版会、二〇一六）。当時、日本の石油化学産業は内需の減少、国内産の安価な天然ガスを原料とする米国やカナダとの競合に直面していた。そうした中、産構法によりエチレン製造設備能力を年産六三四・七万トンから四三一・七万トンに削減した。設備処理によって大型設備への集約化が進み国際競争力が回復し、さらにその後の原油安や内需・輸出の増加などもあり、一九八二年には三五九万トンまで落ち込んでいた日本の年間エチレン生産量は二〇〇七年には過去最高の七七三・九万トンに達する。

一方で同様に危機に瀕していたアルミ製錬業は日本から完全に消滅した（三和元『日本のアルミニウム産業』三重大学出版会、二〇一六）。石油危機による電力価格の上昇は、電力多消費産業であるアルミニウム製錬業の競争力を大きく低下させた。諸外国では電力費を下げるなどしてアルミ産業の維持を目指す動きがあったのに対して、日本では設備処理などの対策にとどまった。その結果、政府の想定を上回る規模でアルミ製錬業からの撤退が続き、最盛期の一九七七年には年産一四六万トンであった製錬能力は一〇年後の一九八七年には三・五万トンを残すのみとなった。現在では国内でアルミニウム製錬を行う企業は完全に消滅し、海外からアルミニウムの地金を輸入し国内では加工のみを行う形になった。

石油危機を契機に大きく躍進した産業の一つに自動車産業がある（宇田川勝『日本の自動車産業経営史』文眞堂、二〇一三）。石油危機はガソリン価格の高騰を招き、世界の自動車需要を急激に冷え込ませた。そうした中で、燃費効率等の良い日本製の小型車に対する需要が世界的に急増した。主要先進国の自動車生産台数は七〇年代を通じてわずか一・三倍にしかならなかったのに対して、日本は年平均一〇％近い伸びを示し一〇年間で生産台数は約二倍となったのである。そして、八〇年代には米国を抜いて世界第一位の自動車生産国に躍進した。日本車の欧米市場向け輸出の急増は、価格、品質・燃費を含む性能といった諸点における競争上の優位に基づくものであった。このように石油危機は日本の産業構造そのものにも大きな影響を及ぼしたのであった。

さらに詳しく知るための参考文献

伊藤正直「通貨危機と石油危機」（石井寛治・原朗・武田晴人編『日本経済史 5 高度成長期』東京大学出版会、二〇一〇）……一九七〇年代初頭に発生したニクソン・ショックをはさむ「国際通貨体制の危機」と「第一次石油危機」という二つの危機が日本の経済システムに与えたインパクトについて詳細に明らかにしている。

岡崎哲二編『通商産業政策史　一九八〇―二〇〇〇　三　産業政策』（経済産業調査会、二〇一二）……通商産業省の正史。第一章「経済活性化政策」において、構造不況業種に対する産業政策の展開、具体的には特定不況産業安定臨時措置法（特安法）と特定産業構造改善臨時措置法（産構法）の制定に至る経緯やその実施状況、成果が明らかにされている。

橘川武郎『通商産業政策史　一九八〇―二〇〇〇　一〇　資源エネルギー政策』（経済産業調査会、二〇一一）……通商産業省の正史。石油産業にとどまらず、天然ガス、石炭、鉱物資源、電力・原子力など資源エネルギー分野に関して広範に日本の政策について論じられている。この領域に関する網羅的かつ詳細な知識を得ることができる。

小堀聡『日本のエネルギー革命――資源小国の近現代』（名古屋大学出版会、二〇一〇）……石炭から石油へ、国産エネルギーから輸入エネルギーへの転換が日本においていかにして生じたのか丹念な資料調査に基づいて明らかにし、日本のエネルギー革命について新たな知見をもたらした大作。日本においては、他の諸外国に比べて一九六〇年代に生じた原油輸入価格の低下の程度が大きかったために石炭から石油（重油）への転換が先行して進んだことが明らかにされている。

近藤誠「二度の石油危機と日本経済の動向」（小峰隆夫編『日本経済の記録――第2次石油危機への対応からバブル崩壊まで』内閣府経済社会総合研究所、二〇一一）……第一次石油危機と第二次石油危機の双方に関して、発生の経緯、日本経済への影響などを論じている。当時の財政金融政策、円高の影響、貿易依存度の高まりなど本講では論じられなかった重要な諸点についても広範に議論が展開されている重要な文献である。

沢井実『通商産業政策史　一九八〇―二〇〇〇　九　産業技術政策』（経済産業調査会、二〇一一）……通商産業省の正史。第三章「サンシャイン計画とムーンライト計画」において、この両計画およびその後の変遷（ニューサンシャイン計画）などエネルギー分野に関する技術政策に関して、その産業政策の展開が明らかにされている。

瀬木耿太郎『石油を支配する者』（岩波新書、一九八八）……石油産業の誕生期から一九八〇年代中葉までの歴史が記述されている。国際石油カルテルの成立や彼らによる石油産業の支配などの歴史的経緯が分かりやすく記述されている。

石油連盟『戦後石油産業史』（石油連盟、一九八五）……石油連盟（日本の石油精製元売企業が会員企業となっている業界団体）が編纂した戦後の日本の石油産業の歴史。石油産業側の視点も含めて石油危機に至る経緯やその対応、その後の歴史に関して詳細に記述されている。

島本実『計画の創発』（有斐閣、二〇一四）……サンシャイン計画の進行過程を政策当局の意図（合理モデル）、担い手となった工業技術院等の諸組織の利害（自然体系モデル）、当事者個々人による社会的意味付け（社会構築モデル）の三つの異なる視座から分析している。同一の事例が多様な視座から考察され、歴史家にとっても経営学者にとっても興味深い内容となっている。技術政策のあり方について考えさせられる。

ダニエル・ヤーギン『石油の世紀――支配者たちの興亡』上・下、日高義樹・持田直武訳（日本放送出版協会、一九九一）……石油産業の勃興から一九八〇年代までの歴史を詳細に明らかにしている。日本語版は上・下巻に分かれており双方とも六〇〇頁を超える大作である。石油が人類へ与えた恩恵、それを巡る闘争、関係する人々の個人的背景や意図と行為、さまざまな行為主体の相互関係や相互作用など読み手にとって興味の尽きない内容となっている。

第17講

田中角栄の時代

若月秀和

†「田中角栄の時代」――「時代の終わり」の時代

本講タイトルにある「田中角栄の時代」は、いつからいつまでかという定義は、人により十人十色になるであろう。しかしながら、著者としては、一九七一年七月の第三次佐藤栄作改造内閣で通産相に就任し、一気に政権獲得に向かう時期を起点にして、その後の政権担当の時代から、ロッキード疑惑で逮捕されるも、「闇将軍」として政界に君臨した末、中曽根康弘政権下の八五年二月に脳梗塞で政治的な「死」を迎えるまでとしたい。すなわち、田中が日本政治の中枢において、大きな存在感を発揮した時代である。当時の市井の人たちの政治家のモノマネの定番は、「まあ、この〜っ」で始まる角栄節であった。

実に、「田中角栄の時代」というのは、元号でいえば昭和四六年から六〇年というように、昭和の後半から末期の時期である。日本経済に即していえば、高度成長末期から石油危機を契機とした安定成長期を跨ぐ時期にあり、一時の混乱こそあったが、長期的な経済危機に苦しむ米国や西欧諸国を尻目に、「ジャパン・アズ・ナンバーワン」と称されるほどの国力隆盛を迎えた時代でもある。高度成長は終焉したとはいうものの、「一億総中流社会」と言われる状況のなかで、人々の間の「右肩上がり」信仰はいまだ健在であった。格差や貧困が可視化されつつある現在と比較しても、安定した社会状況であった。

日本の国の外に目を向けると、国際政治はいまだ東西冷戦構造の時代であった。しかしながら、日本を取り巻く東アジアでは、米ソ両超大国の二極構造というよりも、混乱と貧困の中にありながらも一定の政治的重みを持っていた共産中国を交えた三極政治の観を呈していた。冷戦状況の下にはありながら、米ソ両超大国以外の国々が自己主張を強める「多極化の時代」が定着してきていた。一九八〇年代の「新冷戦」という短い寄り戻しの時期を挟んで、「ベルリンの壁」の崩壊=冷戦終結となり、グローバル化の潮流が世界を覆い始める時代が遠からず迫っていた。

翻って、日本の政治は、東西冷戦の国内版ともいえる「五五年体制」の下にあった。とはいえ、経済発展に伴う社会構造の変質により、自民党と社会党が対峙する同体制は形骸化し始め、野党の多党化が進行するなかで、自民党は集票力を低下させつつも、いまだなおしぶとく政権与党の地位を固守していた。その政権与党＝自民党のなかにあっては、田中を筆頭に、福田赳《たけ》夫《お》や大平正芳、三木武夫、中曽根といった派閥の領袖たち＝「三角大福中」が、壮絶な権力闘争を展開した。自民党派閥政治の「戦国時代」が、「田中角栄の時代」であった。

本講で取り上げる一九七〇年代から八〇年代中盤は、東西冷戦＝五五年体制という第二次大戦後久しく続いてきた国内・国際両体制がそれぞれ爛熟し、さまざまな矛盾が顕在化し始めた時代である。いわば、新しい時代が始まるというよりも、古き体制が黄昏を迎える時期である。この時期は、奇しくも、昭和天皇の御世としても終わりに近い時期に当たる。幕末の人々は、一一代将軍徳川家斉の時代＝大御所時代の繁栄を懐かしんだと言われるが、その姿は、閉塞感に包まれた「令和」に生きる私たちが、田中が宰相あるいは「闇将軍」として君臨した「昭和末期」の日本の繁栄を懐かしむのとよく似ている。

田中をはじめとする個性的な政治指導者たちが、派閥政治での合従連衡《がっしょうれんこう》を繰り返しながら、権力を追求する一方、過渡期の時代の内政・外交をどのように運営したのか、また後世にいかなる遺産（負の遺産を含めて）を残したのか、そして、「田中角栄の時代」とは一体何だったのか、といったことについて、以下考察していく。

†宰相として成功しなかった田中角栄

高等小学校卒業ながら、実業の世界で財を成した後、政界へ転身して宰相の座を射止めた田中は、実に立志伝中の人物であった。池田勇人・佐藤栄作の両政権で、幹事長や蔵相、政調会長など政府・党の要職を歴任し、実力を蓄えた。

特に、佐藤政権末期に通産相に就任すると、懸案となっていた米国との繊維交渉を、国内の繊維業界に二三〇〇億円の救済資金を拠出する形で妥結に持ち込み、「ポスト佐藤」の有力候補として存在感を高めた。一方、田中と同様に蔵相や幹事長として佐藤政権を支え、「ポスト佐藤」の本命と目された大蔵官僚出身の福田は一九七一年七月、外相に就任した。ところが、同じ七月に米中和解が表面化することにより、福田は外相として、政府の対中外交の遅れについての世論の批判を被ることになり、繊維交渉を片づけた田中通産相と比較して、明らかに精彩を欠いていた。

そして、田中は総裁派閥・佐藤派の大部分を乗っ取るとともに、日中国交正常化の実現を旗印に、盟友の大平に加えて、三木や中曽根と四派連合を組んで、多数派工作に成功した。これに対し、首相からの政権禅譲を期待する福田の政権獲得に向けた動きは鈍く、一九七二年七月の「ポスト佐藤」を競う自民党総裁選で、田中の政権盗りは成功する。一方、福田は「敗軍の将」となった。

首相となった田中は、早くも九月、大平外相とともに日中国交正常化交渉にあたるべく、北京に乗り込んだ。当時、ソ連の脅威にさらされていた中国の柔軟な姿勢もあって、日本は台湾との外交関係を切ることにはなったものの、それとの実質的な関係を維持したまま、日中国交正常化を実現できた。一方、日米安保条約に抵触しない形での日中正常化を約束することで、米国からも了解をとっている。北京との早急な正常化は、自民党内の親台湾派に大きなシコリを残しはしたものの、国民の大多数には歓迎され、田中政権の最大の業績として記憶されることとなる。

しかしながら、田中の得意絶頂はここまでであった。一九七二年一二月の衆院選で自民党は二七一と前回の二八八を大きく下回る一方、共産党が一四から三八に躍進し、「自共対決」時代の到来が取り沙汰される。自民党の敗北は、候補者乱立という戦術上の失敗に加えて、政府の積極財政と田中の金看板たる「日本列島改造論」が、物価・地価の上昇を引き起こし、国民の不満が高まっていたことを示すものであった。田中ブームは早くも冷めつつあった。

年が明けて、一九七三年四月、田中は小選挙区制実現への決意を表明する。前年末の総選挙の結果を見て、現行の中選挙区制を変えないと共産党の勢力が強くなるという懸念があった。また、金が膨大にかかる中選挙区制下の政治は、いずれ維持できなくなるという読みもあった。

ところが、小選挙区制は大政党の自民党が有利な制度なので、野党や世論の強い反対が起こった。また自民党内でさえも、各々の選挙区事情が絡むと、各論レベルで異論が出てくる有様であった。結局、田中は翌月には早々と小選挙区制導入を断念する。

この一連の過程は、本来の田中の長所である的確な状況判断と政策選択、周到な根回しが影を潜め、徒《いたずら》に独断に走って、混乱を招くという変調が現れていたことを示すものであった。政権獲りという攻めの姿勢が求められる時の田中は無類の強さを発揮するものの、実際に政権を担って守りの態勢に入ると一転、外貌とは似合わない精神的な繊細さや脆さが露呈して、迷走をし始めたのである。

前年末の総選挙後の第二次内閣で行政管理庁長官として入閣していた福田は、「土地騰貴は大変な問題だ」と田中に警告し、インフレ対策を放置する積極的な田中の経済・財政政策を批判した。ところが、田中は福田の警告に耳を傾けず、福田と同じ大蔵官僚出身の愛知揆一蔵相を使って、積極的な経済政策を敢行し続けた。超大型予算が組まれて老人医療費が無料となり、小中学校の教員給与も大幅に引き上げられた。

そして、一〇月の第四次中東戦争に端を発する石油危機が、おりからのインフレを一気に加速化させる。トイレットペーパー騒動など、社会は一時パニックの様相すら呈した。翌月の内閣支持率はすでに二二%に落ち込み、不支持率は六割近くに達していた。そうした最中、田中にとって経済政策遂行上の片腕であった愛知蔵相が急性肺炎で急死してしまう。

石油危機というファクターが重なったものの、高度成長がピークを過ぎているなかで、本来であれば緊縮財政で安定成長に移行すべき時に、田中はあえて積極財政を展開し、事態の混乱に拍車をかけた。田中自身、もはやお手上げだったのだろう。とうとう、最大の政敵・福田に蔵相就任を要請して、自身の失政の尻ぬぐいを頼む事態となってしまう。福田は経済問題を自身に一任することを条件に蔵相を引き受けた。福田蔵相はただちに「総需要抑制政策」を唱えて、列島改造論の撤回を宣言し、公共事業を抑えた安定成長路線への切り替えに動く。

政敵に経済政策を委ねるという屈辱感のためか、田中は顔面神経痛に悩まされるようになる。明けて一九七四年一月の東南アジア歴訪においても、顔が曲がった状態で旅立つことになったうえに、タイとインドネシアでは激しい反日暴動に見舞われる。当時、東南アジアでの日本の経済的プレゼンスが突出していたことへの反感や当事国内での権力闘争が暴動発生の要因であり、田中自身の過失によるものではない。しかし、三年後の福田首相の東南アジア歴訪との比較で、この田中歴訪は失敗と一般にとらえられることが多い。

政敵・福田蔵相の「総需要抑制政策」によって、経済の混乱が次第に収束していくなか、田中は一九七四年七月の参院選勝利に賭けた。田中はタレント候補を自民党から多数立候補させ、選挙資金をふんだんにばら撒く「金権選挙」を展開するとともに、大企業に候補者を割り当てて集票する「企業ぐるみ選挙」を敢行する。しかし、こうしたなりふり構わぬ戦術は裏目となり、自民党の議席は選挙前の一三五から一二九に減った結果、参議院はほぼ与野党伯仲状態となってしまう。

しかも、田中は、自身の政権成立に貢献した三木副総理の地元・徳島選挙区に三木派の現職議員を差し置いて、警察官僚出身で腹心の後藤田正晴を強引に公認候補としたために、三木とその派閥の強い恨みを買うことになる。それがなくとも、田中の金権体質に強い危惧を抱いていた三木は、選挙結果が判明してまもなく、閣僚辞任に踏み切る。三木と同様に、田中の金権姿勢を批判していた福田も、三木の後を追うように辞任する。党内右派の福田と最左派の三木が、「反金権」という大義名分で手を結ぶ構図が顕在化した。

参院選に敗けた田中の心身の状態は悪化の一途をたどる。一〇月に入ると、福田や三木は新党結成を示唆しつつ、倒閣姿勢をあらわにする。しかしながら、田中政権に最後の一撃を加えたのは、同月発売の『文藝春秋』に掲載された「田中角栄研究」と「淋しき越山会の女王」の二つの記事であった。同月下旬、この記事について外国人記者から質問攻めされた田中が苦しい弁明を繰り返したのを機に、金脈問題の記事が各新聞の紙面を賑わすようになる。追及の矛先が、自身の周囲にも及んだことで、彼の衰弱に拍車がかかり、一一月一八〜二二日のフォード米大統領の訪日行事をこなした後、二六日に退陣表明を行う。辞任直前の内閣支持率は僅か一二%であり、二年前の「庶民宰相」の偶像は破壊されていた。

†内政・外交を停滞させた「傍流」政権

一九七四年一二月、三木武夫政権が発足した。物量作戦で総裁選を戦い抜いて、宰相の座を獲得した田中と対照的に、三木首相は自民党の椎名悦三郎副総裁の裁定によって、念願の政権を手中に収めた。元来、田中後継の有力候補は福田と大平であったが、いずれを選んでも自民党は一つにまとまらない。したがって、椎名とすれば、弱小派閥の領袖ではあるが、「金権」田中とは正反対のイメージを持つ「クリーン三木」を後継に選ぶ方が、自民党政権を守っていくという観点からは賢明なように見えた。

三木は一九三七年に衆議院選挙で初当選して以来、議席を絶えず保持してきた「議会の子」であった。戦後保守政界にあっては最左派の「傍流」の政治家と見なされてきたが、早くから自らの派閥を率いつつ、歴代政権で内閣や党の要職を務めてきた。「ハト派」「クリーン」というイメージを持たれる半面、仲間の政治家たちからは、政界遊泳術と策略に長けた「バルカン政治家」として警戒されてきた。

三木首相はまず、一連の政治改革に精力的に取り組む。すなわち、政治資金規正法改正案と公職選挙法特別措置法案（いわゆる選挙二法）、党総裁公選規程改正の三本柱であった。

ところが、政治資金規正法の改正についていえば、三木は当初、企業献金全廃の法制化を目指したが、足元の自民党内からの反発を受けて、早々に断念する。一九七五年七月に、選挙二法の改正は辛くも成立するも、政治資金の質量両面の規制は不徹底な内容に止まってしまう。後者の予備選挙を導入し、投票の底辺を拡大することを目指す党総裁公選規程の改正も、現行制度で実際に総裁を出した田中派やそれに連なる大平派などが抵抗した結果、同改正は棚上げとなってしまった。

さらに、保守本流路線の修正を視野に置く三木は、独占禁止法の改正に着手し、自民党が「真の国民政党」に脱皮していく姿を国民世論に印象付けようとした。しかし、この改正に対しては、政権の生みの親・椎名副総裁をはじめ自民党は、世界経済の不振で日本経済が不況であるこの時期に、企業の国際競争力を弱め、経営意欲の減退につながりかねない独禁法強化に乗り出そうとする三木の姿勢に反発した。その背後には、経済界の意向が作用していたことは間違いない。改正案は内容的に大幅に骨抜きされた形で、六月に衆議院を通過するも、結局、参議院で廃案となる。

「議会の子」と呼ばれるほどの長い政治経歴を持つ三木であったが、その割には、首相としての政権運営には拙い面が目立った。三木の派閥メンバーも、政治的な根回し能力にたけた人材が乏しかった。さりながら、従来の保守政治に飽き足らぬものを感じる三木が、本来自身の支持基盤たるべき自民党の嫌がる政策を追求するという根本的矛盾が、三木政権下の絶えざる混乱の根本原因であった。

加えて、三木は弱小派閥の領袖で、その政権基盤は脆弱であった。大派閥の田中派や大平派が政権と距離を置く非主流派に回っていた。一九七五年一一月の「スト権スト」では、国鉄職員のストライキ権について、前首相の田中が全面否認の立場を打ち出して、三木の「条件付きスト権付与」論を掣肘した。三木政権としてはスト権否認で八日間のストに対応し、ストライキは成果を生まずに終わる。

一応、福田が副総理兼経済企画庁長官、中曽根が党幹事長として、政権の屋台骨を支えている構図にはなっていたが、両実力者が三木を全面的に支えたとは言い難い。福田は金権政治反対という点では三木と立場を共有しながらも、超エリートの大蔵官僚出身で生粋の党人派の三木との肌合いの違いは隠せなかった。一方の中曽根も、戦後の改進党—民主党という保守野党の政治的出自は共通していたが、憲法改正論者の右派として知られ、左派の三木とは乖離があった。右の独禁法改正では椎名の意向を汲んで、改正断念の流れを作った。

このように、三木は自らが展開したかった政策をほとんど実現できなかった。また、三木自身が得意と自任していた外交についても、顕著な成果を上げることなく終わった。田中政権から引き継いだ日中平和友好条約の締結交渉は、当時、ソ連と敵対していた中国が「反覇権条項」の明記を執拗に主張して、交渉は膠着状態に陥ってしまう。ソ連との平和条約交渉も、領土問題が障害となって一歩も前進しなかった。客観的な国際情勢に恵まれなかった要因が大きかったとはいえ、三木政権の脆弱性がその外交的イニシアティブの制約になったことも否定できない。もっとも、三木政権時代、当時のデタント状況を前提に「防衛計画大綱」が制定され、日米防衛協力が着手されたという事実も付言しておく。ただ、これは三木自身のイニシアティブによるものではない。

内政・外交両面で思うに任せない三木にとって、一九七六年二月に明るみとなったロッキード事件は、反転攻勢のチャンスであった。三木は事件の先に前首相の田中の姿をとらえつつ、事件の真相究明に向けて精力的に動いた。しかし、このような三木の姿勢が、自民党を破壊する所業だととらえられ、椎名を先頭に自民党の主要派閥が、「三木おろし」の動きを始める。七月の田中逮捕後は、三木が経済政策を委ねて頼りにしていた福田副総理まで、「三木おろし」に加担した。

「三木おろし」をめぐる党内抗争があまりにも激化したため、内政・外交は一層停滞し、自民党内の結束も破壊された。三木は持ち前の粘り腰で、福田・大平両実力者からの退陣要求を辛うじてかわしながらも、ついには自らの手で解散総選挙に打って出る機会を失してしまった。一二月の任期満了の総選挙において、自民党は、三木陣営と福田を中心とする挙党協（挙党体制確立協議会）陣営との事実上の分裂選挙を強いられた。果たして、自民党の獲得議席は、衆議院の総議席五一一の過半数二五六を下回る二四九という惨敗となり、三木はやむなく引責辞任に至った。

七〇年代の唯一の「安定」政権――福田「内閣掃除大臣」

一九七六年一二月、福田政権が成立する。佐藤長期政権下で蔵相や幹事長、外相を歴任し、佐藤後継では本命視されていた。ところが、前述の如く、田中、さらには三木にまで先を越され、七一歳の高齢でようやく宰相の座をつかんだ。しかも、この政権は、ロッキード事件解明を訴える三木首相を強引に引きずり下ろすことによって初めて誕生した政権で、国民世論から見て印象は良くなく、政権発足当時で内閣支持率が三割に満たない不人気ぶりであった。

しかし、福田政権は、一九七〇年代の二年刻みの「三角大福」の四つの政権の中でも、党内抗争にも悩まされることもなく、安定的な政権運営ができた唯一の政権であった。一政治家としての突破力や権謀術数においては、田中や三木に後れをとる福田であったが、官僚出身ならではの手堅い政治手腕という点では前者二人よりも傑出していた。一九七三年一一月の愛知蔵相急死を受けてその後任に就くや、総需要抑制政策を推進し、三木政権では経済政策に明るくない三木首相に代わって経済政策を統括していたことに鑑みれば、七三年一一月から福田政権退陣の七八年一二月までの約五年間、福田は日本経済の舵取り役を担っていたことになる（田中政権の蔵相を辞任した後の四カ月間を除いて）。

さらに、福田政権は、福田と大平という両実力者の提携で支えられた体制であり、三木政権よりも権力基盤は安定していた。同じ大蔵省出身の政治家でありながら、党内右派を基盤とする福田と、吉田―池田の保守本流を継ぐ大平の提携は、ある意味「第二の保守合同」とも言えた。この「大福提携」体制下で、大平は党幹事長として、政権を支えた。

三木政権下の総選挙によって、与野党伯仲で勢いづく野党側は、予算案通過をタテにして、一兆円規模の減税を要求してきたのに対して、大平は譲歩を決断し、七一〇〇億円の減税規模で決着させた。野党の主張にも耳を傾けつつ、呑めない要求には応じないとする大平の国会運営によって、与野党間の話し合いが定着し、与野党伯仲状況にもかかわらず、法案成立率は八八・五％の好成績を収める。

政権発足早々、福田は自身を「内閣掃除大臣」と称して、前年来のロッキード事件に端を発する政治の混乱により滞った内政・外交の諸懸案を手際よく片づけていった。まず、三木政権から受け継いだ案件の独占禁止法改正が、五月の参議院本会議で可決成立となった。さらに、田中政権時の一九七四年一月に日韓両国で調印されたまま批准が進んでいなかった「日韓大陸ダナ協定」についても、野党が強硬に反対したため、自民党は衆議院で強行採決を行い、会期を延長して六月の自然承認に持ち込む。そして、海洋二百海里時代に対応すべく、日本の領海を三海里から一二海里に改める「領海法案」と、北方四島周辺水域を含む二百海里の漁業専管水域を設定するための「漁業水域に関する暫定措置法案」の「海洋二法」も、五月に全会一致で可決成立させた。

一方、福田は、金権体質と派閥抗争の打破、総裁公選制度の導入など三木がやり残した党改革を、政権の重要課題として引き継ぎ、党改革実行本部を設置して自ら本部長に就任した。ロッキード事件で高まった自民党の金権体質に対する世論の批判は依然として無視できるものではなかったし、福田自身も以前から、党の近代化や派閥の解消を唱えていた。ところが、派閥解消は掛け声倒れに終わる一方、総裁公選制度の導入は、党員の派閥による系列化、派閥の全国的な拡散という結果に終わってしまう。

それでも、一九七七年七月の参議院選挙では、事前の予測で与野党逆転の可能性も取り沙汰されていたにもかかわらず、フタを開けてみれば、自民党候補六三、これに無所属などを加えて六六となり、過半数を辛うじて確保する。この辛勝は福田の党改革や景気対策、あるいは大平の国会運営手腕が、有権者に一定程度評価されたことの表れであった。

参議院選挙を乗り切った福田は、外交政策で顕著な成果を上げていく。まず、一九七七年八月、東南アジア六カ国を歴訪し、その最後の訪問地のフィリピン・マニラで「福田ドクトリン」を表明する。同ドクトリンは、①日本は軍事大国にならない、②東南アジア諸国との間に「心と心が触れ合う関係」を形成する、③ベトナムを含めた東南アジア全域の平和と安定に貢献する、との三本柱から成り立っていた。一九七五年のサイゴン陥落以来の米国のアジア離れに対する不安が広がっていたなかで、福田はこの歴訪を通じ、当該地域での米国のプレゼンス喪失で生じた力の空白を、政治・経済両面での日本とASEAN諸国との連帯関係強化で埋めていこうと試みたのである。

さらに、一九七八年八月、福田は日中平和友好条約の締結を決断する。福田は「全方位平和外交」を掲げて、日本が中ソ対立に巻き込まれないよう細心の注意を払いつつ、最終的には、「第三国条項」と「反覇権条項」を併記の形で、条約締結に踏み切った。条約調印時、福田は「吊り橋が鉄橋になった」と述べて、日中国交正常化以来の日中関係の基礎固めを果したことを寿いだ。

福田ドクトリンも日中平和友好条約も、一九八〇年代以降の日本の対アジア外交の基本的な枠組みとなったが、それと同時に、田中・三木両政権の果たせなかった外交的課題の達成でもある。福田は外交においても「内閣掃除大臣」であった。

福田の外交手腕は対アジア外交のみにとどまらず、先進国首脳会議（サミット）でも発揮された。一九七七年のロンドン、翌七八年のボンでのサミットでは、経済大国・日本の代表として国際経済のあり方についての議論をリードし、黒字国として世界経済を引っ張っていく機関車の役割を打ち出し、存在感を発揮した。ちなみに、ロンドンでは六・七％、ボンでは七％の高めの経済成長目標を公約している。

このような国際公約を打ち出したのは、当時表面化していた欧米との貿易摩擦と対日批判を意識したものであった。しかし、福田政権はその目標履行に苦しみ、またかなり無理を重ねた。一九七七年一二月、対外経済対策八項目を打ち出し、自動車関税の削減や一部の農産物の輸入自由化、政府開発援助（ODA）の五年間倍増計画などを打ち出す一方、第二次補正予算を組み、それを一九七八年度予算と連結して異例の一五カ月予算とし、公共事業の効果を上げようとした。これらの措置に伴って国債の発行額は膨張していき、予算の国債依存度は三四％まで達したのである。

そして、一九七八年に入ると、大福提携に綻びが目立ち始める。福田は二年前の「三木おろし」の過程での二年経ったら首相の座を禅譲するという大平との密約（福田やその周辺はいまなお否定している）を交わしていたと見られるが、外交で得点を上げ、総理・総裁としての自信を深めるにつれ、一九七九年に予定された東京サミットを自分の手でやり遂げたいと思うようになる。福田は総選挙勝利による右の密約の効力を薄めるべく、衆議院解散を狙うも、大平は党利党略に基づく名分のない解散はできないと反対した。結局、福田の解散権は封じ込められる。

福田が大平との密約を守らなかったため、政局は一九七八年一一月の自民党総裁選に至った。福田優位の報道が多いなか、福田は自信を覗かせ、予備選挙で二位以下の候補者は本選挙を辞退すべきと明言した。その発言が福田の命取りとなる。なぜならば、予備選挙で一位となったのは、田中の強力な支援を受けた大平だったからである。

田中は、後藤田正晴をはじめ自派の議員から各地の有力者に至るまで、あらゆる人脈を通じて大平票を固めた。この「田中軍団」の団結力により、福田は政権を追われることになる。四年前の失意の退陣以降、逮捕・裁判によって逼塞を強いられ、かつ「大福提携」によって存在感が低下しつつあった田中であったが、ここに「キングメーカー」として復権する。「田中支配」の幕開けであった。

†政争に塗れた大平政権

一九七八年一二月、大平政権が発足したが、発足早々から総裁選をめぐるシコリが表面化する。まず、大平は自派幹部で右腕と頼む鈴木善幸《ぜんこう》を幹事長に起用しようとするが、三木政権以来、幹事長を総裁派閥から出さないということが「慣例」となっているのをタテに、福田らが「鈴木幹事長」に反対した。鈴木が、田中と近い関係にあったことが、ネックとなっていたのである。公選を勝ち抜いた大平としては、自派幹事長を出すのは当然のことであったが、結局、鈴木を引っ込める代わりに、同じく自派幹部の斎藤邦吉を充てることで面目を保った。田中―大平連合軍によって、不完全燃焼のまま首相の座を追われた福田とその支持勢力の怨念は、地下のマグマのように溜まり、以後、大平を苦しめることになる。

大平が内政の最大の課題として取り上げたのが、財政再建問題であった。三木政権が税収不足を補うため、赤字国債発行に踏み切った後、福田政権は国内需要拡大策によって財政事情をより悪化させていた。一九七〇年代の財政悪化の根本的原因は、かつての高度経済成長時代のような税収の伸びが見込めないにもかかわらず、自民党が保革伯仲の国会を乗り切るために、各種団体の要求に対応すべく歳出拡大政策をとっていたことにあった。

田中・三木両政権の蔵相として、大平は赤字財政への道を歩んでしまったことに自責の念を持っていた。そこで、財政事情の改善を志向する大蔵省が一般消費税の導入を進言してきた際、大平はこれを受け入れる。解散総選挙を決断した大平は、一九七九年九月の国会の所信表明演説で、財政再建に取り組み、どうしても財源が不足する場合は、国民の理解を得て新たな負担を求めると明言した。

自民党は一九七七年の参院選で辛勝し、七九年四月の統一地方選挙では東京・大阪をはじめ全国一五の知事選で自民公認ないし推薦の候補者全員を当選させ、「革新自治体時代」に終止符を打っていた。増税を訴えての解散総選挙に打って出るという大平の強気の行為は、数年来の「保守回帰」に意を強くし、財政事情をきちんと説明すれば国民の理解を得られると考えたのだろう。

ところが、増税推進派は大平自身と大蔵省にすぎなかった。九月に国会解散して翌月に選挙戦が始まると、自民党の内外から反対の声が強くなった。遊説で全国を回り反対論の根強さを実感した大平は、ついに選挙中に増税問題から撤退するがすでに遅かった。解散直後に、鉄建公団の汚職など、さまざまな綱紀の緩みが表面化したのも痛かったし、投票日当日の悪天候で投票率が低下したことも、共産党と公明党に有利に作用し（両党とも選挙で大勝した）、自民党に不利に作用した。選挙結果は、過半数割れの二四八で、三年前の逆風下での前回選挙の二四九にも及ばなかった。通常は万事慎重な大平であったが、自分らしからぬ短兵急な手法で自滅したのである。

議席数では史上最悪の結果となった責任を、福田や三木、中曽根らは追及し、大平の辞職を求めた。これに対し、田中は大平の留任を強く支持した。感情むき出しの「やめろ、やめない」の言い争いは収拾がつかなくなり、泥沼の「四〇日抗争」に突入した。一一月六日の国会での首相指名において、自民党の非主流派は大平ではなく福田を推したことで、同一政党から大平・福田の二人が候補に出るという醜態をさらすが、大平が辛うじて指名選挙を制した。この時の自らの政治行動に関して、福田は「金権政治に対する戦い」と説明するが、憲政史上始まって以来の異常事態の弁明にはならない。「議会の子」を自任する三木の責任も重い。

指名選挙の二日後、大平は第二次内閣を発足させる。この後、大平は精力的な首脳外交を展開する。まず翌一二月、大平は中国を訪問し、同国に対する円借款供与の開始を発表する。当時、中国は鄧小平主導の下で改革開放路線に移行していたが、そうした中国を、経済的支援を通じて国際社会に組み込む試みが、この大平訪中で始まるのである。そして、年が明けて、一九八〇年一月、大平は豪州とニュージーランドを歴訪する。特に、豪州のフレーザー首相と環太平洋地域の協力を進めることを提案した。この時の合意が、後年のAPEC（アジア太平洋経済協力）へと発展していくのである。

さらに、一九七九年一二月にソ連軍がアフガニスタンに侵攻したことにより、七〇年代前半以来の米ソデタントに終止符が打たれ、新冷戦の時代へ移行する。その前月にはイスラム革命が起きたイランの米大使館の館員が人質にとられるという事件も発生しており、国際社会における米国の威信が著しく傷ついていた。一九八〇年五月、訪米した大平は「共存共苦」という言葉でカーター大統領を励まし、対イラン制裁やモスクワ五輪ボイコットを通じて、「西側の一員」としての日本の立場を明らかにする。

訪米からの帰途（この時はカナダ・メキシコも合わせて訪問）、ユーゴのチトー大統領の葬儀に立ち寄り、疲労困憊の体《てい》で東京に戻った大平を待っていたのは、またしても党内の政争であった。

五月一六日、野党提出の内閣不信任案が、自民党非主流派の本会議欠席によって可決成立するというハプニングが起きる。その直後、大平は解散総選挙に打って出る。憲政史上初の衆参同日選挙が六月二二日に実施されることになった。

ところが、選挙戦に突入早々、大平の身体は限界に達し、そのまま虎の門病院に入院となり、六月一二日、ついに帰らぬ人になる。大平の死により、選挙は弔い合戦へと化した。選挙結果は、衆参ともに自民党の大勝であり、与野党伯仲は解消となり、「保守回帰」の趨勢を強く印象付けた。政治経験も教養・知性も申し分ない大平であったが、宰相としては権力闘争に翻弄され、財政再建や環太平洋の地域協力など自身の抱負をほとんど実現できないまま終わってしまった。

†最後の勝者・中曽根――老害化する角福

一九八〇年六月の大平の死は、約一三年の「田中角栄の時代」の転換点であり、「三角大福」時代の終わりの始まりでもあった。大平が退場し、福田も年来の政争で政治的に大きく傷つき、三木も派閥領袖の座を河本敏夫に譲り、一線から退いている。とはいえ、刑事被告人ながら最大派閥を率いる田中はなおも元気で、むしろその存在感をとみに増してきていた。一方、中曽根は政権掌握の時機到来をじっと待つ身であった。

しかしながら、七月に大平の後継の総理総裁となったのは、彼の派閥の代貸《だいがし》である鈴木善幸であった。これまで打ち続く党内抗争への倦怠感を背景に、田中・福田・大平の大派閥三派の合意をもとに、鈴木政権が誕生するのである。鈴木は党の総務会長を長く務め、調整役としては定評があったが、首相候補と見なされたことはなかった人物であり、海外での知名度はほぼなかった。

鈴木政権において、「キングメーカー」田中の院政が確立したと言える。確かに、田中と鈴木は佐藤政権時代には幹事長―総務会長という関係もあり、親しい関係にはあった。ただ、田中はあくまで派閥の長である大平の盟友であり、鈴木にとっては格上であった。むしろ、鈴木の盟友は田中の派閥の代貸である二階堂進であった。したがって、大平政権にあっては田中が大平に対して直接指図することはなかったが、首相となった鈴木へは指図を出していたようだ。一九八一年一一月の改造人事では、ついに二階堂幹事長を軸に竹下登幹事長代理、田村元国対委員長の布陣を実現させ、党運営を田中派で掌握する。

さらにロッキード裁判を睨み、法相も無派閥ながら田中に近い奥野誠亮《せいすけ》が充てられ、利権ポストの建設相も田中派が独占する状況が続く。この時期、田中派はメンバー数一〇〇を超して他派閥の追随を許さぬ存在となるとともに、特定の政策分野で官界・業界に睨みの利く族議員を豊富に抱える「総合病院」としての威容を誇るようになる。

裁判に勝って政治的復権を果たしたい田中にとって、鈴木首相は扱いやすい相手であった。しかし、鈴木は第二臨調を立ち上げ、行財政改革に尽力するものの、首相となるべき研鑽をしてこなかったためか、内政・外交両面で行き詰まっていく。一九八四年度までの赤字国債脱却の目途は、なかなか立たなかった。一方、外交では、一九八一年五月の訪米で、日米間の同盟関係について、「軍事的意味は含まない」と発言して、混乱を招いたことは広く知られている。結局、鈴木は、一九八二年一一月の自民党総裁選での再選を辞退する。突如の再選断念の背景として、一般的には党内抗争の再燃を回避するべく、身を引いたという見方がある一方、ロッキード裁判に関わる田中からの要求に対し、嫌気がさしたためという説もある。

鈴木の退陣を受け、田中は院政継続のための次なるカードとして、中曽根を選択する。一九八二年一一月の総裁選で、中曽根は田中の強力な支援を受けて勝利を果たす。新内閣には六名の田中派議員が入閣したほか、党幹事長は引き続き、二階堂である。実際に事前の段階で、田中は新体制の人事に注文を付ける一方、中曽根も法相人事について、田中から事前に伺いを立てている。また、中曽根は、田中の強い意向を受けて、「福田総裁・中曽根総理」という「総・総分離論」を拒絶している。当時、マスコミが新内閣を「田中曽根内閣」と呼んだ。

しかし、田中にとって、中曽根は鈴木よりもはるかに御しがたい存在である。田中と同年齢（一九一八年生まれ）で同期当選（四七年）の中曽根は、六六年以来、自前の派閥を率いて宰相の座を目指してきた強者である。中曽根のしたたかさは早くも、人事面に表れていた。すなわち、蔵相に竹下登（田中派）、外相には安倍晋太郎（福田派）を起用して、党内に胎動してきた世代交代ムードに乗ることにより、自身の選挙区・群馬三区におけるライバル・福田のみならず、キングメーカー・田中の力を削ごうとする意図が垣間見られる。

そして、中曽根の時局の流れを的確に把握する能力は、具体的な政策展開のレベルでも発揮された。一九八〇年代に入ってから顕在化した新冷戦の国際環境に巧みに適用して、対ソ強硬政策を打ち出す米国・レーガン政権との政治・軍事両面での協調路線を鮮明にして、ソ連を追い込む戦術をとることで、冷戦における西側の勝利に一定の貢献を果たす。一方、内政において国鉄など三公社民営化に積極的に動き、それらを実現させたのも、英国のサッチャー首相や米国のレーガン大統領らが繰り広げる新自由主義的路線を背景にしたものである。

現職首相として亡くなった大平は、九つの私的諮問機関を作り、一九八〇年代の日本と世界のあるべき姿に思いを馳せつつ、「総合安全保障戦略」や「環太平洋連帯構想」などを残した。この大平が遺した遺産を生かそうとしたのは、盟友の田中やライバルの福田、派閥の後継者の鈴木ではなく、生前の大平と最も接点の少ない中曽根であった。「小さな政府」を志向する点や米国との協調関係を最重要視する点など、中曽根の路線は大平のそれを引き継いでいる面がある。

当初は、「田中曽根内閣」と揶揄されながら、時代の流れに乗って「大統領的首相」として堂々とした振る舞いで政権運営をする中曽根に対し、田中・福田の両巨頭の動きはもはや精彩がなく、徐々に時代に取り残された「老害」的存在になっていた。すでに齢八〇に近くなっていた福田は派閥領袖の座を安倍に譲らず、相も変わらず政局に関わりつつ、田中金権批判を繰り返していた。一方、田中も、もはや裁判での勝利と自身の政治的復権を目指すことに汲々とする存在になってしまっていた。

中曽根政権時代、一二〇名を超えるマンモス派閥となった田中派内では、自前の総裁候補を持てない不満がついに臨界点に達した。それが、一九八五年一月に表面化した、竹下蔵相―金丸信幹事長による派中派＝「創政会」の旗揚げである。派内の反乱に衝撃を受けた田中はまもなく脳梗塞で倒れ、政治的な死を迎える。これを受け、福田も翌年派閥領袖の座から退く。

これを機に、中曽根は田中を見切り、協力の軸足を完全に竹下―金丸ラインに移行させて、ついには、「三角大福」の誰もが成し遂げられなかった約五年の長期政権を実現するのみならず、後継首相に竹下を指名して桂冠するのである。そして、後年、一九八〇年代の絶頂期の日本を体現する宰相としての評価を受け、二〇一九年に一〇一歳の天寿を全うする。中曽根こそが最後の勝者であった。

さらに詳しく知るための参考文献

新川敏光『田中角栄――同心円でいこう』（ミネルヴァ書房、二〇一八）……いわゆる田中角栄本が溢れる現状の下、田中を戦後日本政治の文脈上に埋め込み、田中政治の負の側面にも着目しながらも、その遺産を未来に生かそうとする評伝。

服部龍二『田中角栄――昭和の光と闇』（講談社現代新書、二〇一六）……外交史の専門家の知見から、首相時代に比重を置きつつ、日中正常化以外の田中外交の諸側面を近年公開された一次史料で読み解く評伝。一方で晩年のロッキード事件にも目配りしている。

福永文夫『大平正芳――「戦後保守」とは何か』（中公新書、二〇〇八）……田中の盟友・大平について、学術的見地から書かれた先駆的な評伝。「近代を超える社会」の形成、民主主義の定着という二つの大きな課題に向かって苦闘を続けた大平を通して、「戦後保守」とは何かを考える。

渡邉昭夫『大国日本の揺らぎ　1972～』（中央公論新社、二〇〇〇／中公文庫、二〇一四）……田中が活躍した一九七〇年代に多くの紙幅を割き、国内の政治や社会のあり方や、国際政治経済の見地から、この時代を包括的に俯瞰する通史。田中政治の前段となった佐藤長期政権の分析も深い。

北岡伸一『自民党――政権党の38年』（読売新聞社、一九九五／中公文庫、二〇〇八）……五五年体制崩壊直後、同年体制下の三八年間の自民党政権の動向を描いた通史であるが、「三角大福中」それぞれのリーダーの個性や思想性を比較しながら、彼らの治績を分かりやすくまとめている。

若月秀和『大国日本の政治指導――1972～1989』（吉川弘文館、二〇一二）……戦後処理・経済発展という明確な国家目標が一段落した後、田中をはじめとする昭和末期の七名の宰相たちそれぞれが新たな目標や理念をもとに、どのように大国日本の舵取りをしたかを論じる通史。

大矢根聡「サミット外交と福田・大平の『世界の中の日本』像」（福永文夫編『第二の「戦後」の形成過

程――一九七〇年代日本の政治的・外交的再編』有斐閣、二〇一五）……対照的な人物として描かれがちな福田と大平がサミットにおいて、「対米自主」とも「対米追従」とも単純に割り切れない、それぞれの観点や手法を通じて、国際秩序への対応を模索した過程を論じる。

新川敏光「三木武夫――理念と世論による政治」／五百旗頭真「福田赳夫――政策の勝者、政争の敗者」／村松岐夫「大平正芳――歳入歳出政治の問題提起者」（渡邉昭夫編『戦後日本の宰相たち』中央公論社、一九九五／中公文庫、二〇〇一）……五五年体制の崩壊直後に書かれた評伝中の三論文。それぞれの学術的な視点から、田中のライバルである福田、三木、大平を再評価したもの。

第18講　ロン・ヤス関係——個人的信頼関係と日米外交

山口　航

†日の出山荘

ＪＲ新宿駅から電車を乗り継いで一時間ほど郊外に向かうと、五日市線の終着駅、武蔵五日市駅に至る。そこからさらに一五分程度、タクシーで多摩の山中に分け入ったところに、日の出山荘がある。中曽根康弘元首相が別荘として使っていた場所である。二〇〇六年に日の出町に寄付され、今日では一般に公開されている。

約二万五千平米の山荘の入り口には、中曽根自身が記した「日の出山荘　中曽根康弘・ロナルドレーガン日米首脳会談記念館」との看板が掲げられている。かつてロナルド・レーガン米国大統領がここを訪れたことから、その名がつけられた。中曽根とレーガンは、互いを「ロン」、「ヤス」とファーストネームで呼んだため、この二人の間柄は「ロン・ヤス関係」と言われる。

日の出山荘にレーガン夫妻を招待するという案が浮上したのは、一九八三（昭和五八）年一一月の訪日に際してである。中曽根はそのプランが実現するか半信半疑であったが、米国側に打診したところ、マイケル・ディーヴァー大統領補佐官が下見に来て写真を撮っていった。すると、その写真を見たレーガンの妻ナンシーが気に入り、夫妻の日の出山荘訪問が決まったという。

この計画には、日頃から中曽根に助言をしていた劇団四季の浅利慶太も一役買った。劇団四季の小道具倉庫から屏風などを持ち出して山荘に飾るなど、準備に協力をする。また、山荘での昼食は、料亭吉兆の女将、湯木照子が担当し、板前一〇人が出張して調理をすることになった。

そして、レーガンが国賓として来日した。国会演説などを終えたレーガンは、ナンシーとともに、ヘリコプターと自動車で山荘に到着する。中曽根、レーガン両夫妻は、萱葺き、木造平屋建ての古民家「青雲堂」で囲炉裏を囲み、中曽根が自ら抹茶を点てた。

このひとときは、レーガン自身にとっても記憶に残るものとなった。レーガンは回想録で、「私の職務を楽しいものにしてくれた数多くの快い体験」の例として、英国の「ウィンザー城の芝生にヘリコプターで降り立った思い出」をあげている。これと並んで紹介されているのが、

「東京郊外の森の中にある中曽根康弘首相のつつましい山荘を訪れ、典型的な日本家屋の床に座って、正真正銘の日本料理で昼食をともにしたこと」である（レーガン一九九三）。

レーガン夫妻が日の出山荘に滞在したのは、二時間程度に過ぎない。それでも、この訪問はメディアで広く報道された。中曽根とレーガンが揃いのちゃんちゃんこを羽織っている写真は、親密なロン・ヤス関係を象徴する一場面となった。中曽根は、「まことに外交は手づくりである。現代は特に、その手づくりによる首脳間の信頼とリーダーシップによって、世界は動いているのである」と言う（中曽根康弘『政治と人生』講談社、一九九二）。

†新冷戦

一九七九（昭和五四）年、ソ連のアフガニスタン侵攻を背景として、米ソの対立が激化した。新冷戦と呼ばれたこの時代に、ジミー・カーターの後を襲い、米国大統領に就任したのがレーガンである。米国の衰退がささやかれるなか、「アメリカをふたたび偉大にしよう」（Let's make America great again）とレーガンは訴えた。このフレーズはのちにドナルド・トランプ米国大統領が多用することになる。

新冷戦は日米関係にも変化をもたらした。米国は、西側陣営の一員としての防衛力増強などを日本に求めてくるようになる。だが、中曽根の前任である鈴木善幸首相は、防衛費の増額に消極的であった。さらに、日米共同声明に盛り込まれた「同盟関係」との表現に「軍事的意味合い」はないと発言し、波紋を広げた。経済面でも、対日貿易赤字の拡大を背景に、日本の市場開放を要請する声が米国連邦議会を中心に強くなっていた。

このような折に、自民党総裁選を制し首相の座を射止めたのが中曽根である。「私が首相に就任した一九八二年一一月当時、日米関係は最悪の状態でした」と中曽根は回想しており、とくに米国との関係の改善が重要だと認識していた（中曽根康弘『自省録』新潮文庫、二〇一七）。自民党内の権力基盤が脆弱だった中曽根にとっては、国内政治の制約が比較的緩やかな外交こそ、独自色を発揮しやすい分野でもあった。

ただし、中曽根は必ずしも「親米的」な政治家と見られていたわけではない。たとえば、第三次佐藤栄作内閣で防衛庁長官を務めたときに、米国への依存を前提とした防衛姿勢を改めようとした。自主防衛を主、日米安保体制を従とする論理に転換しようと試みたのである。さらに、一九七三年の石油危機に際して、田中角栄内閣の通産相であった中曽根は、米国よりもアラブ寄りの姿勢を鮮明にしていた。

しかし、新冷戦の時代にあって、中曽根は首相として対米基軸を打ち出していくこととなる。実は、総裁選の最中、すでに中曽根はガストン・シグール米国国家安全保障会議（NSC）アジア部長や須之部量三外務次官と接触し、早めに訪米したい旨を伝えていた。

だが、首相に就任した中曽根が最初に訪れた外国は、米国ではなく韓国であった。「アジア・近隣諸国との関係を良好にして訪米することで、相乗効果も大きいし、アメリカも高く評価する」との読みがあったからである（中曽根二〇一二）。中曽根にとって、対米外交と対アジア外交はトレードオフではなく、連関するものであった。

一九八三年一月一一日、中曽根は、日本の首相として実質的に初めて韓国を公式訪問し、交渉が難航していた対韓借款の問題を解決した。中曽根は訪韓の前から韓国語を学んでおり、公式晩餐会でスピーチの一部を韓国語で行って、韓国側を驚かせた。「手づくり」の外交の面目躍如である。

日韓関係を前進させた中曽根は、他にも訪米の「手土産」を用意する。防衛費の増額を決定し、対米武器技術供与を武器輸出三原則の例外とした。さらに、チョコレートやタバコなどの七八品目の関税を三五％から二〇％へと引き下げ、農産物六品目の輸入枠を拡大するなど、かねてからの米国の要望に応えようとした。

米国側は、これら一連の措置を満額回答と受け止めたわけではなかった。それでも米国政府は、中曽根の訪米を日米同盟の将来を左右する「決定的な訪問」と認識し、おおやけの場では中曽根をはじめとする日本側を支持し続けることを決める（国家安全保障決定令七四）。

†ロン・ヤス関係誕生

一九八三（昭和五八）年一月一八日、中曽根はレーガンとホワイトハウスの大統領執務室で相見えた。そこで、レーガンは「日米同盟関係は、世界の平和とはんえい〔ママ〕にとり極めて重要であり、両国間の協力関係を更に増進させていきたい」との言葉をかけた。それに対して、中曽根は「自分も貴大統領のお考えに全く同感である」と述べるなど、両者は「親しく」会談したと外務省の記録には記されている。

また、レーガンは、「自分は今般の首のう〔ママ〕会談を通じて何よりもまず貴総理との個人的信頼関係をじゅ〔ママ〕立したいと考えている。その意味で、貴総理が令夫人・令じょう〔ママ〕を帯同されたことはすばらしいことであると考えており、貴総理のご都合が許せば明一九日家族ともども朝食をともにして一層親交を深めたい」と誘った。これを中曽根は快諾した（大河原大使発外務大臣宛「総理訪米（首のう〔ママ〕会談・テタテート）」一九八三年一月一九日、七二三号、情報公開法に基づく外務省開示文書二〇一〇—〇〇一三九）。

その夜、中曽根を歓迎するレセプションが開催された。そこで、國廣道彦在米大使館経済担当公使がNSCのシグールに、「大統領と総理はケミストリー（相性）がいいようで大変よかった。ついては明日の朝食会で大統領からお互いファーストネームで呼ぶように話してもらったら、どうだろうか」と提案をする。シグールは少し考えて「いいアイデアだ」とうなずいたという（國廣二〇一六）。レーガンは、マーガレット・サッチャー英国首相らと互いにファーストネームで呼び合う仲であった。だが、それほどには、日本の首相が他国の首脳と打ち解けていないとの思いが國廣にはあったのである。

翌朝、ホワイトハウスのプライベートな食堂で朝食会が開かれた。レーガン夫妻に加えて、中曽根夫妻、次女の渥美美恵子、通訳として外務省の齋木昭隆が同席した。その場で、レーガンが中曽根に、「私のことは今後ロンと呼んでほしい。あなたのことは何と呼べばよいか」と訊ねた。中曽根ははじめ「ヤスヒロ」と答えたが、レーガンがよく聞き取れなかったため、通訳の齋木が「ヤスのほうが短くて分かりやすいのでは」と提案したという（齋木昭隆「積極的平和主義を支えたNSCと安保法制」『外交』五八号、二〇一九年一一月）。

ロン・ヤス関係の始まりである。

†個人的信頼関係

かくして、中曽根とレーガンは「個人的信頼関係」の第一歩を築くことになった。レーガンは、この日の日記に「中曽根の朝食会。とても愉快。彼の娘は素敵なお嬢さんだ。私たちは良い関係を築けたと本気で信じている」と記している。その後のレーガンの日記には、「彼（中曽根〕は会うたびに好印象を与えてくれる」など、中曽根に好意的な記述がしばしば見られる(Ronald Reagan, *The Reagan Diaries*, New York: HarperCollins, 2007)。

この訪米に先立ち、中曽根は大河原良雄駐米大使に「大所高所の議論をして、レーガン大統領との間で「レッツ・ゴー」との精神で意気投合したい。信頼関係強化し、日米関係の円滑化図りたい」として、「二国間等の個別の問題は外相会談で議論」する旨を語っていた(外務省北米局北米第一課「総理が大河原大使に述べられた要点」一九八二年一二月一八日、外務省外交史料館二〇一五―二一〇五)。

このように大局的な議論を望む中曽根の姿勢を、レーガンは受け入れることとなった。レーガンはカリフォルニア州知事であったとき、大企業の取締役会長のように振る舞っていた。「私は最高責任者が、自分の組織内で行われていることの、あらゆる細部まで監督すべきだとは思わない。最高責任者は広範な政策、全般的な基本ルールを定め、部下の人たちに何をしてほしいかを言うべきだが、そのあとは彼らに任せればよい」とレーガンは述べている。このスタイルは大統領に就任してからも引き継がれていた(村田晃嗣『銀幕の大統領ロナルド・レーガン』有斐閣、二〇一八)。

また、中曽根は、日米関係における「ロン・ヤス」の手法を他国との関係にも援用した。たとえば、中曽根と中国の胡耀邦総書記も個人的な信頼関係を形成し、両者は末永い日中友好を約束し合った。中曽根が胡を家族とともに首相公邸で歓待した答礼として、胡は、中曽根夫妻、長男の弘文夫妻らを中南海の自宅に招き会食をし、家族ぐるみの親交を深めている。中国の首脳が中南海の自宅で外国の賓客と会食するのは異例であり、緊密な関係を内外に印象づけることとなった。

†実質的な側面

もちろん、ロン・ヤス関係は、互いをファーストネームで呼び合い、個人的な仲を深めたというだけにとどまらない。中曽根とレーガンは、ふだんから電話や書簡で頻繁にやりとりをして、意思の疎通を図っていた。個人的な信頼関係を梃子に、実務的な問題の解決に努めていたのである。

冒頭の日の出山荘訪問もそうである。昼食後、中曽根とレーガンは、杉皮葺き、木造平屋建ての茶室「天心亭」で、会談を行った。通常、このような場合には日米双方の通訳がつく。だが、その場に米側の通訳は入れず、中曽根、レーガン、長谷川和年首相秘書官の三人だけであった。

長谷川の証言によると、そこで話し合われたことの一つが、夜間離着陸訓練（NLP）の問題である。当時、在日米軍の厚木基地で、米海軍の空母艦載機がNLPを行い轟音をたてたため、市民から反対運動が起きていた。そこで、中曽根がレーガンに、NLPの場所を硫黄島へ移してもらいたいと依頼した。すると、レーガンは天心亭から一度外へ出て、側近が持っていた衛星電話で、四谷にいたジョージ・シュルツ国務長官と相談をした。話し終えたレーガンは中曽根の提案に同意したという（長谷川二〇一四。この後、三宅島でのNLPが模索されたが、紆余曲折の末、硫黄島が使われることになった）。

米ソの中距離核戦力（INF）削減交渉においても、ロン・ヤス関係を梃子に日米のコミュニケーションが図られた。一九八六（昭和六一）年、レーガン政権は同盟国に対ソ妥協案を提示した。ソ連は、中距離弾道ミサイルSS-20を欧州部で先行して全廃し、アジアではとりあえず半減する。それに対して米国は、西ドイツに配備した核弾道ミサイル、パーシングIIなどを廃棄するというものである。

だが、中曽根をはじめとする日本政府はこれを拒否し、米国に翻意を促した。アジアにソ連のSS-20が残されるという妥協案は、アジアを見捨てることになるとして、容認できなかったのである。

この日本側の主張にレーガンは理解を示し、あくまでSS-20の全廃を目指すこととなった。一〇月にアイスランドのレイキャビクで開催された米ソ首脳会談の際、レーガンは「仲の良い友人である中曽根」との約束を随員に語っていたという（Edward L. Rowny, *It Takes One to*

Tango, Washington, DC: Brassey's, 1992)。

以上のようなロン・ヤス関係を、閣僚や官僚たちが支えた。たとえば、安倍晋太郎外相とシュルツ国務長官、加藤紘一および栗原祐幸《ゆうこう》両防衛庁長官とキャスパー・ワインバーガー国防長官も緊密な関係を築いた。とくに安倍とシュルツは、三年半の安倍の外相在任期間に二〇回以上の会談を開催している。

こうした閣僚レベルの関係を、上級実務レベルの官僚たちが具体的な政策へとつないでいった。加えて、マイク・マンスフィールド駐日米国大使も、日本と米国は「世界で最も重要な二国間関係」であると説き続けるなど、重層的な日米関係が織りなされていたのである。

このような関係を背景として、日米同盟を強化する取り組みが実現していく。中曽根は、ソ連のバックファイア爆撃機に対して日本を「不沈空母」とする、と発言したと報道され物議を醸したが、極東ソ連軍を念頭に日本の防衛力を実際に増強していった。政権の末期には、三木武夫内閣が閣議決定した、防衛費を国民総生産（GNP）比一％以下に抑えるとの枠を撤廃することにも成功する。また、一九七八年に策定された「日米防衛協力のための指針」に基づいて、シーレーン防衛や日米共同作戦などに関する共同研究が進められ、初の日米共同統合実動演習も開催された。レーガン政権が推進する戦略防衛構想（SDI）の研究にも日本が参加することになり、これら一連の流れを米国政府は評価した。

†日米摩擦

ただし、当時の日米関係はロン・ヤスのおかげで良好であったとの見方は、やや一面的である。

たしかに、鈴木政権で懸案となっていた日米間の防衛摩擦は、とくに政府間において相当程度鎮静化した。だが、米国では、野党の民主党が多数を占めていた連邦下院を中心として、対日赤字への批判が高まっていった。

その背景には、安全保障問題と経済問題の構造的な違いがあると指摘されている。安全保障の問題は政策担当者の意思が直接反映されるため、ロン・ヤス関係が功を奏した側面がある。しかしながら経済問題はそうではないため、コントロールがより難しいのである（岡本行夫「人間関係としての日米関係」『中央公論』一〇六巻七号、一九九一年七月）。

対日批判の高まりに対して、日本政府は手をこまねいていたわけではない。プラザ合意ではドル高の是正を図り、日本の市場開放については、分野別に日米政府で協議をしていくことに合意した（MOSS協議）。さらに、市場アクセス改善のための「アクション・プログラム」を実行するなど、種々の措置を取っていくことになる。

だが、それでも日米の軋轢は厳しさを増していき、経済だけでなく、軍事技術を含む摩擦も生じるようになった。たとえば、東芝機械が対共産圏輸出統制委員会（ココム）の協定に違反して、工作機械をソ連に輸出したとされ、米国の反発を引き起こした。

一九八七（昭和六二）年四月一七日にはレーガン政権が戦後初めて対日制裁措置を発動するに至る。外国の半導体の日本市場参入が不十分であるなどとして、日本製のパソコン、カラーテレビ、電動工具の三品目に一〇〇％の報復関税が課されることとなった。

四月三〇日に開催された日米首脳会談で、中曽根は制裁の解除を求めたが、米国の経済閣僚の反論にあう。結局、制裁措置は部分的に解除されたものの、制裁自体は一九九一年まで続いた。ロン・ヤス関係をもってしても抑制できないほど、日米の摩擦は深刻になっていたのである。

さらに、中曽根自身も舌禍を招いてしまう。一九八六年九月、自民党の全国研修会における講演で、「日本はこれだけの高学歴社会になっている。相当インテリジェントなソサエティになってきている。平均点から見たらアメリカなんかよりはるかにそうです。アメリカは黒人とかプエルトリコとかメキシカンとか、そういうのが相当いて、平均的に見たらまだ非常に低い」と発言した。これに対し批判が広がるという一幕も、当時の日米関係にはあった。

†ロン・ヤスの成果

一九八七（昭和六二）年九月二一日、首相退任を二カ月後に控えた中曽根は、レーガンと最後の日米首脳会談に臨む。その場で中曽根は、「ロン・ヤス憲章」と称する個人的な文書を提示した。そこには、「中曽根首相とレーガン大統領は、この五年間、二人が個人的友情と信頼関係を深めることが日米関係の強化に大きく貢献したことを満足の意をもって語り合った」など、ロン・ヤス関係の成果が綴られており、両者はこれに署名をした。「中曽根首相が、日本の対外的イメージを歴史的に高めた旨」をレーガンが述べたとするこの文書を、中曽根はメディアに誇った（『読売新聞』一九八七年九月二二日、夕刊）。

ただし、ロン・ヤス関係を背景として効果を上げた政策の中には、国際情勢の急激な変動に翻弄され、わずか数年後には色褪せてしまったものもある。たとえば、日本がＳＳ－20の世界規模での撤去を米国に主張し、最終的にそれが実現したのは画期的なことであった。だが、その達成からまもなく冷戦が終結しソ連が消滅したため、そのインパクトが急速に薄れてしまったことは否めない（若月二〇一七）。

それでも、彼らの時代には、安全保障面を中心として日米両政府の関係が基本的に安定した。中曽根とレーガンは、良好な首脳関係を実質的な政策につなげていき、冷戦の終焉に間接的に資することにもなった。

ロン・ヤス憲章の一節には、日米の協力関係の成果を踏まえて、中曽根が「両国のこのような協力の基本が、今後とも、引き継がれることを確信していると大統領に述べ、大統領も、同様の認識を明らかにした」とある。

実際に、ロン・ヤス関係は日米関係の一つのロールモデルとなり、彼らが拓いた日米同盟強化の路線は引き継がれていった。今日では、首脳同士が互いをファーストネームで呼ぶことが、あたかも一種の束縛のように、親密さのメルクマールとして使われるようになっている。

だが、中曽根とレーガンにとって、ファーストネームでの呼称は、あくまでも出発点であった。ロン・ヤス関係は、レーガンが中曽根との「個人的信頼関係」の樹立を語り始まった。そして、その締めくくりとなったロン・ヤス憲章では「二人が個人的友情と信頼関係を深めることが日米関係の強化に大きく貢献した」と謳われた。この信頼関係こそがロン・ヤス関係の要諦であったのである。

さらに詳しく知るための参考文献

五百旗頭真編『日米関係史』(有斐閣ブックス、二〇〇八)……ペリー来航から今日に至るまでの日米関係を省察している通史。

國廣道彦『回想「経済大国」時代の日本外交――アメリカ・中国・インドネシア』（吉田書店、二〇一六）

……中曽根政権期に外務省経済局長などとして経済外交を担当した外交官の回想録。

瀬川高央『米ソ核軍縮交渉と日本外交――INF問題と西側の結束 一九八一－一九八七』（北海道大学出版会、二〇一六）……米国とソ連とのINF削減交渉に、日本がいかに携わったのかを明らかにしている研究書。

添谷芳秀『日本の外交――「戦後」を読みとく』（ちくま学芸文庫、二〇一七）……自主防衛論と非核中級国家論をセットで唱えた中曽根の外交を再評価している。

中曽根康弘『中曽根康弘が語る戦後日本外交』（新潮社、二〇一二）……研究者とのインタビューを通じて、中曽根が戦後日本外交を回顧している。

長谷川和年『首相秘書官が語る中曽根外交の舞台裏――米・中・韓との相互信頼はいかに構築されたか』（朝日新聞出版、二〇一四）……中曽根の首相秘書官が、研究者とのインタビューによって、外交の舞台裏を証言している。

服部龍二『中曽根康弘――「大統領的首相」の軌跡』（中公新書、二〇一五）……中曽根の評伝。「戦後政治の総決算」を掲げた中曽根の生涯をたどっている。

村田晃嗣『レーガン――いかにして「アメリカの偶像」となったか』（中公新書、二〇一一）……レーガンの評伝。アナウンサー・俳優から政治家に転身したレーガンの生涯を描き出している。

ロナルド・レーガン（尾崎浩訳）『わがアメリカンドリーム――レーガン回想録』（読売新聞社、一九九三）……レーガンによる大統領期を中心とした回想録。

若月秀和『冷戦の終焉と日本外交――鈴木・中曽根・竹下政権の外政 1980～1989年』（千倉書房、二〇一七）……一九八〇年代の日本外交を包括的に論じた浩瀚な研究書。

第19講

歴史認識問題

奈良岡聰智

†歴史認識の共有なき戦後処理

サンフランシスコ講和条約（一九五一年締結）によって、日本と連合国の戦争状態は終結した。欧米諸国は同条約で賠償請求権を放棄したが、放棄しなかった東南アジア諸国などとの間で日本は引き続き交渉を進め、一九五〇〜六〇年代に賠償に関する協定を締結した。また日本は、同条約に調印しなかったソ連、中華人民共和国（中国）、中華民国（台湾）、大韓民国（韓国）、朝鮮民主主義人民共和国（北朝鮮）との間では、国交正常化交渉に取り組んだ。その成果は、日華平和条約（一九五二年）、日ソ共同宣言（一九五六年）、日韓基本条約（一九六五年）、日中共同声明（一九七二年）、日中平和友好条約（一九七八年）として結実した。ソ連（ロシア）との平和条約締結、北朝鮮との国交正常化が課題として残されたものの、日本は一九七〇年代までに、講和、賠償、国交正常化を柱とする戦後処理問題をひとまず概ね解決した。

しかし、このことは、日本とこれらの国々との間に存在した歴史認識をめぐる差異が解消されたことを意味しなかった。戦争や植民地支配の性格規定に言及した条文がほぼなかったことから分かるように、これら諸条約の拠って立つ歴史認識は必ずしも明確ではなかった。むしろ、歴史認識の差異を「棚上げ」することで、戦後処理は実現したと言えるだろう。

英米中三カ国の首脳は、一九四三年に発表したカイロ宣言の中で、日本の「侵略」を制止することが戦争の目的であるとし、日清戦争で日本が清国人から「盗取」した地域を返還させ、「奴隷状態」に置かれている朝鮮を独立させることなどを求めた。日本は、同宣言の履行を求めるポツダム宣言を受諾して降伏し、サンフランシスコ講和条約でその履行を約束したが、同条約には戦争の評価にかかわる条文はない。端的に言えば、カイロ宣言に記されていた「侵略」という言葉は一度も使われていない。

サンフランシスコ講和条約第一一条には、日本が東京裁判を受諾する旨が規定されている。東京裁判の判決文は、千頁を超える長大かつ詳細なもので、日本が連合国と行った戦争は自衛のためではなく、侵略であったと認定し、ソ連の対日参戦も正当であったと記している。それでは、日本政府がこのような歴史認識を受け入れたのかといえば、その点は曖昧である。近年日本政府は、国会答弁において、東京裁判の判決文の全てを受け入れたという認識を示し、

「当該裁判について異議を述べる立場にはない」ことを繰り返し表明している（例えば二〇一五年三月二五日衆議院外務委員会における岸田外相答弁）。しかし、漠然とした条文のため、多様な解釈の余地があり、実際従来政府見解のニュアンスは幾度となく変遷してきている。日本政府が東京裁判の判決を受け入れたのは間違いないが、その判断を支えるべき歴史認識の問題は曖昧にされてきたのである。

東京裁判の判決文に記されたとおり、ソ連は自らの対日参戦を正当なものと考えていたが、日本は日ソ中立条約の一方的破棄による参戦は、国際法違反だと捉えていた。この点は日ソ国交正常化交渉の中でも議論されたが、両国の立場は折り合わなかった。しかし両国は、戦争状態を終了させ、日本の国連加盟、シベリア抑留者の帰国などの問題解決を優先したため、歴史認識の相違に触れない形で日ソ共同宣言が出された。しかし、両国はここで棚上げした歴史認識の相違をその後も埋めることはできず、北方領土（千島列島）をめぐる領土交渉は以後も未解決のまま推移した。また、同宣言発表に際して、シベリア抑留や満州・樺太などの日本人に対して行われた残虐行為に関して、ソ連が何らの謝罪や補償も行わなかったことも、日本人の対ソ感情を悪化させた。

日本と韓国の国交正常化交渉は一九五一年に開始されたが、竹島（独島）の領有権、漁業権、賠償や補償、在日韓国人の法的地位などさまざまな問題が存在し、難航した。これら全ての問題の根底にあったのは、一九一〇年の韓国併合条約を合法と見なしていた日本と、同条約はそもそも違法で無効であると考え、違法な植民地支配に対する謝罪と補償を求めていた韓国の対立であった。両者の立場の相違があまりにも大きかったため、日韓基本条約では、韓国併合条約は、それまで合法であったか否かを問わず、「もはや無効である」とされた(第二条)。日本は、同条約と同時に締結された日韓請求権並びに経済協力協定に基づいて、韓国に経済協力金を支払った。日本側では、これは事実上賠償の意味を持つものと考えられていたが、日本がなぜ、どのような意味を込めて経済協力金を支払うかということは、同協定には一切記されなかった。すなわちここでも、歴史認識の相違は棚上げされていた。韓国側に不満が大きかったにもかかわらず交渉が妥結したのは、当時の朴正熙政権が経済発展とアメリカの意向を優先したからであった。

これらに先立って、日本と中華民国との間では、一九五二年に日華平和条約が締結されていた。蔣介石の「以徳報怨」という方針のもとで、同国は対日賠償請求権を放棄し、日本は中華民国を中国唯一の合法政府として承認した。この条約においても、過去の日中戦争に関する性格規定や日本側の謝罪の文言は盛り込まれていない。

一九七一年、アメリカのニクソン大統領が北京を訪問する意向を示し、翌年に中華人民共和国との国交正常化を発表すると(国交樹立は一九七九年)、日本も同国との関係を見直す必要に迫られた。一九七二年九月、田中角栄首相は北京を訪問し、日中共同声明を発表した。これにより日本は、中華人民共和国政府を中国唯一の合法政府として承認し、中華民国と断交した。同声明には、「日本側は、過去において日本国が戦争を通じて中国国民に重大な損害を与えたことについての責任を痛感し、深く反省する」という文言が盛り込まれ、中国は対日賠償請求を放棄した。国交正常化にあたって、このような戦争評価にかかわる文言が盛り込まれ、日本が謝罪を行ったのは初めてのことであった。一九七八年、日中両国は日中平和友好条約を締結し、以後日本は対中経済協力を進めた。

†日本の戦後処理の限界

このように日本は、一九五〇～一九七〇年代に、交戦国や旧植民地との間で、講和、国交正常化や賠償を進めていった。当時の日本人の間では、このまま謙虚に経済協力を進めていけば、いずれ和解は達成され、歴史認識をめぐる問題は小さくなるという期待が強かったように思われる。しかし実際には、一九七〇年代までの日本の戦後処理には、なお限界や問題があったことが指摘できる。

第一に、日本が戦後処理を進める中で、過去の戦争や植民地時代の歴史に関する歴史認識を正面から問われることがあまりなかったことである。前述したとおり、日中共同声明以前に、日本政府が過去の「侵略」行為を認めたり、それに謝罪を行ったりすることはなかった。戦後日本人の間では、平和憲法を守り、不戦を誓うことをもって、過去の戦争の問題は解決済みと見なす向きが強かった。歴史学界や論壇では、日本の起こした戦争を「侵略戦争」であったとする見方が多数派であったが、少数派の戦争肯定論も併存しており、戦争をどう総括するかについての国民的合意は形成されなかった。アジア諸国に対する経済協力は、事実上の賠償としての意味を持ったが、日本がどのような責任を、誰に対して、どのように償うのかという本質的な議論は十分になされず、政府の見解を表明する機会もなかった。

第二に、戦後処理の方針を決定する過程から、戦争被害者が排除されていたことである。中国大陸では事実上共産党の一党独裁体制が続いていた上に、大躍進政策、文化大革命をめぐる混乱もあり、国民の意見が政治に反映される余地はほとんどなかった。台湾は権威主義体制の下にあった上に、中国大陸との対抗上、アメリカをはじめとする西側諸国からの支援に頼らざるを得ず、戦争被害の問題を日本側に提起し難い状況に置かれていた。韓国も、日韓基本条約締結当時は権威主義体制の下にあり、朴正熙政権は交渉の顚末や補償の枠組みについて、国民に十分明らかにすることはなかった。その結果、戦争や植民地支配の被害者に対する補償は十分になされず、韓国人には不満が残る結果となった。他方で、日本の側でも、在外資産を放棄した日本人やシベリア抑留者には、ほとんど補償がなされず（日本政府から一部の者にごく僅かな補償や特別給付金が支払われたのみ）、この問題が外交交渉で取り上げられることもなくなったため、不満が残った。

†歴史認識問題の国際化

「棚上げ」されていた歴史認識の問題が、今日に直接つながる形で問われるようになったのは、一九八〇年代以降のことである。この時期に焦点となったのは、靖国神社問題と歴史教科書問題であった。

靖国神社のあり方については、一九七〇年代までにも問題になることがあったが、基本的には国家護持の可否や公式参拝の是非といった国内問題であった。それが国際問題化したきっかけは、一九七九年、東京裁判のA級戦犯一四名が「昭和殉難者」として靖国神社に合祀されている事実が明らかになったことであった。この決定は、A級戦犯の名誉を回復し、「東京裁判史観」を否定しようとする宮司・松平永芳の主導で行われた。

一九七五年の三木武夫首相以来、現職首相による靖国神社参拝は「私人」としての参拝という形で行われていた（それまでは公私の別を明示せず）。A級戦犯合祀が明らかになった後参拝を行った鈴木善幸首相も、同様であった。しかし、日本の野党各党やメディアは、この参拝を「違憲」「軍国主義化」などと批判した。中国政府も、「公的」参拝に対して懸念を伝えた。こうした状況に鑑み、中曽根康弘首相は、政教分離原則に抵触しないよう宗教色を除いた上で、一九八五年八月一五日に、首相として初めて公式参拝を行った。中曽根は、大きな反対は出ないだろうと予想していたが、日本国内のみならず、海外からも強い批判が寄せられた。とりわけ中国では、戦争の性質と責任をあいまいにするものであるという強い批判が起こり、九月に各地の大学でデモが発生した。そこで中曽根内閣は、翌年に後藤田正晴官房長官の談話を出し、「近隣諸国」への配慮から、公式参拝を控えることを表明した。以後首相の靖国神社参拝は、公私にかかわらずしばらく途絶えることになったが、これ以降この問題は、諸外国から注視される外交問題となった。

一方、歴史教科書問題も、一九七〇年代までは国内問題であった。それまで歴史教科書に関しては、家永教科書裁判で教科書検定の可否、戦争の描き方をめぐって論争が行われていたが、左右のイデオロギー対立の枠内にとどまり、歴史認識をめぐる生産的な議論にはあまりつながらなかった。

こうした状況は、一九八二年の教科書検定問題によって、大きく変わった。この年六月、日本の新聞各紙は高校日本史教科書の検定において、日本軍の中国に対する「侵略」という表記が「進出」に訂正させられたと報じた。これは正確な報道ではなかったが、中国、韓国、台湾から、訂正要求や批判が寄せられた。これに対して鈴木内閣は、教科書を是正する方針を示し、文部省は歴史教科書検定基準の一つに、「近隣諸国条項」すなわち「近隣アジア諸国との間の近現代の歴史的事象の扱いに国際理解と国際協調の見地から必要な配慮がなされていること」という規定を新たに設けた。一九八六年にも、一部教科書が日本による戦争を正当化しているという報道がなされ、再び歴史教科書のあり方が問題となった。内容修正によって事態は収束したが、以後も中国、韓国は、歴史教科書問題に強い関心を寄せた。

一九八七年以降韓国で民主化が進むと、戦争被害者への補償が従来十分に行われてこなかったことに対する国民の不満が表面化した。こうした中で、日韓基本条約で解決済みとされたイシュー（徴用工問題）が再び問題化するとともに、従来タブー視されてきたイシュー（慰安婦問題）が大きく取り上げられるようになった。一九九一年には、韓国人の元慰安婦が初めて実名で記者会見を行い、以後韓国では、日本に謝罪や賠償を求める声が高まっていった。時の宮沢喜一内閣は、慰安婦の徴募に軍が関与していたことを認め、反省と謝罪を表明した。また、一九九三年には、河野洋平官房長官による談話（河野談話）を発表した。この談話は、慰安婦の徴募に「強制性」があったことを認め、「おわびと反省の気持ち」を表明するものであった。韓国政府はこの談話を評価し、受け入れる姿勢を示したが、宮沢内閣が間もなく総辞職したため、具体的な取り組みはその後の課題として残された。一九九〇年代初頭、日韓関係は順調に進むかと思われていたが、慰安婦問題が一大争点となっていくのと軌を一にして悪化していくことになる。

†戦後五〇年談話と戦後七〇年談話

政府の歴史認識それ自体が外交問題化するという状況を承けて、日本政府は、歴史的事実の検証、歴史認識の表明への取り組みを本格的に開始した。

一九九三年には、細川護熙首相が所信表明演説の中で、「過去の我が国の侵略行為や植民地支配」に対して「深い反省とおわびの気持ち」を表明した。一九九五年八月一五日には、村山富市首相が、戦後五〇年談話（村山談話）を発表した。「反省」や「お詫び」は、日中共同声明、河野談話や細川談話でも表明されていたが、村山談話はよりトータルな歴史認識を示すため、政権内部での綿密な検討を経て発表されたものであり、それまでの文書に比べて格段に重い意味を持っていた。最も重要なのは以下の部分である。

わが国は、遠くない過去の一時期、国策を誤り、戦争への道を歩んで国民を存亡の危機に陥れ、植民地支配と侵略によって、多くの国々、とりわけアジア諸国の人々に対して多大の損害と苦痛を与えました。〔中略〕ここにあらためて痛切な反省の意を表し、心からのお詫びの気持ちを表明いたします。

この談話は、約一三〇〇字という簡潔なものであったし、戦争や植民地支配の内実が十分に検証されていたとは言い難い。しかし、過去に日本が「侵略」を行ったことを明確にし、「痛切な反省」「心からのお詫び」を率直に表明したことは注目される。歴史認識問題に詳しい東郷和彦（元オランダ大使）は、戦後四〇年にあたって西ドイツのワイツゼッカー大統領が行った演説と比べて、村山談話の表現は「包括的・直観的・無前提」であり、このような形で「国家の行為をとらえ、それについて謝罪した例は、近代国家が国際関係における主要主体になってから今日に至るまで、例をみない」と指摘している。日本国内の保守派からは批判も寄せられたが、海外からの評価は概ね好意的であったし、その後日本の歴代内閣は全て村山談話の立場を継承した。その意味で同談話は、画期的な意義を持っていた。

村山内閣は、一〇年間、一〇〇〇億円相当の事業規模で「平和友好交流計画」も策定した。以後この計画に基づいて、歴史研究支援事業などが行われたが、最も注目されたのが慰安婦問題解決のためのアジア女性基金であった。同基金は一九九五年に発足し、翌年までに日本国内から四億円を超える募金を集め、①計二八五名の元慰安婦に対する一人二〇〇万円の償い金の支払い、②「心からおわびと反省の気持ちを申し上げます」という文面の「日本国内閣総理大臣」の書簡の手交、③元慰安婦に対する総額八・三億円の医療・福祉支援事業などを行った。

フィリピン、オランダでの事業は順調に進んだ。しかし、当初歓迎の意を表明し、事業計画に協力していた韓国政府が、国内からの強力な反対運動を受けて批判的な姿勢に転じたため、韓国での事業は失敗に終わった。台湾でも、一部の元慰安婦に償い金の支払いが行われたが、韓国と同じような経過を辿った。結局アジア女性基金は、日本政府の法的責任と国家補償を主張する韓国・台湾と道義的責任という観点から対処した日本政府の立場の隔たりが大きかったため、十分な成果を挙げることができず、二〇〇七年に解散した。

その後も、日韓共同宣言（一九九八年）、小泉談話（二〇〇五年）、菅談話（二〇一〇年）が発表されるなど、日本政府によるお詫びや反省の表明は続けられた。また、インターネットアーカイブ「アジア歴史資料センター」が設立され、日韓、日中間での歴史共同研究も行われるなど、和解のための土台作りとして積極的な「歴史政策」も推進された。しかし、「新しい歴史教科書」をめぐる問題（二〇〇一年）、小泉内閣期の靖国神社参拝問題（二〇〇一～〇六年）など、二一世紀に入って歴史認識問題はますます尖鋭化していった。とりわけ日韓間では慰安婦問題が大きな争点と化し、二〇一一年には韓国の市民団体によってソウルの日本大使館前に慰安婦像が設置されるなど、時に外交関係を揺るがすまでになった。またこの時期には、竹島（独島）の領有権問題をめぐる対立が大きくなる一方で、北方領土交渉の停滞が続いたが、その根底には日韓、日露間の歴史認識をめぐる根深い対立が存在していたことを指摘できる。

二〇一五年八月一四日、安倍晋三首相は戦後七〇年談話〔安倍談話〕を出した。同談話は総計約三三〇〇字から成り、戦争や植民地支配に関して以下のように述べている。

事変、侵略、戦争。いかなる武力の威嚇や行使も、国際紛争を解決する手段としては、もう二度と用いてはならない。植民地支配から永遠に訣別し、すべての民族の自決の権利が尊重される世界にしなければならない。

我が国は、先の大戦における行いについて、繰り返し、痛切な反省と心からのお詫びの気持ちを表明してきました。〔中略〕こうした歴代内閣の立場は、今後も、揺るぎないものであります。

談話が出される前、保守色が強いと見られた安倍首相の歴史認識に対しては、しばしば警戒感が表明されていたが、実際に出された談話は、村山談話を「全体として引き継ぐ」ものとされ、一定のバランスの取れた内容になっており、欧米政府からは概して歓迎された。もっとも、「侵略」「植民地支配」を行った主体が不透明な書き方がなされており、中国、韓国政府の反応は芳しいものではなかった。また、「あの戦争には何ら関わりのない、私たちの子や孫、そしてその先の世代の子どもたちに、謝罪を続ける宿命を背負わせてはなりません」といった表現も、波紋を呼んだ。

安倍内閣期には、初めての日米両首脳によるハワイ真珠湾および広島訪問が実現し（二〇一六年）、カリフォルニア州が第二次世界大戦中の日系人強制収容を公式謝罪するなど（二〇二〇年）、日米間の歴史認識問題について改善が見られた。安倍首相は、二〇一八年にはオーストラリアのダーウィンを訪問し、戦没者慰霊碑で献花を行っている。同地は、第二次世界大戦中の日本軍の空襲によって二四〇名の死者を出しており、初となる日本の首相の献花は現地から歓迎されたと伝えられている。

一方、中国やロシアとの間では、歴史認識問題をめぐって目立った改善は見られなかった。韓国との間では、歴史認識問題はむしろ悪化した。二〇一五年末、アメリカの後押しによって、日韓両外相は慰安婦問題を「最終かつ不可逆的に解決」するとした合意を発表した。しかしその後、この合意を成立させた朴槿恵《パククネ》政権が倒れると、次の文在寅《ムンジェイン》政権は合意を事実上無効化した。日韓間ではこの他にも、軍艦島の世界遺産登録問題（二〇一五～二〇年）、自衛隊艦旗（旭日旗）使用に端を発した海上自衛隊の国際観艦式不参加問題（二〇一八年）など、歴史認識に関わる対立が相次いだ。特に大きな問題は、二〇一八年に韓国最高裁判所が日本企業に対して、徴用工への損害賠償支払いを命じる判決を出したことである。日本政府はこれを、日韓基本条約に違反していると批判し、韓国政府に是正措置を求めたが、韓国側は応じず対立が続いている。

歴史認識問題の今後

二〇世紀末以降東アジアでは、国家の大きな歴史観が問われる一方で、歴史認識問題が常にリスクとして外交に影響を与える状況が続いている。【表】は、日本が関係しているおもな歴

		加害者	被害者
欧米諸国	欧米	捕虜虐待 慰安婦 民間人抑留	捕虜虐待 日系人抑留 在外資産 無差別爆撃 原爆投下
	オーストラリア	捕虜虐待 民間人抑留 空襲	捕虜虐待 日系人抑留 在外資産
	ロシア	日露戦争 シベリア出兵 ノモンハン事件 関東軍特種演習	中立条約破棄 シベリア抑留 引揚 在外資産 記憶遺産
非欧米諸国	中国	日清戦争 張作霖爆殺事件 南京事件 捕虜虐待 無差別爆撃 慰安婦 教科書 靖国神社参拝 記憶遺産 文化財返還	引揚 在外資産
	台湾	台湾出兵 日清戦争 霧社事件 慰安婦	引揚 在外資産
	韓国・北朝鮮	韓国併合 徴用 補償 慰安婦 教科書 靖国神社参拝 記憶遺産 世界遺産 文化財返還 旭日旗	引揚 在外資産
	東南アジア諸国	住民虐殺 徴用 補償 慰安婦	引揚 在外資産

【表】 日本が関係するおもな歴史認識問題

史認識問題をまとめたものである。これを見ると、今日歴史認識問題とされているものの多くが、日本が「非欧米諸国」で「加害者」になった問題であり、一九三〇年代以降に日本軍が侵攻先・占領地で犯した残虐行為（戦争犯罪）にかかわるものが主であることが分かる。しかし、それらが実際に顕在化するか否か、どのような外交問題になるかは、被害者や被害国の感情や政治状況によるところが大きく、一律には語れない多様性があることを認識しておく必要があろう。

歴史認識問題には、これら以外にも多様な問題群が存在することも忘れてはならない。日本は、「欧米諸国」に対して「加害者」になった問題に関しては和解を進め、近年「欧米諸国」からの「被害者」になった問題についても、一部で和解が進んでいる。他方で、「非欧米諸国」からの「被害者」になった問題（引揚の際の虐殺や私有財産喪失など）については、多くは日本人被害者が泣き寝入りする形で、問題があまり表面化しないまま現在に至っている。

歴史認識問題は、一部だけを単純に切り取れば一見分かりやすいが、それはかえって事態の本質を見失わせ、問題を悪化させる危険性がある。いずれの問題についても、事実に立脚しながら、冷静かつ謙虚に考察し、和解や解決の道を探りたいものである。

さらに詳しく知るための参考文献

マーガレット・マクミラン（真壁広道訳）『誘惑する歴史――誤用・濫用・利用の実例』（えにし書房、二〇一四）……特に日本の例を多く取り上げているわけではないが、歴史認識問題一般について考える上で必読の文献。

黒沢文貴、イアン・ニッシュ編『歴史と和解』（東京大学出版会、二〇一一）……日本が関わるさまざまな歴史認識問題を比較検討し、和解の途を探った論文集。ヨーロッパの事例との比較が大変参考になる。

波多野澄雄『国家と歴史――戦後日本の歴史問題』（中公新書、二〇一一）……戦後日本の歴史認識問題についてバランス良く概観した良書。

東郷和彦『歴史認識を問い直す――靖国、慰安婦、領土問題』（角川oneテーマ21、二〇一三）……領土問題、歴史認識問題の入門書。本文で触れた村山談話についての分析（第四章）を含んでいる。

東郷和彦・波多野澄雄編『歴史問題ハンドブック』（岩波現代全書、二〇一五）……戦後日本の歴史認識問題の重要トピックを解説した手引書。各トピックに関する最新の研究を把握するのにも有用。

服部龍二『外交ドキュメント歴史認識』（岩波新書、二〇一五）……オーラルヒストリーや外交文書の情報公開請求の成果に基づいて、歴史認識問題をめぐる外交の裏面を示す史料が多数引用されており貴重。

五百旗頭薫・小宮一夫・細谷雄一・宮城大蔵・東京財団政治外交検証研究会編『戦後日本の歴史認識』（東京大学出版会、二〇一七）……戦後日本の歴史認識問題の展開についての通史的検討、専門家による対談の他、文献案内の章を収録しており便利。

木村幹『日韓歴史認識問題とは何か――歴史教科書・「慰安婦」・ポピュリズム』（ミネルヴァ書房、二〇一四）……日韓歴史認識問題に関する現時点で最高水準の研究書。国内政治がどのように影響を及ぼすかなど、歴史認識問題発生のメカニズムについての分析も示唆に富む。

木村幹・田中悟・金容民編著『平成時代の日韓関係――楽観から悲観への三〇年』（ミネルヴァ書房、二〇二〇）……平成時代の日韓関係を分析した論文集で、歴史認識問題について考える上でも重要な文献。

川島真『21世紀の「中華」——習近平中国と東アジア』（中央公論新社、二〇一六）……二一世紀初頭の日中歴史認識問題に関する興味深い論考を多数収録している。

第20講　国鉄等の民営化と新自由主義のはじまり

飯尾　潤

国鉄民営化は一九八〇年代の日本政治における大改革であった。高度成長期の勢いが衰えながら、まだ世の中全般は明るく、ジャパン・アズ・ナンバーワンという自信にあふれていた時代であった。いずれバブル経済が崩壊して経済の低迷が続くとか、巨大災害時代が始まるということは、予想だにされていなかった。振り返って、この時代の政治が五五年体制の完成形だったともいえるのである。

†一九八〇年代の日本は新自由主義の時代だったか

経済成長によって日本が欧米列国に肩を並べたと感じた国民は、中曽根康弘首相とアメリカのロナルド・レーガン大統領が互いにファーストネームで呼び合うという「ロン・ヤス関係」を喜んだ。日本はもはや小国ではないという時代認識だったのである。そして同時代のレーガン大統領、あるいはイギリスのサッチャー首相に、中曽根首相の名前が連なることで、世界の新自由主義を先導する日本というイメージも生まれ、その具体的な成果が国鉄民営化だとされていた。

もっとも日本の状況は英米両国とは違っていた。イギリスは福祉国家体制のもとで経済が低迷し「イギリス病」と呼ばれていた。経済活性化のために苦し紛れに始まったのがサッチャー政権の民営化に始まる新自由主義的改革であった。アメリカのレーガン政権も、規制緩和とともに、小さな政府を掲げて財政拡大に歯止めをかける政策を展開しつつあった。これに対して、日本の急速に整備された社会保障体制は成熟化とは遠く、財政が赤字国債を出すこと自体が問題とされる初期段階であり、後から見れば、欧米各国の政策転換とは質を異にしていたのである。そこで、拡大傾向にある社会保障政策の将来を心配するとか、公営企業を民営化するとか、政府の役割を限定的にとらえる思潮が優位になるといった状況が、新自由主義と呼ばれていた。むしろ一九八〇年代の大きな政策的転換は、消費税導入という増収政策であって、民営化などの小さな政府指向の政策は限定的であった。

日本の福祉国家化は、高齢化の急速な進展に伴って、平成に入って大いに進行し、公的介護保険制度なども新たに導入されている。並行して新自由主義的とみられる改革も続けられ、一九九〇年代には金融をはじめとした分野で規制緩和がある程度進展したほか、二〇〇〇年代初頭の小泉純一郎政権の下で、残された民営化としての道路公団や郵政事業の民営化がなされるなど、同じような論理構成の改革が、だらだらと続いたともいえる。その意味で、一九八〇年代の日本は、新自由主義がはじまった時代である。

†自民党の総主流派体制と政官融合体制

一九八〇年代の日本政治は「保守復調」によって特徴付けられる。革新自治体の広がりや国政選挙における与野党伯仲、自民党内闘争の激化などに彩られた一九七〇年代に比べ、この時期には自民党の優位が再び確立し、中曽根内閣のような長期政権を生み出した。それは、一九八〇年六月の大平正芳首相の急死と衆参同日選挙における自民党の大勝によって幕を開けた。派閥抗争の犠牲となったと見られた大平首相の後任には、大平派の番頭で温厚なまとめ役として知られた鈴木善幸が、予想を覆す形で就任した。鈴木首相は、党内闘争をやめることを主眼に、大臣数などを派閥の規模に応じて配分する総主流派体制に基づく人事を行い、政治を制度化することで政治の安定を取り戻そうとした。その背景には、田中角栄元首相がロッキード事件で逮捕されたのちも、圧倒的な最大派閥としての田中派が統治の中核を担うという体制があった。また、特定領域の政策に通じて利権配分に与かる、族議員と呼ばれる政治家たちが力をつけつつあったが、これも各省庁の官僚との密接な関係が前提であった。政官融合と田中派優位の下での総主流派体制が、一九八〇年代前半の政治の特徴である。

そうしたなか、一九八二年一〇月の鈴木首相の突然の辞意表面を受けた総裁選で、行政改革で注目を浴びた中曽根康弘が勝利して翌月に首相となった。発足当初は田中派の全面的な支持に基盤を置いたため「田中曽根内閣」とまで呼ばれていたが、田中角栄の一審有罪判決と病気による活動引退、竹下登らの創成会発足による田中派分裂を経て、中曽根内閣は自前の基盤を持って安定することになり、久しぶりの長期政権となった。その下で、安竹宮と呼ばれた安倍晋太郎、竹下登、宮沢喜一という次世代リーダーが競い合うことになった。そして中曽根内閣の主要課題が、日米関係の安定化、国鉄民営化などの行政改革、大型消費税の導入（これは実現せず）であった。

†第二臨調の行政改革

一九八〇年代の行政改革の背景には、石油危機後の財政出動をまかなった赤字国債の処理のために大平首相が提唱した大型間接税の導入が、一九七九年の総選挙の敗北によって封印されたという事情があった。そこで、当面の新税導入が見込めないなかで、「増税なき財政再建」が鈴木内閣のスローガンとなった。鈴木は、有力な首相候補であった河本《こうもと》敏夫と中曽根康弘を、経済企画庁長官と行政管理庁長官という軽量ポストで処遇し、経済の活性化による増収を河本に、行政改革による歳出削減を中曽根に託して、相互に競争させようとした。

中曽根が行管庁長官に就任すると、行管庁の官僚は長らく封印してきた大規模行政改革の機会が訪れたと考え、中曽根や鈴木も賛同して、一九八一年三月に第二次臨時行政調査会（第二臨調）が発足した。財界を代表して元経団連会長の土光《どこう》敏夫が会長に就任し、会長代理に財界から瀬島龍三がついたほか、官界・学界・労働界・報道界など、多様な背景を持つ委員をそろえて、行政改革の審議が展開した。

発足直後七月の緊急提言発表の後は、第二臨調には四つの部会が置かれ、第一部会が行政改革の理念などの総論、第二部会が行政組織や制度の検討、第三部会が国・地方の関係と、保護助成や規制監督行政の検討、第四部会が三公社五現業等の特殊法人を担当して、それぞれが答申の原案を作成した。いずれも一九八二年七月の基本答申（第三次答申）が山場であった。この答申では、「日本型福祉国家」の理念の提示や、総務庁の設置なども提起されたが、注目されたのは、国鉄などの民営化の方針を明確に打ち出したことであった。その後、臨調は省庁内部組織の柔軟化など残された課題を第五次（最終）答申にまとめ、一九八三年三月に解散した。中曽根内閣は、答申の最大限尊重を閣議決定して、その方針の実現を約束する。

こうした臨調の活動は、省庁官僚制やその背後にある諸利益集団あるいは族議員との調整を必要としており、通常は根回しに動く官僚が当事者であることもあって、瀬島などが「裏臨調」と呼ばれた場を使って政治的調整を行っていた。また土光や瀬島に対して田中派の政治家がそろって協力を誓ったというエピソードに見られるように、政治家が自ら処理できない課題処理を有識者にゆだねた形となった。強力な審議会が成立して、改革案の作成が通常の政治・行政における調整過程から切り離されたことは、通常との別の政策過程を展開させる空間を確保することを意図したものであったが、その活動を支えたのは、第二臨調に対する国民各層からの幅広い支持であった。これは、聖域とされていた官僚機構にメスを入れることを喜ぶ庶民感情に、第二臨調を率いる土光敏夫の廉直な人柄が、テレビ放送などで広く知られるようになったことから「土光ブーム」が起こったことが加わったものである。これには関係者がメディア戦略を積極的に展開して、世論を誘導していったという側面もあった。

†民営化の政治過程

第二臨調の行政改革には「増税なき財政再建」のために行政の合理化を求めるという基本姿勢があった。中曽根など政治家には、当時三K赤字と呼ばれた国鉄、米（食糧管理制度）、健保（医療保険）の解決、とりわけ国鉄問題の処理に大きな関心があった。第二臨調関係者の方は、行政の問題点を点検するという姿勢が強く、行政全体の仕組みの改革への取り組みが中心となったが、当時の体制では各省庁の自律性は高く、外から行政本体に切り込むのは難しく、多くの課題において省庁横並びの「一律削減方式」が基本となった。ただ国鉄など公共企業体については省庁自体の改革ではないので、監督官庁の協力が得られれば、改革が可能だという事情があった。

第二臨調で公社問題を担当したのが第四部会である。部会長に就任した加藤寛には国鉄問題などに従来から取り組んできた経験があった。そのほか元運輸事務次官の住田正二などの元官僚、山同陽一など民間経営に詳しい企業人に、労働組合関係者や、屋山太郎などのジャーナリストを加えて部会が構成されていた。事務局には行政管理庁の田中一昭が参加して、官僚の枠を超える活躍を見せることになる。

設置当初から、第四部会では、改革の対象となる国鉄や電電公社の関係者、監督官庁の関係者、関連の国会議員など、さまざまな関係者と接触を持って、状況を確認するとともに、落としどころを探っていった。このころ部会に呼ばれた真藤恒電電公社総裁の協力的な態度が目につき、電電公社の労使がともに民営化を否定しないということから、それに反対する郵政省や族議員を切り崩しながら、第四部会はまず電電公社民営化を推進し、それをてことして、国鉄改革に突き進んでいくことになる。

国鉄幹部には温度差はあっても外部からの改革を受け付けないという基本姿勢があり、労使ともに国鉄は臨調と対立し、資料提供などの協力も拒否するようになっていった。そのなかにあって改革三人組と呼ばれる中堅職員の井手正敬、松田昌士《まさたけ》、葛西敬之《よしゆき》らが二〇人ほどの国鉄職員を集め、臨調第四部会に協力して分割・民営化答申の作成を支えていくことになる。また、自民党でも族議員のなかから、三塚《みつづか》博などが国鉄改革に理解を示すようになり、三塚委員会（自民党交通部会国鉄再建小委員会）を舞台に、第四部会の動きを支える役割を果たしていく。そうした状況をみて、監督官庁の態度も変わり、運輸省でも第二臨調に協力する動きが出たほか、郵政省の態度も軟化していった。このような状況の変化を背景としつつ、第四部会は、基本答申に国鉄の分割・民営化を五年以内に実現するほか、電電公社の民営化と電気通信事業の規制緩和、専売公社の民営化などを含む大胆な改革案を盛り込むことに成功したのである。一九八五年四月電電公社は民営化され、日本電信電話株式会社（ＮＴＴ）が誕生し、翌年にはその株式が一般に売却されはじめ、ＮＴＴ株ブームとして、これまで株式を保有しない層にまで、株の売買が広まるきっかけとなった。

国鉄改革は、時間が限られる第四部会では細部の制度設計ができず、当事者の強力な反対があるなかで改革を推進するために、一九八三年五月に国鉄再建監理委員会が設置された。委員長には財界から第二臨調でも第三部会長を務めた亀井正夫が選ばれ、加藤寛と住田正二など第四部会のメンバーを含む五名の委員で構成された。最初は、反対意見に配慮して、分割・民営を表面から打ち出さなかったが、調整の進み具合を見ながら、監理委員会は静かに分割・民営化の具体案を作成していった。これに対して国鉄経営陣は独自案を作成し、資料提供も渋って監理委員会に対抗しようとした。しかし改革三人組などの協力者がいる監理委員会は、分割・民営化の論点を順番に整理していき、対外的には緊急提言を発信しながら、世論の動向を見て改革案を定着させようとした。それと同時にメディアで行革ブームが続いているなか、国鉄労使の実状暴露などによって、社会的に国鉄が批判されることが多くなる。政界では、橋本龍太郎自民党行政改革本部長などが自民党内の調整にあたっていたが、世論の変化を見て、有力な反対派であった加藤六月議員など族議員が国鉄から離れはじめた。そして、一九八五年六月には改革の転機となる、中曽根首相の決断による仁杉《にすぎ》巌《いわお》総裁以下の国鉄経営陣の退陣が起こる。中曽根は事前調整と、世論の動向を慎重に見極め、決断の時期を待っていたのである。これにより国鉄当局の反対は抑えられ、杉浦喬也・元運輸事務次官が総裁に就任、本社部門から異動させられていた国鉄内の改革派が呼び戻され、国鉄の体制が民営化推進へと転換した。国鉄内の労働組合も、当初から改革賛成の鉄労、次第に態度を曖昧にしていた動労、反対を貫く最大労組の国労というように、態度が分かれていった。

こうした情勢で一九八五年七月に監理委員会は分割・民営化を軸とする答申を提出し、内閣が最大限尊重を決めたほか、運輸省内にも改革本部が作られ、国鉄と協力して具体化へ進んでいくことになる。一九八六年の通常国会には国鉄改革関連法案が提出され、曲がりなりにも改革を支持する与党自民党と、反対する社会党との対決が政治の中心になった。同時に国鉄内では、改革に反対する国労が将来を不安視する組合員の大量脱退によって混乱に陥り、動労が改革に賛成するなど勢力図が激変しつつあった。国会審議と国鉄内労働組合間の主導権争いが並行したのである。国鉄改革法案は通常国会では継続審議となったが、その間に中曽根内閣は、衆参同日選挙でかつてない大勝を収めて基盤を盤石にしており、一一月に臨時国会で法案が成立した。一九八七年四月には、東日本旅客鉄道株式会社（JR東日本）などJR七社と国鉄清算事業団および新幹線保有機構が発足し、国鉄の分割・民営化が実現した。

†民営化の意味

国鉄や電電公社の民営化は、どのような意味を持ったのだろうか。まず、公益事業からの政府の役割の大幅な撤退が生じた。日本では、電力などは早くから民営であるが、国鉄や電電公社などを通じて、公益事業における国の役割がそれなりにあった。象徴的な事例が、物価高騰時の公共料金決定であり、国鉄料金が国会議決事項であったために、鉄道運賃が政治的判断の対象となっていた。物価高騰を抑えたい政治の側が、運賃を抑制的にしたため、物価高騰時には国鉄の経営は必然的に悪化する傾向にあった。また「我田引鉄」と呼ばれるように、国会議員が自らの選挙区への鉄道整備を要求することが絶えず、そのため経営合理性がない新線が建設されて国鉄財政を悪化させるという事例が多く見られた。電電公社についても、その公的から新技術などを自前で育成することへのこだわりがあり、海外からの新技術導入に消極的だという批判もあった。また国鉄などは規模が大きすぎて、有効な人事管理ができないという問題もあって、分割を伴う民営化につながった。公共性確保と合理的な経営の両立を目指した公社制度であるが、その実現は容易ではなく、矛盾を前にむしろ無責任体制を生む傾向もあったのである。

また大きな影響があったのは労使関係である。国労など国鉄の労働組合は戦闘的なことで知られ、一九七〇年代には「スト権スト」などで鉄道の運行を止めて大きな衝撃を与えるなど、労働組合の代表的存在であった。また国鉄改革の背景には、労働組合が職場を支配し、経営側の意向が通らないまま、無責任体制が蔓延するという状況の打破という目的もあった。結果として国労が崩壊し、動労が協調路線に転向するほか、電電公社の全電通は民営化を積極的に受け入れるなど、労使対決型の公共企業体労働組合が、大勢として労使協調路線をとるようになった。これは戦闘的労組の減少という点で労組弱体化にも見えるが、それまでにも日本の民間労組の主流は労組協調型であり、国鉄などの民営化によって、労使協調型の労働関係が全面的に定着したともいえる。それは連合（日本労働組合総連合会）の結成につながり、多くの労働組合が勢力を結集させることによって、政治的な影響力を高め、結果的に自民党の下野を伴う政権交代への道を開く流れにつながってくる。

また、民営化は一定の規制緩和を可能とする。電電公社に電気通信事業が独占されていたときには、全国一律の制度の下で、電話機に至るまで電電公社の規格通りの製品であり、新たな技術導入をめぐって競争が起こるということもなかった。しかし民営化とともに電気通信事業への新規参入が認められたこの時期は、データ通信の誕生など情報通信産業の激変が始まる時代に重なった。民営化によって、競争条件を整えるために関連法令が増えたことをもって、民営化が規制強化につながったとみる見方もあったが、全面禁止には具体的な条文はほとんど必要ないが、新規参入を認めて幅広いアクターが競争するためには、通信基準の設定など具体的な規制が必要となるのである。こうした民営化による規制の整備は、いずれインターネットやモバイル通信の時代を迎えるに先立って、日本における情報通信政策を自由化するという側面があり、その後の社会の変化に大きな意味を持った。

†臨調行革方式の影響

国鉄が民営化され、ＮＴＴ株が売り出された日本は、後から見ればバブル経済のなかにあり、その中でリクルート事件など政治の自壊が進んでいく。政治改革が叫ばれ、制度改革の時代となる平成の幕開けである。ただ、第二臨調と民営化の成功体験は、その後も長く日本政治に影響を与える。政官融合体制が継続し、首相の指導力がなかなか確立しないなかで、その代替策として首相の下に大がかりな審議会をおき、改革を実現するというやり方は、行革審など直接の後継機関だけではなく、規制改革会議をはじめとして小泉内閣頃まで、さまざまな改革に用いられていく。そこでの改革課題も、民営化や行政組織編成の柔軟化、地方分権、規制改革など第二臨調が掲げたものが多く、その意味で第二臨調は制度改革の時代を、内容と手法の両面で準備したともいえる。

その根底には、政党や政治家が有権者の意を受けつつ、またそれを誘導し、民主的基盤に立って改革を主導するということが難しい政治の仕組みのなかで、大規模な改革を行うための便法という面があった。関係者の利害関係が錯綜して動かしがたいとき、そうした日常的な政策調整から隔離された場として権威ある審議会を作り、その場を借りて利害調整を行いながら、世論を誘導して改革への賛成を取り付けるというのが、臨調方式の基本的な図式である。そこで、いずれ政治主導が曲がりなりにも実現の兆しが見え始めたとき、その方式は、次第に用いられなくなっていくが、それに変わる政治の仕組みが生み出されるまでには、それなりの経緯が必要であり、有効性を失ってもなお、臨調方式はモデルとされ続けているのである。

さらに詳しく知るための参考文献

牧久『昭和解体――国鉄分割・民営化三〇年目の真実』(講談社、二〇一七)……国鉄民営化の過程を同時代に取材していた記者が、その後に出版されたさまざまな書籍を消化したうえで、関係者への取材をも加えて書いており、労使関係を軸にしながら、国鉄民営化の流れについて述べたものとして、現段階での決定版である。

飯尾潤『民営化の政治過程――臨調型改革の成果と限界』(東京大学出版会、一九九三)……第二臨調の行政改革を全体として記述しつつ、国鉄と電電公社の民営化を、日本における改革政治の具体化として描いたもので、制度改革への関心が強く、労使関係にやや弱いところがあるが、日本政治全体の文脈のなかで改革を記述している。

草野厚『国鉄改革――政策決定ゲームの主役たち』(中公新書、一九八九。同内容の増補版として草野厚『国鉄解体――JRは行政改革の手本となるのか』講談社文庫、一九九七)……民営化とほぼ同時代に出版された書籍であり、当時の一般的な見方を背景に、国鉄改革を、関係者の動きを生き生きと中心に描いた書籍で、国鉄改革の基本的な書籍である。

大谷健『JR一〇年の検証　国鉄民営化は成功したのか』(朝日新聞社、一九九七)……民営化前から国鉄問題を専門にした新聞記者が、改革後一〇年で論点を整理したもの。全体として民営化に肯定的だが、いくつかの論点を整理して、民営化の成否について検証している。

＊大きな事件であっただけに、国鉄改革に関する当事者の証言は多いが、もちろんその立場と出版目的によって内容はさまざまである。最近になって出た書物として、葛西敬之『国鉄改革の真実――「宮廷革命」と「啓蒙運動」』(中央公論新社、二〇〇七)、秋山謙祐『語られなかった敗者の国鉄改革――「国労」元幹部が明かす分割民営化の内幕』(情報センター出版局、二〇〇九)がある。

第21講　バブル時代の政治

村田晃嗣

†バブル前夜

一九七九年にハーヴァード大学の社会学者エズラ・ヴォーゲルが『ジャパン・アズ・ナンバー・ワン』を出版した。そして、九〇年にはイギリスのジャーナリスト、ビル・エモットが『日はまた沈む――ジャパン・パワーの限界』を刊行した。この一〇年ほどで、日本に対する国際的評価は賞賛から怨嗟《えんさ》へと大きく変化した。

日本人の自己評価も同様であった。

一九八三年四月四日に、日本放送協会（ＮＨＫ）の朝の連続小説「おしん」が始まった。明治時代の山形で貧農の子として生まれたヒロインが、苦労を重ねながら成長していく一代記である。「おしん」はわずか一カ月で視聴率五〇％に達し、一一月には六二・九％を記録するに至った。日本のテレビ・ドラマ史上、最高の数字である。この番組は八三年最大の社会現象となり、「おしんドローム」とさえ呼ばれた。この造語は、翌年の新語流行語大賞金賞（新語部門）を獲得した。因みに、銅賞（同）は「パラノとスキゾ」という思想用語であったから、当時の日本文化はいささか分裂ぎみであった。多くの発展途上国でも、「おしん」は大ヒットした。

国際政治学者の高坂正堯は、「おしんドローム」の逆説を鋭くついている。「個人の美徳は常に公共の必要とは合致しない。勤勉は高い生産性と多額の貯蓄を生む。それらが現在の内需の不振と輸出の増大を招くのであり、その結果、膨大な貿易収支の黒字が生み出される」、「現在の日本人が『おしん』とちがって、もう少し働かないか、あるいは浪費してくれるほうが公共の必要に合致するといえよう」。

確かに、日本は貿易黒字を累積し、日本人は東京ディズニーランド（一九八三年開園）に象徴される新奇な消費と飽食を楽しんでいたが、人々はかつてのライフスタイルや美徳を懐かしんでもいた。ロッキード事件を抱えながらも、自由民主党優位の五五年体制は安定しており、「三角大福中」（三木武夫、田中角栄、大平正芳、福田赳夫、中曽根康弘の略称）と呼ばれた派閥領袖の最後の一人として、中曽根が八二年に首相の座に着いていた。八〇年代前半の日本は、政治も文化も戦後の枠組みや価値観にまだまだ拘束されていたのである。

ところが、一九八五年になると、国際情勢は激変する。ソ連では、改革派で五四歳のミハエル・ゴルバチョフが共産党書記長に就任し、結果として、冷戦の終焉とソ連の崩壊への道を歩み出した。日本が軽武装で経済発展に専念できた国際環境が、終わりの始まりを迎えつつあったのである。また、第一次世界大戦勃発時の一九一四年以来、七一年ぶりにアメリカは債務国に転落した。

有名なジャーナリストのセオドア・ホワイトは「日本からの危険」という論文で、日本の集中豪雨的な輸出を「敵対的貿易」と呼んだ。『ジャパン・アズ・ナンバー・ワン』からわずか六年後のことである。「国民一人当たり一〇〇ドルの外国製品を買いましょう」と、中曽根首相がテレビで訴えたのは、八五年四月であった。高坂の指摘した個人の美徳（過去）と公共の必要（現在）の乖離が、ますます大きくなっていったのである。

同年九月には日本、アメリカ、イギリス、西ドイツ、フランスの先進五カ国蔵相・中央銀行総裁会議がニューヨークの老舗プラザ・ホテルで開かれ、貿易不均衡を助長しているドル高を是正すべく、協調介入を決めた。その後、円・ドルのレートは一ドル二四〇円前後から年末には二〇〇円を割るに至った。急速な円高が日本経済を襲い、ドル換算での日本の国民所得は急増し、日本の市場価値も高まっていく。八〇年代前半は日本の貿易黒字が問題とされたが、その後半は日本市場の閉鎖性が問題視されるようになった。この頃から、株価や地価の高騰に支えられたバブル景気が始まった。円高と可処分所得の増加で、高価なブランド商品が大量に輸入されるようになり、バブル現象は文化やライフスタイルにも及んだ。

さらに一九八七年である。一一月には、五年の長期政権となった中曽根内閣が終わり、竹下登が首相となった。七年八ヵ月に及ぶ佐藤栄作内閣の後に、ほぼ二年ごとの内閣が中曽根登場まで一〇年続いたように、以後二〇〇一年の小泉純一郎内閣の登場まで、日本の政治は不安定化する。一二月には米ソ両国が中距離核戦力(INF)全廃条約を締結し、史上初の核軍縮が約束された。少なくとも、七九年末のソ連によるアフガニスタン侵攻以来の米ソ新冷戦は、ここに終息した。

この間、四月には日本国有鉄道が一一四年の歴史を閉じて、六社のJRに分割・民営化された(日本専売公社と日本電信電話公社は、すでに八五年に民営化されていた)。また、内需拡大のための低金利政策が続き、増大した資金需要は土地や株に向けられた。バブル景気はますます進行していた。八七年四月の国土庁の地価公示によると、東京の地価は前年度比五九・三%と史上最高の上昇率となり、銀座五丁目では一坪一億円に達するところもあった。国内外で大きな枠組みが変化し、人びとは「おしん」の美徳はかなぐり捨てて、新しい時代を迎えようとしていた。

†昭和の終焉

竹下登は島根県会議員を務めた素封家を父に持ち、早稲田大学商学部卒業後に地元の代用教員などを経て自らも島根県会議員となり、一九五八年に衆議院議員に初当選して佐藤派、のちには田中派で重きをなした。つまり、広い意味での世襲政治家であり、私立大学出身の党人派であった。それまでの戦後の多くの首相は世襲政治家ではなく、帝国大学出身の元高級官僚であった。竹下以降の歴代の首相は、私学出身の世襲政治家が主流になる。

竹下は忍耐強く勢力を拡大して田中派を簒奪し、中曽根から後継指名を受けた。地価対策、税制改革、高齢化社会への対応といった中曽根内閣の宿題を、竹下は最重要課題として位置づけており、工業、輸出、若者文化、東京圏への過剰依存を克服しようとしていた。「竹下内閣が政治目標や理念を持たない政権であったというのは、むしろ不当な評価である」と、政治学者の久米郁男は指摘している。実際、竹下は「ふるさと創生計画」を進め、大平や中曽根が挫折した消費税の導入を実現した（税率は三％、八九年四月から実施）。「若聞く人なくば、たとひ辻立ちして成とも吾志を述べん」と、石田梅岩（江戸時代中期の思想家）を引用して、竹下は消費税導入の決意を示した。世論と野党はこの増税に強く反発したが、竹下の決断と「精巧な政治手法」（飯尾潤）がなければ、日本の財政状況ははるかに悪化していたはずである。

だが、消費税をめぐる与野党攻防の頃すでに、リクルート事件が政界を蝕んでいた。リクルート社が就職情報誌の規制緩和を求めるために、子会社リクルートコスモスの未公開株を政治家や財界人、高級官僚ら七六人に譲渡していたのである。中曽根、宮沢喜一、安倍晋太郎らを含む「実力者総汚染」と呼ばれ、ロッキード事件以来の大型疑獄となった。まさにバブル景気の鬼子であった。消費税導入の国会審議中に、宮沢は大蔵大臣辞任に追い込まれたし、中曽根内閣で官房長官を務めた藤波孝生に至っては、のちに逮捕される。こうして、「政治とカネ」の問題が再び注目され、自民党は政治改革を進めざるをえなくなった。やがて、これが中選挙区制から小選挙区制へという選挙制度改革につながる。

昭和天皇も病魔に蝕まれていた。すでに天皇は一九八七年に手術のために一時入院したが、八八年八月一五日の終戦記念日の追悼式参加が最後の公務となり、九月には吐血し重体に陥った。十二指腸癌であった。社会には自粛ムードが広がり、テレビのバラエティー番組さえ変更され、宴会のキャンセルが相次いだ。全国でお見舞いの記帳所が二〇〇〇も設営され、記帳者の合計は六〇〇万人に上った。昭和が終わろうとしているのは、もはや誰の目にも明らかであった。

翌一九八九年一月七日午前六時三三分、ついに昭和天皇は崩御した。享年八七、こうして昭和は終わった。この日、東京は終日曇天であった。「顧みれば、昭和の時代は、世界的な大恐慌に始まり、悲しむべき大戦の惨禍、混乱と窮乏極まりなき廃墟からの復興と真の独立、比類なき経済の成長と国際国家への発展と、正に激動の時代でありました」と、竹下首相の「謹話」は昭和を総括した。ただし、「お心ならずも勃発した先の大戦において」という「謹話」の表現は、後に韓国の新聞などで問題視される。

崩御を受けて明仁皇太子がただちに天皇に即位し、九日の午前中には、「皆さんとともに日本国憲法を守り、これに従って責務を果すことを誓い」と、平易な表現で「お言葉」を述べた。八日午後には、小渕恵三官房長官が「平成」という新元号を発表した。出典は『史記』の「内平らかに外成る」と『書経』の「地平らかに天成る」である。「激動」の昭和とは異なる時代が想定されていた。

二月二四日に、昭和天皇の「大喪の礼」が新宿御苑で執り行われた。冷雨の中を三万二〇〇〇人の警察官が警備に当たり、沿道では二〇万人の人々が昭和天皇を見送った。海外からは一六三カ国、二八国際機関の弔問代表・使節が参列した。うち五五人は国家元首級であった。アメリカのジョージ・H・ブッシュ大統領にとっては、これが最初の外遊でもあった。この「大喪の礼」は一九六七年の吉田茂首相の国葬や八〇年の大平首相の葬儀をはるかに上回る規模のものであり、敗戦の亡国の淵から経済大国に再生した日本の全盛を示すものとなった。国際的に見ても、八〇年のユーゴスラビアのヨシップ・ブロズ・チトー大統領の国葬を凌ぐ史上最大規模のものであり、一九〇一年（昭和天皇の生年）のイギリスのビクトリア女王の葬儀以来とも称された。ビクトリア時代が六四年続いたように、昭和も六二年に及んだ。女王崩御の後に大英帝国が浮薄なエドワード時代を迎えたが、平成日本も政治的・経済的・社会的に落ち着きのない時代になりそうであった。

†五五年体制の動揺と冷戦の終焉

消費税導入に加えて、リクルート事件への世論の反発は大きく、一九八九（平成元）年二〜三月の地方選挙では自民党が連敗し、竹下内閣への支持率も急落した。竹下首相は、政治改革に「自らのすべてをかけて取り組む」と宣言した。しかし、その竹下自身がリクルート社から政治献金を受けていたことが明らかになった。四月には、内閣支持率はわずか三・九％（共同通信社）に落ち込んだ。一九八九年度予算成立を控えて国会は空転し、四月二五日に竹下はついに政治不信の責任をとって予算成立後に辞任すると表明した。

問題は後継人事である。「三角大福中」の次世代リーダーは、「安竹宮」と称された。安倍、竹下、宮沢の略である。だが、竹下内閣は倒れ、安部は病に冒され、宮沢もリクルート事件で手負いであった。紆余曲折を経て、宇野宗佑外相の名前が浮上した。宇野は政策通のベテランで、中曽根派のナンバー2であった。急速な世代交代を望まない勢力にとっては、適当な人材であった。

六月二日に宇野内閣が成立した。七月の参議院議員選挙を乗り切るのが、この内閣の至上命題であった。ところが、その二日後には中国の人民解放軍が民主化を求める学生運動を弾圧し、流血の惨事となった。天安門事件である。以後、中国の動向は国際政治の重大問題となる。だが、発足間もない宇野内閣は、対中円借款の一時停止や両国政府高官の接触中止を決めるのが、やっとであった。さらに、週刊誌が宇野首相の女性問題を暴露した。宇野首相はなんとかアルシュ・サミットには出席したが、七月の東京都議会議員選挙と参議院選挙で、自民党はともに惨敗した。都議会議員選挙では、社会党の土井たか子委員長が「山が動いた」と、五五年体制の終焉を予言した。冷戦が終焉に向う中で、冷戦の国内版たる五五年体制が動揺するのは、当然であった。実際に参議院選挙では、自民党史上初の与野党逆転を許した。これ以降、参議院で自民党が単独で過半数を制したことは一度もない。在職わずか六九日で、宇野は官邸を去ることになった。

再び、後継人事が問題となる。竹下ら実力者は、やはり大幅な世代交代を避けたかった。また、自民党への支持回復のためには、スキャンダルと無縁で清廉な人物が望ましかった。さらに、どうせ傀儡なら操作しやすい人物がよい。自民党の幹事長となる竹下派の小沢一郎などは、「御輿を担ぐなら軽いほうがいい」と放言したとされる。そこで、選ばれたのが海部俊樹である。文部大臣を経験しただけで、弱小派閥の河本敏夫派（旧三木派）に属していた。スキャンダルとは無縁で、五八歳とまだ若く、その弁舌は爽やかであった。八月九日に、海部内閣が成立した。初の昭和生まれの首相の誕生であった。ただし、野党が多数を制する参議院では土井が首班指名され、両院協議会を経て新内閣の発足となった。

だが、やはり国際情勢ははるかに急速に変化しつつあった。海部内閣発足から一〇日後の八月一九日に、およそ一〇〇〇人の東ドイツ市民がオーストリアに脱走した。ハンガリー経由の脱走も後を絶たなかった。一〇月にはついに、東ドイツのエーリッヒ・ホーネッカー国家評議会議長が辞任に追い込まれ、ハンガリーも人民共和国を共和国に改称した。そして、一一月九日には、冷戦の象徴であったベルリンの壁を東ドイツ政府が事実上開放した。七一年前に第一次世界大戦に敗れてドイツ帝国が崩壊した、ちょうどその日であった。この一一・九から世界はポスト冷戦時代に入り、それは一二年後の九・一一（二〇〇一年の同時多発テロ）まで続く。翌一〇日には東西ベルリン市民たちが壁を破壊し始めた。

一二月には、米ソ両超大国の首脳がマルタ島で会談し、新たな世界秩序形成に努力することで意見が一致した。他方、ルーマニアでも二四年間続いたニコライ・チャウシェスク政権が倒れ、大統領夫妻は銃殺された。その惨めな遺体を世界中のメディアが報じた。多くの独裁者たちは決して「第二のチャウシェスク」になるまいと誓ったことであろう。

こうして、一九八〇年代が終わる頃には、昭和が幕を閉じ、冷戦も終焉した。アメリカの政治学者フランシス・フクヤマに至っては、「歴史の終わり」を論じていた。弁証法的なイデオロギー対立としての普遍的な歴史は終わった、というのである。

だが、バブル景気はまだまだ膨張していた。年末に国税庁が発表したところによると、前年の企業交際費は四兆五五〇〇億円で、史上最高となった。一二月二九日、東京証券市場の平均株価は、これまた史上最高の三万八九一五円となった。プラザ合意のあった一九八五年と比べて、約三倍である。同様に、六大都市の商業地の地価も、およそ四倍になっていた。

こうしたバブル景気の陰で、新宗教団体オウム真理教による信徒の殺害や教団を批判した坂本堤弁護士一家の殺害（八九年一一月）が発生していた。また、東京と埼玉では、宮崎勤という若者が幼女四人を猟奇的に殺害する事件も起きていた。これらの事件にはアニメなど視覚的で空想的なバブル文化が影響しているとも、のちには盛んに論じられた。

また、アメリカでは、非関税障壁に守られた巨大な日本市場の閉鎖性が問題視され、日本社会はアメリカ社会と異なる構造や価値観からなるとする日本異質論が勢いを得ていた。こうした現象は、ソ連の軍事的脅威が後退するのと並行している。八九年秋からは、日本社会の構造変化に取り組む日米構造障壁協議（ＳＩＩ）が開始されていた。アメリカ側は「日本の消費者の利益」を口実に、攻勢を強めた。ソニーによるコロンビア・ピクチャーズ・エンターテイメント買収や、三菱地所によるロックフェラー・グループの買収も、大いに注目されていた。冷戦に勝利したのはアメリカではなく日本である、ソ連の軍事的脅威の次は日本の経済的脅威だといった言説が、皮肉をこめて語られた。

†バブルの崩壊と「短い二〇世紀」の終わり

一九九〇年一月に海部首相は衆議院を解散し、二月に総選挙となった。当初は与野党逆転も噂されたが、海部内閣の支持率は上昇しており、自民党は前回よりも二〇議席ほど減らしながらも安定多数を維持した。だが、党内基盤の弱い海部内閣を支えているのは竹下派であり、小沢幹事長が豪腕を振るった。三月には平均株価の三万円割れが起こり、円と株価と債権のトリプル安が生じたが、大阪圏の住宅地は前年度比五六パーセントと過去最高の上昇率を示しており、景気後退やバブル崩壊の予感は乏しかった。七月にはSIIも日本側が一〇年間で四三〇兆円を公共事業に投じることなどで決着し、内閣支持率は六二・五パーセント（読売新聞）にも達した。

ところが、そこにイラクによるクウェート侵攻が生じた。アメリカは巧みな外交で国際連合安全保障理事会決議に基づく多国籍軍を結成し、イラクにクウェートからの速やかな撤退を求めた。冷戦時代には考えられなかった地域紛争に、米ソが国連で協力して対処したのである。だが、イラクが撤退を拒否したため、翌九〇年一月には多国籍軍がイラクを攻撃し、一ヵ月ほどで圧勝した。この湾岸戦争は「もとより日本にとって自衛戦争でも侵略戦争でもなく、したがって日本国民の心の辞書には存在しない項目であった」(五百旗頭真。五百旗頭編二〇一四)。日本は九〇年八月に一〇億ドル、九月に三〇億ドル、さらに九一年一月には九〇億ドルを多国籍軍に支援すると決めたが、自衛隊を派遣することはできず、日本の貢献は「あまりにも小さくあまりにも遅い」とアメリカから批判された。「冷戦の勝者」は一転して冷戦後の外交的敗者になったのである。この挫折はその後の日本外交に強く刻印する。

この間、大蔵省や日本銀行の金融引き締めや公定歩合の引き上げ、湾岸戦争による原油価格の高騰などが重なり、一九九〇年一〇月には平均株価がついに二万円を割り、九一年夏頃には地価も下落して、バブル経済の崩壊が始まった。だが、自民党内では国会対策、安全保障、政治改革などで対立が深まり、海部内閣が提出した政治改革関連法案は九月末に廃案となった。ここに海部内閣は総辞職し、宮沢喜一内閣が成立した(東京帝国大学法学部を卒業した最後の首相)。九一年末には、ついにソ連も解体した。宮沢内閣も党内対立に揺れたまま小沢らの離党を招き、九三年七月の衆議院総選挙で過半数を喪失して退陣する。五五年体制の崩壊である。

イギリスの歴史家エリック・ホブズボームによると、一九世紀がフランス革命の一七八九年に始まり第一次大戦が勃発する一九一四年まで続いた「長い世紀」だったのに対して、二〇世紀は一九一四年からソ連が崩壊する一九九一年までの「短い世紀」であった。とすれば、まず新冷戦が終わり、次いで昭和が終わり、冷戦が終わり、そして、「短い二〇世紀」も終わった。

やがて、冷戦の国内版たる五五年体制も終わる。つまり、この時期は終焉の連鎖だったのである。ただし、その後にリベラル・デモクラシーが普遍化したとはいえず、「歴史の終わり」は到来しなかった（フクヤマも自らの誤りを認めている）。

こうした慌しい終焉の連鎖の中で、日本人は「おしん」的な勤勉や謙虚さを失ってすでに久しく、今やバブル期の活力と自信も喪失した。そのため、「失われた一〇年」や「第二の敗戦」と呼ばれる停滞の時期を迎え、戦後という概念を清算することができなかった。『日はまた沈む』でバブル経済崩壊を予言したエモットは、二〇〇六年には『日はまた昇る』と日本人を励まさなければならなかったのである。

さらに詳しく知るための参考文献

フランシス・フクヤマ（渡部昇一訳）『歴史の終わり』上・中・下（三笠書房、一九九二）……一九八九年に発表された論文を具体化した大著。国際社会でリベラル・デモクラシーが勝利し、弁証法的なイデオロギー対立としての歴史は終わったと宣言した。実際の政治分析としてより政治哲学として興味深い。

エリック・ホブズボーム（大井由紀訳）『20世紀の歴史――両極端の時代』上・下（ちくま学芸文庫、二〇一八）……本講で紹介した時期区分を提示しており、さらに、一九一四年から第二次大戦終結の四五年までを破滅の時代、四五年から第一次石油危機の七三年までを高度成長の黄金時代、そして、七三年から九一年までを危機の時代と細分している。

渡邉昭夫編『戦後日本の宰相たち』（中公文庫、二〇〇一）……戦後日本の歴代首相の経歴や業績を簡潔に検証した人物史で、本講の対象である中曽根、竹下、宇野、海部の各首相についても手際よく紹介されている。

村田晃嗣『プレイバック一九八〇年代』（文春新書、二〇〇六）……一九八〇年代の政治外交、経済、社会文化現象を、著者の体験を交えつつまとめた編年史。八〇年代を小泉純一郎内閣から第一次安倍晋三内閣の時期と重ね合わせて考察している。

原宏之『バブル文化論——〈ポスト戦後〉としての一九八〇年代』（慶應義塾大学出版会、二〇〇六）……一九八四〜八六年をバブル文化の移行期ととらえ、その前後の政治・経済現象を時期区分しながら思想史的に考察した力作。

北岡伸一『自民党——政権党の38年』（中公文庫、二〇〇八）……結党から一九九三年まで自民党が単独政権を維持した時代を、派閥力学や政策、政治家の個性などから立体的に描いた名著。

五百旗頭真編『戦後日本外交史　第3版補訂版』（有斐閣、二〇一四）……戦後日本外交史のスタンダードな通史で、参考文献や年表が充実している。本講との関係では、5章と6章を参照されたい。

編・執筆者紹介

筒井清忠（つつい・きよただ）【編者／まえがき】
一九四八年生まれ。帝京大学文学部長・大学院文学研究科長。京都大学大学院文学研究科博士課程単位取得退学。専門は日本近現代史、歴史社会学。著書『戦前日本のポピュリズム』（中公新書）、『近衛文麿』（岩波現代文庫）、『満州事変はなぜ起きたのか』『陸軍士官学校事件』（以上、中公選書）、『石橋湛山』（中公叢書）、『昭和戦前期の政党政治』（ちくま新書）、『昭和史講義』（編著、ちくま新書）など。

＊

牧野邦昭（まきの・くにあき）【第1講】
一九七七年生まれ。摂南大学経済学部教授。京都大学大学院経済学研究科博士後期課程修了。博士（経済学）。専門は近代日本経済思想史。著書『経済学者たちの日米開戦』（新潮選書）、『新版　戦時下の経済学者』（中公選書）、『柴田敬』（日本経済評論社）、『昭和史講義』『昭和史講義２』（共著、ちくま新書）など。

五百旗頭　薫（いおきべ・かおる）【第2講】
一九七四年生まれ。東京大学大学院法学政治学研究科教授。東京大学法学部卒業。博士（法学）。専門は日本政治外交史。著書『〈嘘〉の政治史――生真面目な社会の不真面目な政治』（中公選書）、『大隈重信と政党政治――複数政党制の起源　明治十四年―大正三年』（東京大学出版会）、『条約改正史――法権回復への展望とナショナリズム』（有斐閣）、『自由主義の政治家と政治思想』（共編、中央公論新社）など。

駄場裕司（だば・ひろし）【第3講】
一九六四年生まれ。著述家。広島大学大学院社会科学研究科博士後期課程修了。博士（学術）。著書『天皇と右翼・左翼』（ちくま新書）、『後藤新平をめぐる権力構造の研究』（南窓社）、『大新聞社――その人脈・金脈の研究　日本のパワー・エリートの系譜』（はまの出版）、『日本海軍史の研究』（共著、吉川弘文館）など。

城下賢一（じょうした・けんいち）【第4講】
一九七五年生まれ。大阪薬科大学薬学部准教授。京都大学大学院法学研究科博士課程単位取得退学。専門は日本政治史。著書『「18歳選挙権」時代のシティズンシップ教育』（共著、法律文化社）、『刷新する保守』（共著、弘文堂）、『リアル・デモクラシー』（共著、岩波書店）、『変革の鍵としてのジェンダー』『比較福祉国家』（以上共著、ミネルヴァ書房）など。

宮城大蔵（みやぎ・たいぞう）【第5講】
一九六八年生まれ。上智大学総合グローバル学部教授。一橋大学大学院法学研究科博士課程修了。博士（法学）。著書『バンドン会議と日本のアジア復帰』（草思社）、『戦後アジア秩序の模索と日本』（創文社）、『現代日本外交史』（中公新書）、『戦後日本のアジア外交』（編著、ミネルヴァ書房、国際開発研究大来賞受賞）、『普天間・辺野古　歪められた二〇年』（共著、集英社新書）など。

藤井信幸（ふじい・のぶゆき）【第6講】
一九五六年生まれ。東洋大学経済学部教授、博士（経済学、早稲田大学）。早稲田大学大学院経済学研究科博士課程単位取得退学。専門は近現代日本経済史。著書『テレコムの経済史』（勁草書房）、『通信と地域社会』（日本経済評論社）、『地域開発の来歴』（日本経済評論社）、『世界に飛躍したブランド戦略』（芙蓉書房）、『池田勇人』（ミネルヴァ書房）など。

牧原　出（まきはら・いづる）【第7講】
一九六七年生まれ。東京大学先端科学技術研究センター教授。東京大学法学部卒業。博士（学術）。専門は行政学・日本政治史。著書『内閣政治と「大蔵省支配」――政治主導の条件』（中公叢書）、『行政改革と調整のシステム』（東京大学出版会）、『崩れる政治を立て直す――21世紀の日本行政改革論』（講談社現代新書）など。

井上正也（いのうえ・まさや）【第8講】
一九七九年生まれ。成蹊大学法学部教授。神戸大学大学院法学研究科博士後期課程修了。博士（政治学）。専門は日

本政治外交史。著書『日中国交正常化の政治史』（名古屋大学出版会）、『戦後日本のアジア外交』（共著、ミネルヴァ書房）など。

浜田幸絵（はまだ・さちえ）【第9講】
一九八三年生まれ。島根大学法文学部准教授。東京経済大学大学院コミュニケーション学研究科博士後期課程修了。博士（コミュニケーション学）。専門はメディア史。著書『日本におけるメディア・オリンピックの誕生——ロサンゼルス・ベルリン・東京』（ミネルヴァ書房）、『〈東京オリンピック〉の誕生——一九四〇年から二〇二〇年へ』（吉川弘文館）など。

佐藤　晋（さとう・すすむ）【第10講】
一九六七年生まれ。二松学舎大学国際政治経済学部教授・キャリアセンター長。慶應義塾大学大学院法学研究科後期博士課程修了。博士（法学）。専門は日本現代史、戦後東アジアの国際関係。著書『戦後日本の歴史認識』（共著、東京大学出版会）、『戦後日本首相の外交思想』『戦後日本のアジア外交』『冷戦変容期の日本外交』（以上共著、ミネルヴァ書房）、『東アジア近現代通史　第9巻　経済発展と民主革命』（共著、岩波書店）など。

木村　幹（きむら・かん）【第11講】
一九六六年生まれ。神戸大学大学院国際協力研究科教授。京都大学大学院法学研究科博士後期課程中途退学。博士（法学）。専門は比較政治学、朝鮮半島地域研究。著書『朝鮮／韓国ナショナリズムと「小国」意識』『韓国における「権威主義的」体制の成立』『日韓歴史認識問題とは何か』（以上、ミネルヴァ書房）、『民主化の韓国政治』（名古屋大学出版会）、『歴史認識はどう語られてきたか』（千倉書房、近刊）、『平成時代の日韓関係』（共編著、ミネルヴァ書房）など。

西山　伸（にしやま・しん）【第12講】
一九六三年生まれ。京都大学大学文書館教授。京都大学大学院文学研究科博士課程単位取得退学。専門は日本近現代史、高等教育史。共著書『学校沿革史の研究　総説編』『学校沿革史の研究　大学編1』『学校沿革史の研究　大学編

2』(以上、野間教育研究所紀要)、『京大生・小野君の占領期獄中日記』(京都大学学術出版会)など。

平良好利(たいら・よしとし)【第13講】
一九七二年生まれ。中京大学総合政策学部准教授。法政大学大学院社会科学研究科博士後期課程修了。博士(政治学)。専門は日本政治外交史、沖縄現代史。著書『戦後沖縄と米軍基地』(法政大学出版局)、『対話 沖縄の戦後』(共編、吉田書店)、『沖縄返還関係資料』全七巻(共編、現代史料出版)など。

小堀 聡(こぼり・さとる)【第14講】
一九八〇年生まれ。名古屋大学大学院経済学研究科准教授。大阪大学大学院経済学研究科博士後期課程修了。博士(経済学)。専門は近現代日本経済史、環境史。著書『日本のエネルギー革命』(名古屋大学出版会)、『京急沿線の近現代史』(クロスカルチャー出版)など。

秋山信将(あきやま・のぶまさ)【第15講】
一九六七年生まれ。一橋大学大学院法学研究科/国際・公共政策大学院教授。一橋大学博士(法学)。専門は国際政治、特に軍備管理軍縮・不拡散および原子力政策。広島平和研究所講師、日本国際問題研究所主任研究員、在ウィーン国際機関日本政府代表部公使参事官などを経て現職。著書『核不拡散をめぐる国際政治』(有信堂)、『NPT――核のグローバル・ガバナンス』(岩波書店、編著)、『「核の忘却」の終わり』(勁草書房、共編著)など。

平野 創(ひらの・そう)【第16講】
一九七八年生まれ。成城大学経済学部教授。一橋大学大学院商学研究科博士後期課程修了。博士(商学)。専門は戦後日本経営史。著書『日本の石油化学産業』(名古屋大学出版会)、『出光興産の自己革新』(共著、有斐閣)、『日本の産業と企業』(共編著、有斐閣)、『化学産業の時代』『コンビナート統合』『コンビナート新時代』(以上、共著、化学工業日報社)など。

若月秀和(わかつき・ひでかず)【第17講】

一九七〇年生まれ。北海学園大学法学部教授。立教大学大学院法学研究科博士課程修了。博士（政治学）。専門は日本政治外交史。著書『「全方位外交」の時代――冷戦変容期の日本とアジア　1971～80年』（日本経済評論社）、『現代日本政治史4　大国日本の政治指導　1972～1989』（吉川弘文館）、『冷戦の終焉と日本外交――鈴木・中曽根・竹下政権の外政　1980～1989年』（千倉書房）など。

山口　航（やまぐち・わたる）【第18講】
一九八五年生まれ。帝京大学法学部専任講師。同志社大学大学院法学研究科博士後期課程退学。博士（政治学）。専門は日米関係史。著書『安全保障の位相角』『日本外交の論点』（以上共著、法律文化社）。

奈良岡聰智（ならおか・そうち）【第19講】
一九七五年生まれ。京都大学公共政策大学院教授。京都大学大学院法学研究科博士後期課程修了。博士（法学）。専門は日本政治外交史。著書『加藤高明と政党政治』（山川出版社）、『「八月の砲声」を聞いた日本人』（千倉書房）、『対華二十一カ条要求とは何だったのか』（名古屋大学出版会）など。

飯尾　潤（いいお・じゅん）【第20講】
一九六二年生まれ。政策研究大学院大学教授。東京大学大学院法学政治学研究科博士課程修了。博士（法学）。専門は現代日本政治論。著書『民営化の政治過程――臨調型改革の成果と限界』（東京大学出版会）、『日本の統治構造――官僚内閣制から議院内閣制へ』（中公新書）、『現代日本の政策体系――政策の模倣から創造へ』（ちくま新書）など。

村田晃嗣（むらた・こうじ）【第21講】
一九六四年生まれ。同志社大学法学部教授。神戸大学大学院法学研究科博士課程単位取得退学。博士（政治学）。専攻はアメリカ外交、安全保障研究。著書『レーガン』『大統領とハリウッド』（以上、中公新書）、『銀幕の大統領ロナルド・レーガン』（有斐閣）など多数。

ちくま新書
1509

昭和史《しょうわし》講義《こうぎ》【戦後《せんご》篇《へん》】（下）

二〇二〇年八月一〇日　第一刷発行

編　者　筒井清忠（つつい・きよただ）

発行者　喜入冬子

発行所　株式会社　筑摩書房
東京都台東区蔵前二―五―三　郵便番号　一一一―八七五五
電話番号〇三―五六八七―二六〇一（代表）

装幀者　間村俊一

印刷・製本　株式会社　精興社

ISBN978-4-480-07341-9 C0221

ちくま新書

1319 **明治史講義【人物篇】** 筒井清忠編

西郷・大久保から乃木希典まで明治史のキーパーソン22人を、気鋭の専門研究者が最新の知見をもとに徹底分析。確かな実証に基づく、信頼できる人物評伝集の決定版。

1136 **昭和史講義** ——最新研究で見る戦争への道 筒井清忠編

なぜ昭和の日本は戦争へと向かったのか。複雑きわまる戦前期を正確に理解すべく、俗説を排して信頼できる史料に依拠。第一線の歴史家たちによる最新の研究成果。

1194 **昭和史講義2** ——専門研究者が見る戦争への道 筒井清忠編

なぜ戦前の日本は破綻への道を歩んだのか。その原因をより深く究明すべく、二十名の研究者が最新研究の成果を結集する。好評を博した昭和史講義シリーズ第二弾。

1266 **昭和史講義3** ——リーダーを通して見る戦争への道 筒井清忠編

昭和のリーダーたちの決断はなぜ戦争へと結びついたのか。近衛文麿、東条英機ら政治家・軍人のキーパーソン15名の生い立ちと行動を、最新研究によって跡づける。

1341 **昭和史講義【軍人篇】** 筒井清忠編

戦争の責任は誰にあるのか。東条英機、石原莞爾、山本五十六ら、戦争を指導した帝国陸海軍の軍人たちの実像を最新研究をもとに描きなおし、その功罪を検証する。

1421 **昭和史講義【戦前文化人篇】** 筒井清忠編

柳田、大拙、和辻ら近代日本の代表的知性から谷崎、乱歩、保田與重郎ら文人まで、文化人たちは昭和戦前期をいかに生きたか。最新の知見でその人物像を描き出す。

983 **昭和戦前期の政党政治** ——二大政党制はなぜ挫折したのか 筒井清忠

政友会・民政党の二大政党制はなぜ自壊したのか。軍部台頭の真の原因を探りつつ、大衆政治・劇場型政治が誕生した戦前期に、現代二大政党制の混迷の原型を探る。